LE DÉMON

DE

LA CHASSE

PAR

ÉLIE BERTHET

PARIS
LIBRAIRIE INTERNATIONALE
15, BOULEVARD MONTMARTRE

A. LACROIX, VERBOECKHOVEN & Ce, ÉDITEURS
A Bruxelles, à Leipzig et à Livourne

1869

Tous droits de traduction et de reproduction réservés.

LE DÉMON

DE

LA CHASSE

PARIS. — IMP. L. POUPART-DAVYL, RUE DU BAC, 30

LE DÉMON
DE
LA CHASSE

PAR

ÉLIE BERTHET

PARIS

LIBRAIRIE INTERNATIONALE

15, BOULEVARD MONTMARTRE

A. LACROIX, VERBOECKHOVEN & Ce, ÉDITEURS

A Bruxelles, à Leipzig et à Livourne

1869

Tous droits de traduction et de reproduction réservés.

LE DÉMON DE LA CHASSE

I

LA TOURNÉE DE M. LE COMTE

Le pays où nous allons transporter le lecteur est situé sur les limites de l'Orléanais et de la Sologne, non loin de la Loire. Il n'a plus tout à fait l'aspect plantureux et fertile des environs d'Orléans, leurs coteaux boisés, leurs vignes réjouissantes, leurs champs aux luxuriantes moissons; mais ce ne sont pas encore les plaines mornes, les marais solitaires, les pâturages maigres, que l'on rencontre à quelques lieues plus loin vers le midi. Sol mixte entre deux provinces si bien tranchées par le paysage et par la diversité des productions, il participe de la nature de l'une et de l'autre. Onduleux, sans être montueux, il offre au regard de belles prairies, des taillis bien fourrés et bien verts, et même d'excellentes terres qui se couvrent, dans la saison, de blés magnifiques. En revanche on aperçoit, au milieu de cette fertilité, quelques landes dont un grêle bouleau, un sombre sapin rompt à peine la monotonie, et qui ne produisent que des genêts et des bruyères; c'est la pauvre Sologne qui, de là-bas, jette ses ramifications dans le riche Gâtinais et prépare les voyageurs à la désolation de ses points de vue.

Toutefois ces terres fécondes et ces terres stériles ont le même avantage aux yeux des chasseurs ; elles sont également giboyeuses. Les champs de blé, après la moisson, pullulent de perdreaux et de cailles, les bruyères et les bois nourrissent des armées de lièvres et de lapins, tandis que les bords marécageux des ruisseaux abondent en faisans pendant l'été, en canards sauvages et en bécassines pendant l'hiver. Ainsi les revenus que le sol ne produit pas en vin et en céréales, il les produit en gibier.

C'était certainement cette abondance d'habitants à poil et à plume qui avait déterminé un propriétaire de ce pays à se confiner d'une manière absolue dans ses domaines. Le comte Roger de Ligneul, ainsi se nommait ce propriétaire, ne s'était pas absenté dix fois en vingt ans du petit château de la Motte-Blanche qu'il occupait à quelque distance du village de Fontenay. Non-seulement il s'était condamné à cette retraite rigoureuse, mais encore il y avait condamné sa famille; d'abord la défunte comtesse, vive et sémillante femme du monde, qui avait succombé, quelques années auparavant, à une maladie de langueur ; puis, sa sœur, la chanoinesse de Ligneul, qu'on appelait la « comtesse Philippine » et qui, atteinte à la vérité d'une affection nerveuse, ne pouvait quitter que très-rarement sa chambre et sa chaise longue ; enfin, sa fille, mademoiselle Clotilde de Ligneul, belle et gracieuse enfant qu'il avait retirée récemment de la communauté où elle avait fait son éducation, et qui consumait sa jeunesse à la Motte-Blanche, sans aucune des distractions de son âge.

Le comte de Ligneul, bien que sa propriété eût plus de six cents hectares d'étendue, donnait pour prétexte à cette réclusion que la modicité de ses revenus ne lui permettait pas de figurer d'une manière convenable soit à Paris, soit même à Orléans. En réalité il y avait un autre motif à son éloignement pour le monde ; le comte était chasseur et chasseur forcené, chasseur déraisonnable ; cette passion absorbait en lui toutes les autres passions, tyrannisait tous les autres sentiments. Quoique peu éclairé, il ne manquait ni de bienveillance, ni même de générosité dans les circonstances ordinaires de la vie ; mais quand il s'agissait de chasse, il se montrait dur, violent, égoïste, impitoyable ; il était toujours prêt à sacrifier les autres intérêts, si grands qu'ils fussent, à cet intérêt suprême.

Cependant on ne peut toujours chasser, et la loi actuelle, beaucoup plus sage que la loi féodale, ne permet plus de détruire le gibier en tout temps, même chez soi, même quand on possède un titre de noblesse. Aussi M. de Ligneul avait-il dû aviser aux moyens de tourner la difficulté. Sous prétexte d'établir un parc autour de son habitation, il avait enclos d'une palissade très-serrée une vaste étendue dont le château était le centre. Cette enceinte, qui contenait plus de landes et de broussailles que de bonnes terres, était, aux termes de la loi actuelle, un lieu privilégié où le Nemrod de la Motte-Blanche pouvait en toutes saisons se livrer à sa passion favorite. Néanmoins le comte, même dans la saison où la chasse est interdite, ne se gênait guère, sous prétexte de détruire les animaux nuisibles, renards, blaireaux et lapins, pour tirailler librement dans les autres parties de ses domaines qui n'étaient pas closes, et le parc était un lieu sacrosaint où il n'exerçait son adresse que dans une extrême nécessité. Il défendait aux gardes d'y faire feu autrement que sur l'épervier ou la belette. Enfin il n'admettait jamais personne à chasser dans sa compagnie ; jaloux de ses droits, jusqu'à la fureur, il ne pouvait accepter de partage avec qui que ce fût, quand il s'agissait d'abattre du gibier sur ses terres.

Mais si les lecteurs veulent bien suivre quelques instants le comte de Ligneul qui, par un beau jour d'été de l'année 184., faisait avec un de ses gardes une promenade autour de ses domaines, ils apprendront sur la personne, le caractère et les affaires de cet intrépide chasseur, tout ce qu'il leur importe de connaître pour l'intelligence de cette histoire.

La chaleur était assez forte, bien que le soleil commençât à s'abaisser vers l'horizon, et la campagne paraissait déserte. La maître et le garde suivaient à pas lents un chemin sablonneux qui serpentait entre un bois taillis et une bruyère, parsemée de myrtilles et de genévriers. Le sable, échauffé depuis le matin, laissait échapper des exhalaisons ardentes, et il était si fin que le moindre souffle d'air le mettait en mouvement. Cependant ni l'un ni l'autre ne songeait à gagner l'ombre du taillis voisin, et ils observaient avec un soin minutieux les innombrables traces que le gibier à poil et à plume avait imprimées sur ce sol léger. La chasse devait s'ouvrir quelques jours plus tard, et M. de Ligneul tenait à se renseigner par lui-même sur les richesses cynégétiques de ses propriétés. Ce chemin poudreux, placé sur le passage des animaux entre le bois et la plaine, était pour son œil exercé comme un livre ouvert où chacun d'eux paraissait avoir écrit, sans s'en douter, son espèce et son signalement.

Le comte avait alors une cinquantaine d'années, mais rien dans son extérieur ne trahissait encore le déclin de l'âge. Sa vie active l'avait préservé même de cet embonpoint qui assez souvent accompagne la maturité. C'était un homme de moyenne taille, à l'œil vif. Quoique son front fût assez bas, ses narines dilatées et mobiles annonçaient une obstination que ses actes ne démentaient guère, comme son teint coloré et sanguin dénotait l'irascibilité. Il était vêtu, avec toute l'insouciance d'un campagnard, d'une blouse grise, et coiffé d'un vieux chapeau de paille. En revanche, l'air d'autorité empreint sur son visage peu régulier mais noble rappelait que M. de Ligneul était le descendant d'une des plus grandes familles de la province.

Son garde principal, qui l'accompagnait en ce moment, était son favori et l'exécuteur habituel de ses volontés. Cet homme, qui s'appelait Aubinet, ne devait pourtant pas, à en juger sur sa mine, mériter une confiance aussi complète. Il avait naturellement la voix forte, le regard dur, la taille raide et comme inflexible; mais, quand il parlait au comte, il prenait des intonations patelines et mielleuses; son épine dorsale s'arrondissait en arc; son œil, voilé à demi, n'avait plus qu'un regard oblique et fuyant. Toutefois M. de Ligneul ne voyait que du respect dans cette manière d'être, et elle convenait à son caractère cassant et despotique. Aubinet affectait d'être beaucoup mieux vêtu que son maître, et n'était le galon d'or qui entourait sa casquette de livrée, n'était surtout sa contenance modeste, on n'eût pu deviner la distance sociale qui séparait les deux promeneurs.

Enfin le comte parut avoir terminé son examen.

— Ainsi donc, reprit-il en se remettant en marche, nous avons vingt-deux compagnies de perdreaux, tant dans les tailles du Chêne-Brûlé que dans la brande du Val, quatre compagnies de faisans dans le bois Marquet, et deux cent cinquante lièvres, tant hases que bouquins, sans compter les réserves du parc... n'est-ce pas aussi ton calcul, Aubinet?

— A peu près, répliqua le garde d'un ton cauteleux; mais il y a toujours quelques erreurs en moins. Des bêtes changent de pays, d'autres sont étranglées par le rouget ou la fouine...

— Ou volées par le braconnier, n'est-ce pas cela? dit le comte en décapitant d'un coup de canne une superbe digitale pourprée qui se trouvait sur son chemin; morbleu! il y a longtemps que je soupçonne mes gardes de manquer de vigilance et de passer les nuits dans leurs lits quand ils devraient battre la plaine... Toi-même, Aubinet, on assure que tu te rencontres assez souvent au cabaret de Fontenay avec ce vaurien de Legoux, que vous appelez Grain-de-Sel, le plus abominable voleur de gibier... On me l'a dit; prends-y garde... La vérité se sait toujours tôt ou tard.

Aubinet roula de gros yeux blancs et poussa un profond soupir.

— Monsieur le comte peut-il penser?... Ne connaît-il pas mon respect et mon dévouement?... Ensuite ce pauvre Legoux ne songe guère à braconner... voilà plus de quinze jours qu'il est allé faire la moisson dans la Beauce, et on y travaille dur.

— Oui, mais la moisson est finie, la chasse va s'ouvrir, et mon chenapan nous reviendra aussitôt qu'il pourra vendre et colporter le gibier qu'il me vole... Encore une fois, monsieur Aubinet, veillez-y, car j'ai constaté de singuliers mécomptes l'année dernière, et si la même chose se présentait cette année...

Le garde se répandit en nouvelles protestations de fidélité; mais le comte, absorbé par son idée fixe, ne l'écoutait plus.

— A combien, interrompit-il, tes camarades et toi, évaluez-vous les lapins qui se trouvent en ce moment sur mes domaines?

— Oh! pour ceux-là, monsieur, reprit le garde dont le visage s'épanouit, le diable seul pourrait les

compter... Il y en a deux mille, trois mille peut-être...
Cette vermine gaspille tout.

— C'est bon : j'en diminuerai le nombre avec mon
fusil, et tu sais que je ne les manque guère... Préviens
Jacquet, le marchand de volailles qui m'achète mon
gibier, qu'à partir du jour de l'ouverture, je lui fournirai cent lapins par jour, s'il les veut... Il faut bien,
ajouta-t-il d'un ton sombre, que ces petites bêtes me
rapportent quelque chose, car elles me coûtent assez
cher !

— C'est vrai, monsieur le comte ; et puisque vous
parlez de ça, plusieurs voisins réclament des indemnités pour le tort que les lapins ont causé à leurs ré-
coltes.

— Que le diable les emporte tous ! Mes voisins en-
semencent leurs champs tout exprès pour avoir l'occasion de me rançonner. Voilà plus de mille écus d'indemnités que j'ai dû débourser cette année... Une
véritable ruine... Eh bien ! qui sont-ils encore ceux
qui se plaignent ?

— Ils sont beaucoup, répliqua le garde avec embarras ; il y a surtout le père Antoine qui demande
cinquante francs pour son champ de pommes de terre
complétement ravagé... M. le comte va voir si le père
Antoine n'a pas sujet de se plaindre !

Pendant cette conversation, le maître et le garde
avaient débouché dans une plaine bien cultivée. Aubinet désigna de la main un champ qui bordait le taillis
et qui semblait aussi complétement retourné, sinon
aussi régulièrement, que si la charrue y eût passé

depuis peu. M. de Ligneul observa attentivement le dégât.

— Hum! murmura-t-il, pourquoi diable ce vieil imbécile va-t-il semer des pommes de terre si près de mon taillis? Je ne lui payerai pas ce qu'il réclame sans y avoir regardé à deux fois... Avec ça que je suis bien muni d'argent comptant!

Cette réflexion, faite à demi-voix, parut éveiller dans l'esprit du comte une série d'idées désagréables, et il se remit en marche d'un pas rapide. Toutefois au bout de quelques instants, il parvint sans doute à écarter ces préoccupations importunes, car il dit au garde qui trottinait modestement devant lui :

— Somme toute, Aubinet, la saison s'annonce assez bien pour le gibier; seulement, il faut que mes autres gardes et toi, vous meniez grand train tous les chasseurs de Fontenay. La plupart ont leurs terres enclavées dans les miennes, et ils en profitent pour me dérober le gibier que je nourris. Si vous trouvez quelqu'un d'eux en faute, vous dresserez un *bon* procès-verbal... Pas de rémission! Pas d'indulgence pour qui que ce soit... M'entends-tu?

En ce moment, le maître et le garde atteignirent le sommet d'une éminence qui, de ce côté, limitait les domaines de M. de Ligneul, et ils s'arrêtèrent. A un quart de lieue, au centre de la vallée, on apercevait le village de Fontenay, dont les maisons basses étaient dominées par le vieux clocher paroissial.

— A propos, reprit Aubinet de son ton doucereux, monsieur le comte sait sans doute que la maison du marquis de Saint-Firmin, cette belle habitation qui est restée si longtemps vide, a, depuis une quinzaine de jours, des locataires?

Et il désignait une charmante villa, à toit d'ardoise, surmontée de girouettes dorées, qui s'élevait à l'entrée de Fontenay, au milieu d'un massif de feuillage.

— Vraiment? dit le comte avec distraction; et quelle espèce de gens sont ces locataires, Aubinet?

— Des gens comme il faut, j'imagine. Ils arrivent de Paris; M. de Saint-Firmin est venu lui-même les installer, et il est reparti aussitôt, après avoir recommandé à ses connaissances d'avoir pour eux les plus grands égards. Le *monsieur* est un peu pâlot et il a l'air maladif; je le rencontre souvent avec deux petites filles, qui sont mises comme des princesses. Quant à la dame, que j'ai entrevue à la messe le dimanche, elle ne sort guère et se contente de se promener dans le parc de sa maison.

Les sourcils du comte s'étaient subitement froncés.

— Hum! dit-il avec humeur, voilà l'effet de ces maudits chemins de fer; les Parisiens viennent déjà jusqu'ici et ils mettront le pays sens dessus dessous... Je n'aime guère ce marquis de Saint-Firmin, un pédant que l'on ne comprend pas quand il parle! Il voit, dit-on, à Paris assez mauvaise société, des savants, des artistes, des *folliculaires*... Il nous aura embâtés de quelque *espèce* de ce genre... Mais sais-tu comment se nomment les nouveaux venus?

— On n'appelle pas le monsieur autrement que « Monsieur Louis » et sa dame « Madame Louis ». Du reste, ils ne sont liés avec personne et ne font pas de visites. Seulement, la dame est allée voir le curé de

Fontenay et lui a remis, paraît-il, une bonne offrande pour ses pauvres.

— Bah! que nous importe tout cela? Puisque ce monsieur est maladif, comme tu l'annonces, il n'y a pas à craindre qu'il songe à chasser.

— Avec votre permission, monsieur le comte, la chose n'est pas sûre, voyez-vous. Quand ce M. Louis est arrivé, il y avait un fusil dans ses bagages; et puis, il est toujours accompagné dans ses promenades d'un chien d'arrêt, une fort belle bête, ma foi!

La figure déjà colorée de M. de Ligneul devint cramoisie.

— Un chasseur! s'écria-t-il avec un accent d'indignation; et où donc ce beau monsieur compte-t-il chasser, Aubinet? Je suis curieux de le savoir.

— Eh! monsieur le comte oublie que le marquis possède quelques hectares de bois autour de la maison; et puis, M. Fortin, le maire de la commune, ainsi que d'autres propriétaires, permettront sans doute au Parisien de braconner sur leurs terres, et je ne vois pas comment nous pourrions l'en empêcher.

— Il faudra l'en empêcher pourtant, répliqua M. de Ligneul avec animation. Marquis imbécile, qui s'avise d'attirer chez nous un pareil fléau!... Entends-tu, Aubinet, il faut trouver moyen de nous en débarrasser au plus vite... Mais, par le ciel! ajouta-t-il en s'arrêtant de nouveau, qu'est-ce que j'entends là? Ne dirait-on pas un chien qui *mène?*

On se trouvait maintenant dans un vallon étroit, dont un petit étang aux eaux dormantes, couvert de nénuphars et de plantains aquatiques, occupait le fond.

Le chemin suivi par le comte et son garde passait sur la chaussée même de l'étang et longeait un bois d'où partait le bruit qui avait attiré leur attention. Quand ils prêtèrent l'oreille, ils n'eurent pas de peine à reconnaître en effet les aboiements particuliers que fait entendre un chien de chasse sur la piste du gibier. A la vérité, ils eussent pu en même temps distinguer le son d'un sifflet dans le lointain, comme si l'on se fût empressé de rappeler la bête qui s'emportait.

Ils ne tardèrent pas à voir leurs suppositions se confirmer. Un pauvre levraut, les oreilles dressées, sortit du bois suivi d'un chien blanc marqué de feu, qui le serrait de près. Les cris de M. de Ligneul et d'Aubinet déterminèrent le chien à battre en retraite, et à se rendre enfin à l'appel du sifflet, tandis que le levraut, de son côté, disparaissait dans la fougère. Mais l'irascible comte ne fut pas apaisé par ce succès.

— Voilà une rare insolence! s'écria-t-il; laisser vaguer un chien de chasse sur mes domaines... et en temps prohibé encore!... Eh bien, ajouta-t-il en se dirigeant avec rapidité vers la rive de l'étang où l'on entendait plusieurs personnes sous les arbres, je veux savoir qui prend chez moi de pareilles libertés.

Il tourna l'angle du bois et il aperçut bientôt les maîtres de ce chien malencontreux, un homme d'un extérieur distingué et deux petites filles, dont l'aînée pouvait être âgée de dix ans, la plus jeune de huit à peine. Ils s'étaient établis sur le gazon, au bord de l'étang, et les enfants jouaient, tandis que le père s'absorbait dans la lecture d'un gros livre qu'il avait apporté.

Rien de poétique et de gracieux comme ces jolies fillettes, dans les hautes herbes, sous un dôme de feuillage. Elles étaient uniformément vêtues de robes blanches, et coiffées de chapeaux de paille. Également fraîches, gaies et sémillantes, elles avaient des yeux bleus qui riaient sans cesse ainsi que leur bouche rose; de longues nattes blondes s'agitaient sur leurs épaules comme des serpents d'or. On voyait auprès d'elles un gros bouquet de fleurs sauvages qu'elles venaient de récolter, et les filets de gaze verte qui leur servaient à prendre les papillons de la prairie; mais elles n'étaient occupées en ce moment que de leur favori, le beau chien blanc marqué de feu, qui, après son escapade, était revenu tout haletant et qui, le ventre à terre, l'œil suppliant, semblait demander pardon de ses fautes.

Le père, dans lequel Aubinet reconnut M. Louis, était mince, frêle, un peu pâle, bien que cette pâleur pût avoir une autre cause que sa complexion délicate. Son visage ouvert rayonnait d'intelligence. Il avait des yeux doux, mais pleins d'éclairs, et un large front, sur lequel se jouaient déjà quelques mèches de cheveux gris. Il était vêtu avec une exquise propreté et une simplicité campagnarde qui ne manquait pas d'élégance; un ruban rouge brillait, comme un coquelicot microscopique, à la boutonnière de sa jaquette de coutil.

Quand le comte approcha, M. Louis, le bras levé avec une colère peut-être feinte, menaçait le pauvre chien, que les deux fillettes protégeaient de leurs mains étendues. Ni les enfants ni le père ne se doutaient de la présence de M. de Ligneul, quand une voix arrogante s'écria tout à coup derrière eux :

— C'est donc à vous, monsieur, qu'appartient cette bête ? Vous ferez bien désormais de la tenir en laisse, si vous ne voulez pas que, moi ou mes gardes, nous la saluions d'un coup de fusil.

M. Louis s'était retourné avec plus de surprise que d'effroi. Les petites filles, au contraire, à la vue de cet inconnu qui parlait haut et d'un ton impérieux, s'étaient réfugiées derrière leur père, tandis que le chien, changeant de contenance, se redressait et montrait ses crocs aux nouveaux venus.

M. Louis salua.

— C'est sans doute à M. le comte de Ligneul que j'ai l'honneur de parler? demanda-t-il.

— Oui, répliqua le chasseur.

— En ce cas, monsieur, je dois vous adresser des excuses, car mon chien, profitant d'une distraction de ma part, s'est laissé emporter tout à l'heure sur vos domaines à la poursuite d'un lièvre. Je m'arrangerai pour qu'il ne se rende plus coupable d'une pareille faute, et il n'était pas nécessaire, croyez-le bien, d'employer la menace pour m'y décider.

Malgré le ton poli de cette réponse, il s'y trouvait quelque chose de sec et de froid qui mit mal à l'aise M. de Ligneul. Ne se sentant pas capable de soutenir la discussion avec la même convenance, il dit brièvement :

— C'est bon... que cela n'arrive plus.

Il toucha son chapeau et continua son chemin, suivi

d'Aubinet, pendant que l'une des petites filles murmurait avec tristesse :

— Les méchants!... Ne parlent-ils pas de tuer notre pauvre Phanor?

Au moment de quitter la chaussée de l'étang, M. de Ligneul se retourna de nouveau. Les enfants avaient repris leurs jeux et leurs sauts dans la verdure avec leur favori à quatre pattes, et le père s'était replongé déjà dans la lecture de son livre.

— Ce monsieur ne me plaît pas, dit le comte en hochant la tête, et je ne sais trop de quel droit ces gens viennent ainsi rôder sur les terres des autres... Mais as-tu remarqué son chien, Aubinet? C'est une bête de race et qui pourra lui faire tuer du gibier si, comme tu le dis, il a la fantaisie de chasser dans le voisinage... Cela vous regarde, toi et les autres.

Aubinet protesta encore de son zèle à remplir les intentions de son maître, et l'on continua d'avancer.

Bientôt ils longèrent la palissade du parc, afin de gagner l'entrée principale du château. Comme M. de Ligneul observait avec attention cette frêle clôture, à demi cachée par des arbustes et des broussailles, son œil perçant y découvrit une ouverture assez grande pour donner passage à un homme.

— Qu'est ceci? s'écria-t-il avec colère, on a pénétré chez moi! On en veut à mes chevreuils sans doute... Mais ce pays est donc rempli de voleurs et de braconniers?

Aubinet, à son tour, examina la trouée.

— Voilà du nouveau! dit-il d'un air pensif; à la cassure des pieux et des branches, on croirait que la

chose a été faite pas plus tard que la nuit dernière...
Les enfants du village sont seuls capables...

— Eh! que viendraient faire des enfants dans mon
parc? Il n'y a pas de fruits à voler... Allons! il faudra
que je me lève la nuit afin de protéger ma propriété
contre les malfaiteurs, puisque les gens que je paye
pour ce service s'en acquittent si mal. Si ce n'était à
cause de mes chevreuils, je poserais des piéges à loup
dans l'enclos, et je finirais bien par attraper quelqu'un
de ces scélérats qui renversent mes clôtures... Mais
le plus pressé est de fermer cette brèche. Tu vas
venir à la maison et tu prendras des palis neufs, du
fil de fer, tout ce qu'il faut pour réparer à l'instant le
dégât.

— Oui, oui, monsieur le comte; un coup de main
suffira... Cependant, je donnerais gros pour savoir
qui a fait cette belle besogne. C'est singulier, bien singulier tout de même!

Ils se remirent en marche et ils se communiquaient
leurs suppositions sur les auteurs probables du méfait,
quand une nouvelle rencontre changea le cours des
idées de M. de Ligneul. A quelque distance du château, ils se croisèrent sur le grand chemin avec un
cavalier qui les salua d'un air obséquieux, mais en
détournant la tête, et qui s'empressa de talonner sa
monture. Le comte ne put retenir un mouvement d'inquiétude.

— N'est-ce pas Martinaud, l'huissier des Essarts?
demanda-t-il à Aubinet d'une voix un peu altérée.

— Certainement, monsieur le comte.

— Et ne dirait-on pas qu'il vient de chez moi?

— Il vient du château sans aucun doute... Que diable un huissier peut-il faire à la Motte-Blanche!

Si M. de Ligneul eût regardé Aubinet en ce moment, il eût reconnu peut-être, sur la physionomie de son garde, une expression railleuse et méchante. Mais il était trop ému pour s'en apercevoir.

— Bah! reprit-il en s'efforçant de paraître indifférent, il s'agit de quelque formalité judiciaire sans importance... Du reste, je vais le savoir.

Et il entra précipitamment dans la cour du château.

II

LA FAMILLE DU CHASSEUR

L'habitation du comte méritait à peine ce titre de château que les campagnards et certains propriétaires décernent si libéralement à la moindre bicoque. C'était un vieux bâtiment, beaucoup plus long que large, et n'ayant rien de seigneurial. M de Ligneul, si prodigue, quand il s'agissait de chasse, manquait d'argent sans doute pour faire recrépir sa demeure qui, toute noire, refrognée, branlante, avait l'aspect le plus triste du monde. Les constructions accessoires, servant de communs, n'étaient pas moins délabrées. Une seule paraissait neuve et bien tenue; c'était le chenil, comme on pouvait en juger aux aboiements sonores qui s'en élevaient parfois. Derrière le corps de logis principal s'étendait un jardin fort négligé et entouré d'une haie vive, que le gibier du parc rongeait à l'envi. Au bout du jardin s'élevait un rocher isolé et grisâtre, d'où la propriété, disait-on, avait pris le nom de la

Motte-Blanche, et qui, par sa masse dévastée, ajoutait encore à l'air maussade de l'habitation.

M. de Ligneul s'empressa de traverser la cour, où l'herbe poussait entre les pavés, et pénétra dans une espèce de vestibule désert et silencieux. Puis, montant un escalier de pierre à rampe de fer, il entra dans une chambre à coucher, garnie de vieilles tapisseries et de meubles surannés, où il était sûr de trouver sa fille et sa sœur.

La comtesse Philippine, comme on appelait la chanoinesse, avait dû être fort belle, quelque vingt ans auparavant. Parvenue à cet âge moyen où les femmes sont envahies tantôt par un embonpoint exagéré, tantôt par une maigreur excessive, selon leur tempérament, elle avait pris le parti de la maigreur ; et la maladie, peut-être des ennuis secrets, aidant, elle était devenue mince et frêle jusqu'à l'étisie. Cependant sur son visage blême, aux joues creuses, on apercevait encore des linéaments d'une pureté et d'une finesse remarquables ; ses yeux conservaient de l'éclat, et son sourire, quand par hasard elle souriait, était plein de bienveillance. Quoique l'on ne reçût absolument personne à la Motte-Blanche, elle n'avait pas perdu le respect d'elle-même. Elle se montrait toujours corsetée, busquée, coiffée avec un soin méticuleux ; et si ses vêtements n'étaient pas de la coupe la plus moderne, ils avaient du moins cette ampleur, cette gravité majestueuse, qui convenaient à son âge et à sa condition.

Le passé de la chanoinesse était à la fois poétique et mystérieux. Les uns assuraient que, si Philippine avait renoncé au mariage dans sa jeunesse, c'était uniquement afin d'enrichir son frère, suivant en cela les errements des grandes familles sous l'ancien régime. Mais d'autres, soi-disant mieux informés, prétendaient que Philippine s'était éprise d'amour pour un homme d'un rang si élevé que tout mariage entre eux semblait impossible. On parlait d'un prince appartenant à une maison royale, du fils d'un souverain, que sais-je? On avait vu parfois entre ses mains un médaillon, enrichi de diamants, et représentant un beau jeune homme en uniforme étranger, qu'elle désignait par ces mots : « Son Altesse. » Réellement à partir de cette époque de son existence, Philippine avait été toujours mélancolique et avait ressenti les premières atteintes de sa maladie de langueur. Ayant sollicité et obtenu la croix de chanoinesse à un chapitre d'Allemagne, elle s'était retirée dans la famille de son frère, après la mort de ses parents. Enfin, le comte étant devenu veuf, elle s'était fait le conseil, la compagne et l'amie de sa nièce Clotilde, et elles passaient leur vie côte à côte dans cette solitaire demeure.

Mademoiselle Clotilde de Ligneul, assise en ce moment auprès d'elle, avait atteint déjà ses vingt-deux ans, et elle était resplendissante de beauté. Grande, souple, élancée, elle avait un port de reine : sa figure noble et régulière présentait ces grandes lignes que l'on admire dans certaines statues antiques. Il y aurait même eu trop de correction sévère dans sa physionomie, si un air de douceur et de bonté, un caractère de tristesse, ne lui eussent donné une expression qui allait au cœur. C'est qu'en effet la pauvre enfant subissait l'influence du milieu délétère où elle vivait. Confinée dans cette masure, et n'ayant d'autre compagnie que celle d'une vieille fille souffrante, à l'âme blessée, Clotilde s'étiolait d'une manière visible. Ses yeux noirs étaient entourés d'un cerne maladif; la fraîcheur menaçait de se retirer de ce jeune et charmant visage.

Quand M. de Ligneul entra, la chanoinesse était étendue sur un lit de repos en velours flétri, et sa nièce lui lisait un papier qu'elle tenait à la main. Les deux pauvres femmes semblaient avoir pleuré, et elles étaient si absorbées par leur occupation, qu'elles ne remarquèrent pas d'abord la présence du chef de la famille. Ce n'était pourtant pas un roman sentimental ou une lettre émouvante dont Clotilde donnait lecture à la chanoinesse, mais une feuille de papier timbré, dont le contenu devait être d'autant plus effrayant qu'elles ne le comprenaient pas d'une manière bien nette.

Enfin, les pas lourds du comte attirèrent leur attention. Clotilde vint au-devant de son père et lui présenta son front, sur lequel il déposa un baiser.

— Bonjour, ma sœur; bonjour, petite, dit M. de Ligneul avec une rondeur et une gaieté affectées; eh bien! vous voilà encore à broyer du noir, selon votre habitude? Vous avez toujours l'air de porter le diable en terre!... et cela devient fastidieux à la longue.

Tout en parlant, il s'était laissé tomber dans un fauteuil vermoulu qui craqua et parut près de se briser sous son poids.

— Vous ne savez donc pas, mon frère? reprit la chanoinesse; un huissier sort d'ici, et il a laissé pour vous un papier qui nous cause des alarmes bien légitimes.

— Oui, oui, j'ai rencontré Martinaud à quelques pas de la maison, et, par instinct de race sans doute, j'ai regretté le temps où l'on pouvait sans inconvénient frotter les épaules d'un drôle de cette espèce... Mais voyons donc de quoi il s'agit; les femmes n'entendent rien aux pièces de procédure et s'effrayent volontiers pour des bagatelles.

Clotilde, sur un signe de sa tante, remit au comte la feuille de papier timbré qu'elle avait essayé jusque-là de dissimuler.

— Quel grimoire! dit M. de Ligneul, et comment se reconnaître au milieu de ce fatras!... Pourvu que nous en venions à bout.

En même temps, il se mit à lire attentivement l'acte d'huissier. La tante et la nièce se taisaient, observant avec intérêt les sentiments qui se reflétaient sur son visage, dans l'espoir peut-être d'y découvrir une expression rassurante. Par malheur, à mesure que le comte lisait, sa physionomie ne s'éclaircissait pas, elle prenait, au contraire, des teintes de plus en plus sombres. Enfin il releva la tête, et, comme les regards ardents des deux femmes semblaient lui demander des explications, il dit brusquement:

— Eh bien! quoi? C'est la signification d'un jugement qui me condamne à payer, dans le délai de trois jours, les vingt mille francs que j'ai empruntés jadis à Fortin, et que Fortin a transférés à son compère le notaire Noblat, du bourg des Essarts... Êtes-vous contentes ?

Les deux femmes restèrent atterrées, en voyant ainsi leurs craintes se confirmer.

— Du moins, mon frère, demanda la chanoinesse, êtes-vous en mesure de rembourser cette créance, qui, je le sais, est échue depuis plusieurs mois déjà ?

— Et où voulez-vous que je trouve vingt mille francs ? s'écria le comte en donnant libre cours à sa colère. J'espérais que Fortin, qui a hypothèque sur mes propriétés, consentirait à un renouvellement, et vous voyez comme il me traite... car lui et Noblat, c'est tout un... Je ne suis pas la dupe de ce prétendu transfert, et l'on sait que les deux marauds sont associés secrètement... Que l'enfer les confonde !

Clotilde ne put retenir un gémissement. Sa tante lui adressa un signe furtif comme pour l'engager à mieux dissimuler ses impressions.

— De votre côté, Roger, reprit Philippine, n'avez-vous pas traité bien durement M. Fortin, un ancien ami de la famille ? N'avez-vous pas congédié d'une manière outrageante son fils, M. Jules, un homme distingué, que vous accueilliez autrefois avec égards, et qui seul apportait un peu de distraction dans notre lugubre demeure ?

— Morbleu ! Philippine, vouliez-vous donc que j'eusse l'air d'autoriser les assiduités insolentes de ce jeune homme auprès de Clotilde ? Quand je me suis aperçu que ce fils d'un ancien gratte-papier, d'un brocanteur d'argent, enrichi par l'usure, osait lever les yeux sur mademoiselle de Ligneul, mon devoir n'était-il pas de le jeter résolûment à la porte? En vérité, ma sœur, je suis surpris d'avoir à justifier ma conduite envers ce drôle présomptueux.

— Mon père! oh! mon père! murmura Clotilde, en paraissant retenir ses larmes avec effort.

— Tout cela n'est-il pas vrai, mademoiselle? Oseriez-vous soutenir que ce M. Jules Fortin, dans les derniers temps, n'a pas affiché à votre égard d'injurieuses prétentions? Qui sait même s'il n'aura pas poussé l'audace jusqu'à vous adresser une déclaration en règle?

Clotilde devint pourpre et se couvrit brusquement le visage avec ses mains. La comtesse Philippine s'empressa de venir à son secours.

— Eh bien! quand cela serait, Roger, reprit-elle d'un ton décidé, pourquoi s'en plaindre? N'avez-vous pas réfléchi que notre chère Clotilde est en âge d'être mariée? Ce n'est pas dans la triste solitude où nous la reléguons qu'elle peut espérer de trouver un mari. M. Jules Fortin, quoi que vous en disiez, est un bon et brave jeune homme, bien élevé, d'excellentes manières, et, ce qui ne gâte rien, si riche, que vous avez dû recourir vous-même bien des fois à la bourse de son père. Plein de mérite, il est entré avec honneur dans la carrière administrative. Il est déjà conseiller de préfecture à Z***, et il ne peut manquer de parvenir aux postes les plus éminents... Je vous le demande, Roger, ne devriez-vous pas examiner la chose à deux fois avant de repousser dédaigneusement le parti qui se présente pour votre fille?

Le comte frappa du pied avec tant de violence que toute la vieille maison en fut ébranlée.

— Est-ce vous qui parlez ainsi, chanoinesse de Ligneul? s'écria-t-il. Oubliez-vous à ce point les traditions de votre famille, que vous puissiez voir un prétendant à la main de votre nièce dans ce descendant des anciens tabellions de Fontenay, fût-il dix fois millionnaire?... Ensuite, ajouta-t-il avec ironie, on sait que vous vous intéressez aux amours malheureux et disproportionnés.

Cette allusion cruelle à certains souvenirs parut frapper la pauvre comtesse en plein cœur; des larmes abondantes jaillirent de ses yeux.

— Mon père! s'écria Clotilde en courant se jeter dans les bras de sa tante, pouvez-vous parler ainsi à la meilleure et à la plus sainte des femmes?

M. de Ligneul lui-même sentit l'odieux de sa conduite, et il se hâta de reprendre:

— Allons, j'ai eu tort, Philippine, ma « pauvre vieille colombe » (c'était le nom qu'il donnait à sa sœur dans ses moments d'épanchement). Je ne devrais pas méconnaître ainsi votre affection et votre dévouement. Pardonnez-moi, vous dis-je; ma maudite langue va toujours plus vite que ma pensée.

Il n'en fallait pas tant pour apaiser la bonne chanoinesse.

— Je vous pardonnerai tout ce que vous voudrez, mon frère, reprit-elle avec douceur; mais ne croyez pas que les souvenirs que vous venez de rappeler soient un embarras pour moi quand il s'agit de l'avenir de notre Clotilde. Vous parlez de nos traditions de famille; ces traditions n'existent plus depuis longtemps. L'inégalité des conditions, si puissante autrefois, a disparu; il n'y a plus d'inégalité que dans les fortunes et dans les éducations. Tout a changé autour de nous, Roger, et nous ne sommes plus qu'un bizarre débris du passé. Que, vous et moi, élevés dans les idées d'un autre âge, nous leur restions fidèles, cela s'explique peut-être. Mais que nous allions les imposer, comme un joug de fer, à une jeune et charmante fille destinée à vivre longuement dans ce monde nouveau; que nous la rendions victime de ces croyances caduques, au risque de la condamner irremédiablement au malheur, voilà ce qui serait contraire à notre devoir et à notre conscience. Il n'y a pas plus loin entre le fils d'un riche bourgeois et mademoiselle de Ligneul, qu'il n'y avait autrefois entre la personne que vous savez et votre malheureuse sœur, et pourtant une existence... deux peut-être... ont été brisées par un impitoyable préjugé. Puisse cette pauvre enfant être un jour plus heureuse que moi!

La chanoinesse s'était attendrie de nouveau.

— Bon! encore des pleurnicheries! dit le comte avec impatience; tenez, Philippine, laissons ce sujet, car nous ne parviendrons jamais à nous entendre... Il faut pourtant que vous sachiez, vous et d'autres, ajouta-t-il en fixant sur Clotilde un regard dur, que ce beau projet, quand même je serais assez vil pour l'adopter, trouverait du côté de Fortin père lui-même l'opposition la plus humiliante. On en a malheureusement trop parlé dans le pays, et quand on a questionné Fortin à cet égard, il a répondu avec arrogance « qu'il aimerait mieux marier son fils à la fille du dernier paysan qu'à une demoiselle noble qui lui apporterait pour toute dot de l'orgueil et des parchemins... » Voyons! le camouflet est-il assez violent? et ne trouvez-vous pas que ces bourgeois se sont donné suffisamment carrière contre l'honneur de la famille?

La chanoinesse baissa la tête et se tut pendant quelques instants; enfin elle reprit de sa voix languissante :

— Eh bien! donc, Roger, que comptez-vous faire pour arrêter les poursuites?

— Rien de plus simple; puisque Noblat et son associé secret veulent absolument être remboursés de leur créance, on les remboursera. Je vais écrire ce soir même à M. Dumont, cet homme d'affaires d'Orléans qui m'a déjà procuré des fonds en pareil cas; comme il s'agit de substituer un nouveau prêteur à Fortin, qui avait pris ses sûretés, cette opération sera facile et il ne m'en coûtera, je l'espère, que quelques frais insignifiants...

— Dieu veuille que vous réussissiez dans cette négociation! cependant ne craignez-vous pas d'y trouver certaines difficultés? Personne, hélas! n'ignore que cette dette de Fortin n'est pas la seule et que vos propriétés sont grevées d'hypothèques pour une somme énorme... Voyons, Roger, n'y aurait-il pas un moyen plus prompt et plus sûr de détourner le coup qui nous menace?

— Quel moyen, ma sœur?

— Ne vous fâchez pas... Mais, pour ma part, je

ne peux croire à tout le mal qu'on dit de M. Fortin. Il aime l'argent, c'est vrai, et il passe pour être rigoureux dans l'exercice de ses droits; mais jamais on n'a sérieusement attaqué sa probité. D'ailleurs, bien des liens de reconnaissance doivent l'attacher à notre famille, et autrefois vous étiez dans les meilleurs termes avec lui. Pourquoi donc, avant de tenter à Orléans une démarche dont le succès est douteux, ne prendriez-vous pas sur vous d'aller trouver Fortin, à Fontenay, et de solliciter un renouvellement?... Il y a en ce moment auprès de lui quelqu'un qui, j'en ai la certude, appuyerait de tout son pouvoir...

Le comte ne la laissa pas achever.

— Assez, Philippine, assez! s'écria-t-il; je rougis pour vous que vous ayez osé me proposer une action aussi méprisable. Moi, comte de Ligneul, aller demander grâce à ce parvenu!... En effet, son fils, M. le conseiller de préfecture, est revenu depuis quelques jours dans le pays, et peut-être voudrait-il bien intercéder pour moi... Tenez, ma sœur, j'ai honte d'entendre de semblables choses!... Et qui vous dit que le père et le fils ne se sont pas concertés pour se venger de l'avanie que je leur ai faite en leur fermant ma porte? Qui vous dit qu'ils n'attendent pas ma visite avec impatience afin de me rendre injure pour injure?

— N'ayez pas cette pensée, mon père, s'écria Clotilde chaleureusement; je crois pouvoir répondre que M. Jules...

— Et qu'en savez-vous, mademoiselle? demanda le comte.

La chanoinesse se hâta d'intervenir.

— Soit, ne parlons plus de ce moyen puisqu'il vous déplaît, reprit-elle. Toujours est-il, Roger, que la négociation d'un nouvel emprunt ne peut manquer d'entraîner des lenteurs et des difficultés si vous la traitez par correspondance ; or, il n'y a pas une minute à perdre. Ne feriez-vous pas bien de partir sans délai pour Orléans et d'arranger en personne cette importante affaire ?

— Impossible, ma sœur ; la chasse va s'ouvrir et je ne saurais être absent de chez moi un jour d'ouverture.

La nièce et la tante échangèrent un douloureux regard.

— Encore la chasse, Roger ! dit la chanoinesse tristement ; pouvez-vous, quand il s'agit de l'intérêt et même de l'existence de votre maison, céder à des considérations de cette nature ! La chasse ! ah ! prenez-y garde, cette passion funeste nous perdra tous. C'est par elle déjà que ce beau domaine, si fertile et si productif du temps de notre père, est comme frappé de stérilité et ne rapporte plus de quoi faire vivre honorablement ceux qui le possèdent et ceux qui le cultivent. C'est à cause d'elle que votre fille, cette chère enfant si bien faite pour le monde, languit et se consume dans l'abandon, sans que vous paraissiez vous en apercevoir...

— Ma tante, s'écria Clotilde avec dignité, vous me rendrez cette justice que je ne me suis jamais plainte !

— C'est vrai, pauvre enfant, mais je me plains pour toi et j'en ai le devoir. Je me souviens encore des privations, des dégoûts, des souffrances que la passion exclusive et tyrannique de Roger a causés à ta pauvre mère ; je ne voudrais pas que le même sort te fût réservé...

— Philippine !

— Il faut que vous vous décidiez à entendre la vérité, mon frère, car, moi morte, personne n'osera plus vous la dire. Le sort de cette pauvre petite devient tout à fait insupportable... Et en ce qui vous concerne, ne voyez-vous pas l'abîme où vous roulez ? Votre ruine est imminente ; tout le monde vous fuit et vous craint... et comment en serait-il autrement ? Pour un faisan tué sur vos terres, vous seriez capable de vous brouiller avec votre meilleur ami... si vous aviez des amis !

— Que cela soit bien ou mal, dit M. de Ligneul brutalement, je prétends être seul juge de ma conduite et de mes goûts.

— Oui, oui, vous êtes le maître, Roger... Hélas ! qui vous le conteste ? Clotilde et moi pourtant, nous avons bien le droit de déplorer que vos lapins et vos lièvres occupent une plus large place que nous dans votre pensée. A la vérité, continua la chanoinesse avec une ironie triste, ces lapins et ces lièvres sont toujours là pour figurer sur notre table, les jours où, faute d'argent, on ne peut envoyer la cuisinière à la boucherie de Fontenay !

A peine Philippine avait-elle décoché ce sarcasme qu'elle fut terrifiée de son effet.

— A merveille, ma sœur ! s'écria le comte d'une voix tremblante de colère ; votre faiblesse ne vous em-

pêche pas de devenir mordante, à ce que je vois!...
Je ne vous suivrai pas sur ce terrain, car si je voulais
vous y suivre... Je vous laisse donc la place. Seulement, sachez-le bien, ni les reproches ni les railleries
ne me feront changer mes habitudes... qu'on se tienne
pour averti!

Il sortit d'un pas rapide, et on l'entendit faire claquer les portes dans le corridor voisin.

Clotilde s'approcha de la chanoinesse qui paraissait souffrir et demeurait étendue sur sa chaise longue.

— Chère tante, dit-elle doucement, n'êtes-vous pas
allée un peu loin avec mon père?... Vous le savez, il
est bon; mais sa fierté s'éveille vite et la contradiction le rend opiniâtre.

— Dieu m'en est témoin, mon enfant, ce n'est pas
pour moi que je fais entendre à Roger ces dures vérités... Moi, qu'importe! Quand notre ruine sera complète, je pourrai bien encore trouver dans les débris
de notre fortune de quoi payer ma dot dans un couvent, où je passerai le peu de jours qu'il me reste à
vivre. Mais ce qui m'exaspère c'est l'indifférence profonde de ton père pour ton avenir...

— Eh! ma tante, ce couvent que vous entrevoyez
comme un refuge, en cas de revers, pourquoi ne serait-il pas un refuge aussi pour moi?

— N'aie pas de pareilles idées, Clotilde, reprit la
chanoinesse, qui sembla se ranimer tout à coup; le
couvent ne convient qu'aux âmes blessées, comme la
mienne, aux pauvres femmes qui, comme moi, après
avoir manqué le but de leur vie, n'ont plus besoin
que de repos, de silence et d'obscurité. Toi, chère

petite, toi si belle, si bonne, si intelligente, toi dont j'ai pu étudier, dans l'isolement où nous vivons, les nobles et solides qualités, tu es faite pour être l'ornement du monde, le bonheur d'un homme de bien, la joie et l'orgueil d'une famille... D'ailleurs, petite sournoise, ajouta-t-elle en baissant la voix, ne sais-je pas que tu aimes et que tu es aimée?

Clotilde détourna la tête pour cacher sa rougeur. La chanoinesse reprit après un moment de silence :

— Ton père, j'en ai peur, ne suivra pas mon conseil. Afin de se trouver ici pour l'ouverture de la chasse, il ne se rendra pas en personne à Orléans, où pourtant sa présence est indispensable... Or, le vieux Fortin, exaspéré par les procédés hostiles de Roger, serait capable de faire saisir le domaine de la Motte-Blanche.

— Ne craignez pas cela, ma tante; si M. Fortin père en venait à de pareilles extrémités, certainement M. Jules ne souffrirait pas...

— Mais M. Jules sait-il ce qui se passe, mon enfant? Ne se peut-il pas que ce vieux madré de Fortin, connaissant le faible de son fils pour... certaine personne, ne lui ait rien dit de ses projets?

— C'est juste, et il serait important de prévenir M. Jules au plus vite.

Il y eut un nouveau silence. La chanoinesse semblait réfléchir. Enfin elle sourit, et, les yeux clos, elle demanda de sa voix languissante :

— N'as-tu pas entendu du bruit sous tes fenêtres, la nuit dernière, ma chère Clotilde? Tu as gardé de la lumière bien tard dans ta chambre!

— Ah ! ma tante, murmura la jeune fille avec confusion, vous avez vu...

— Rappelle-moi donc ce que j'ai vu, car le matin, au réveil, je ne me souviens plus des événements de la nuit.

— Je crois, au contraire, ma bonne tante, que vous savez comme moi... Eh bien donc, je vais tout vous dire, et j'ose espérer que je n'ai mérité aucun reproche... La nuit dernière je n'avais pas sommeil. Après avoir passé la soirée à lire, je me suis mise à ma fenêtre pour prendre le frais. La lumière de la bougie qui éclairait ma chambre se répandait au loin dans le parc, et c'est elle, sans doute, qui a donné l'idée...

— La lumière, en effet, attire les papillons nocturnes, dit la chanoinesse avec gaieté ; passons.

— J'étais depuis quelques instants accoudée à la fenêtre, me laissant aller à ma rêverie, quand il m'a semblé voir quelque chose s'agiter là-bas, au pied de cette roche isolée qui donne son nom au château ; puis une forme humaine s'est approchée rapidement, quoique sans bruit, et s'est arrêtée devant la maison. Je ne savais trop si je devais donner l'alarme. Tout à coup une voix bien connue m'a dit très-bas : « Bonsoir, mademoiselle Clotilde. » C'était M. Jules Fortin, que je n'avais pas vu depuis plusieurs mois.

Clotilde s'interrompit toute confuse.

— Et ensuite ? demanda la chanoinesse.

— Je me suis penchée à la fenêtre et j'ai supplié M. Jules de se retirer au plus vite, car si mon père ou les gardes le surprenaient en cet endroit, un grand malheur était à craindre. Il m'a répondu : « Le seul malheur que je redoute, c'est de vous déplaire... Depuis mon retour à Fontenay, j'ai le plus ardent désir de vous voir. J'ai tout bravé pour parvenir jusqu'à vous et pour trouver l'occasion de vous dire que... »

— Achève donc!

— « Que je vous aime toujours, » balbutia Clotilde d'une voix à peine intelligible. Alors, poursuivit-elle avec émotion, j'ai refermé ma fenêtre précipitamment et j'ai éteint ma lumière... Une heure plus tard, je me suis hasardée à regarder à travers les vitres; M. Jules avait disparu et rien n'a plus troublé le calme de la nuit.

La chanoinesse ne se hâtait pas de répondre.

— C'est exactement cela, reprit-elle enfin d'un ton d'indulgence; apprends, petite, que si, pour un motif ou pour un autre, tu n'avais pas sommeil la nuit dernière, mes souffrances, de mon côté, m'empêchaient de dormir. Imprudents enfants! Je n'ai pas perdu un mot de votre courte conversation, et d'autres auraient pu vous entendre de même... Heureusement ton père a le sommeil d'un chasseur et il ne ressent d'inquiétude que pour son gibier. Une chose me préoccupe pardessus tout, Clotilde, c'est de savoir si tu as encouragé ce jeune homme à tenter une démarche aussi audacieuse?

— Moi, ma tante! y pensez-vous? Comment eût-il été possible... Tant que M. Jules a été dans le parc j'ai éprouvé des transes mortelles.

— Pardonne-moi donc mon injuste soupçon... Eh bien! puisque M. Jules a osé s'introduire la nuit dernière dans le parc, il ne serait pas impossible qu'il s'y introduisît encore... la nuit prochaine, par exemple.

— Ce serait d'une témérité inouïe.

— Les hommes et les choses auraient bien changé si le danger pouvait arrêter certains amoureux!... Il en était autrefois qui eussent bravé mille morts pour un regard, un sourire de l'objet aimé... Voyons! Clotilde, si, par impossible, ton beau chercheur d'aventures revenait la nuit prochaine, ne pourrait-on profiter de la circonstance pour solliciter son intervention dans les affaires qui nous donnent tant de souci?

— Quoi! ma tante, voudriez-vous donc que je descendisse dans le parc?...

— Un moment, mademoiselle; ne vous hâtez pas de me juger sévèrement... Si vous descendez dans le parc pour causer avec ce jeune homme, vous n'y descendrez qu'au bras de la chanoinesse de Ligneul, votre seconde mère... Et si, dans cette démarche, il y avait encore quelque chose de répréhensible, je prierais Dieu de nous la pardonner à l'une et à l'autre, car nous aurions seulement pour but de sauvegarder la considération et l'intérêt de notre pauvre famille si cruellement compromis.

Clotilde embrassa sa tante avec effusion.

— Pardonnez-moi, dit-elle, j'aurais dû me souvenir que vous avez autant de raison que de bonté... Réellement il se pourrait que M. Jules fût encore assez imprudent...

Elle se tut tout à coup et fit signe à Philippine d'écouter. On parlait à haute voix dans la cour du château. Le comte, debout sur le seuil de la porte, disait au garde qui rentrait portant des outils de menuiserie :

— As-tu soigneusement refermé la trouée que les rôdeurs avaient faite à la clôture du parc?

— Oui, oui, monsieur le comte; j'ai planté des palissades neuves et je les ai garnies d'épines.

— C'est bien, mais ce n'est pas encore assez. La nuit prochaine et les suivantes, tes camarades et toi, vous ferez plusieurs rondes autour des clôtures. Si quelque vaurien pénètre chez moi, vous tirerez sur lui comme sur un chien enragé.

— Il suffit, monsieur le comte; je transmettrai l'ordre à Bihoreau et à Pierre.

— N'y manque pas... Mais avant de quitter le château tu viendras prendre une lettre que j'achève d'écrire et tu la porteras à la poste de Fontenay.

La conversation cessa, et M. de Ligneul rentra dans la maison.

Les deux dames étaient consternées.

— Vous avez entendu, ma tante? reprit enfin Clotilde avec terreur; si M. Jules essaie encore de s'introduire dans le parc, on tirera sur lui sans pitié... Mon Dieu! quel parti prendre? Comment le prévenir?... Si je lui écrivais!

— Pas toi, mon enfant; si quelqu'un devait lui écrire, ce serait moi plutôt, car, à mon âge, de pareilles démarches n'ont plus d'inconvénient... Mais nous avons trop de choses à dire et des choses trop importantes pour qu'une lettre puisse atteindre notre but.

— Alors, comment faire? Je ne me pardonnerais jamais si, à cause de moi, ce digne jeune homme s'exposait à quelque catastrophe. D'autre part, les poursuites dont mon père est menacé... Mon Dieu! inspirez-nous!

Et les deux femmes, penchées l'une vers l'autre, se mirent à discuter successivement plusieurs projets, tous dangereux ou impraticables. Elles ne s'étaient encore arrêtées à aucun, quand la chanoinesse qui, depuis un moment, faisait effort pour parler, se tut tout à coup ; des spasmes secouèrent son organisation délicate, et elle demeura enfin complétement évanouie sur son lit de repos.

De pareils accidents étaient fréquents chez la comtesse de Ligneul. Cependant Clotilde, voyant sa tante évanouie, perdit la tête, et tout en lui prodiguant les soins habituels, poussa des cris qui répandirent l'alarme dans la maison. Les servantes accoururent effrayées; le comte lui-même sortit de sa chambre, où il était en train d'écrire; mais, en apprenant de quoi il s'agissait, il se contenta de dire :

— Bah! c'est une des crises ordinaires de cette pauvre Philippine! Il n'y a pas à s'inquiéter... Demain, il n'y paraîtra plus.

Puis il rentra chez lui, pendant que Clotilde, oubliant tout le reste, s'empressait auprès de la chanoinesse qu'elle adorait.

III

A TRAVERS CHAMPS

Retournons maintenant à cette petite famille que nous avons laissée au bord de l'étang.

Après le départ du comte, le calme, comme nous l'avons dit, n'avait pas tardé à régner de nouveau sous la feuillée où campait la jolie tribu. Le chien de chasse, revenu de ses égarements, ne songeait plus à chercher noise au gibier du voisin et se reposait en regardant de ses yeux à demi-clos ses jeunes maîtresses. Celles-ci s'étaient remises à folâtrer à travers le taillis. Tandis que l'aînée cueillait des fleurs sauvages, la plus jeune, son filet de gaze à la main, poursuivait les papillons et les libellules qui voltigeaient au soleil. Toutes les deux, en vraies petites Parisiennes, avaient bien soin de ne pas souiller leurs élégantes bottines à la vase de l'étang, ou de ne pas accrocher leur robe légère aux ronces des halliers. Quant au père, adossé à un vieux chêne, il s'était replongé dans sa lecture et se contentait de lever machinalement la tête de temps en temps, pour s'assurer que les enfants ne commettaient aucune imprudence et ne couraient aucun danger.

Cependant, comme il se taisait et demeurait immobile, les deux fillettes finirent par trouver cette station dans les bois un peu trop prolongée. Déjà elles avaient essayé de distraire M. Louis et de lui rappeler qu'il était temps de poursuivre leur promenade ; le père n'avait pas l'air de comprendre, et, après avoir répondu avec bienveillance, reprenait son maudit livre. Une fois, Zoé, la plus jeune, s'approcha, tenant entre ses doigts un magnifique insecte tout palpitant dont elle venait de s'emparer.

— Papa, demanda-t-elle d'un ton câlin, comment s'appelle ce papillon brun aux taches d'argent ?

— L'Argynnis nacré.

— Argynnis... c'est du latin que vous me dites là ?

— Mais non, c'est du français, mignonne.

— Et celui-ci, qui est rouge et noir comme un diablotin ?

— La Zygène de la filipendule.

— Zygène !... Bon ! voilà que vous parlez grec ! C'est défendu.

Le père saisit l'espiègle par la taille et lui donna deux gros baisers ; mais bientôt il la déposa à terre et reprit sa lecture. Alors mademoiselle Julie, l'aînée, accourut à la rescousse :

— Papa, demanda-t-elle à son tour en exhibant un beau bouquet de fleurs aquatiques, comment se nomme cette espèce de rose blanche que j'ai trouvée sur l'étang ?... Pas de latin, vous savez !

— Elle se nomme le Nymphea Blanc.

— Nymphea! répéta Julie d'un air grave et en le menaçant du doigt; en vérité, monsieur papa, vous êtes incorrigible... Et cette fleur jaune, dont les feuilles sont couvertes d'un fin duvet ?

— La Renoncule Bulbeuse.

— Quel nom savant!... Comme si j'ignorais que c'est le Bouton d'Or!

— Eh! puisque tu le sais, pourquoi le demander? dit le père avec une légère impatience.

Et il revint à son livre maudit.

La situation se compliquait. On avait quitté la maison depuis plusieurs heures déjà; le soleil, qui descendait rapidement vers l'horizon, n'enfonçait plus ses flèches d'or dans le feuillage des arbres, mais se glissait par dessous. La récolte des fleurs était finie; la chasse aux papillons languissait, car à mesure que la chaleur diminuait, les insectes devenaient rares. Julie et Zoé ne savaient plus comment décider leur père à battre en retraite. Cependant leur ennui personnel ne semblait pas être la seule cause de leur préoccupation ; évidemment, une autre pensée s'agitait dans ces têtes blondes. Toutes les tentatives pour déterminer M. Louis à la retraite ayant échoué, la petite Zoé, qui avait les priviléges d'une favorite, s'avisa d'une ruse désespérée.

Elle se mit à bondir de çà de là en agitant son filet de gaze, comme si elle eût poursuivi un papillon fantastique. Tout à coup, elle s'élança vers le lecteur, et tomba, mais de telle sorte qu'elle se trouva dans les bras de son père, et que le livre malencontreux sauta à dix pas. En même temps, elle criait en riant comme une folle :

— Faut-il être maladroite !... Je l'ai manqué !

M. Louis maugréa doucement contre cette irruption un peu trop violente ; puis, écartant la jeune étourdie, il alla ramasser son livre dont plusieurs feuillets avaient été fort compromis dans la bagarre ; mais, lorsqu'il voulut regagner sa place au pied du chêne, la révolte éclata.

— Cher papa, dit Julie avec résolution, vous avez assez lu pour aujourd'hui... Maman dit que c'est cela qui vous rend malade.

— Vous toussez, vous avez les joues pâles... et moi je ne veux pas.

— Si nous avons quitté Paris et si nous sommes venus à la campagne, c'est afin que vous respiriez du bon air, que vous vous promeniez beaucoup, que vous ne soyez pas toujours à lire et à écrire comme là-bas... Aussi vais-je dire à maman que vous n'avez pas fermé votre livre pendant toute la promenade, et vous pouvez vous attendre à être bien grondé.

Véritablement M. Louis, en se relevant, avait porté la main à sa poitrine, comme s'il eût ressenti un peu de douleur, par suite de son assiduité au travail, mais cette souffrance, si elle était réelle, fut vite oubliée. Le père contemplait avec un étonnement comique les deux charmantes petites qui se dressaient sur leurs pointes d'un air magistral.

— C'est une insurrection, c'est tout à fait une insurrection! dit-il en riant; voilà un papa qu'on traite de la bonne sorte et il n'a plus qu'à baisser pavillon devant ses vaillantes filles... Allons! mes mignonnes, je me rends à merci; je ne saurais résister à une coalition si formidable, surtout quand on menace de faire donner la réserve de la maman... Partons donc, car aussi bien il est tard, et notre longue absence pourrait causer quelque inquiétude à la maison.

Julie et Zoé étaient enchantées du résultat de leur énergie; M. Louis fut cajolé, embrassé; on l'appela « cher petit papa, bon petit papa, » puis on se mit en marche et on se dirigea vers Fontenay. Phanor gambadait en avant, retenant avec peine des aboiements de gaieté qui eussent pu éveiller des susceptibilités de diverses natures dans ce canton giboyeux.

Comme la petite famille longeait une haie touffue, derrière laquelle il y avait un autre sentier, on entendit deux personnes qui causaient tout en marchant. L'une d'elles parlait très-haut, suivant l'usage des campagnards, tandis que la seconde s'exprimait à demi-voix et avec une sorte de réserve. M. Louis fut bientôt assez près pour ne pas perdre un mot de la conversation.

— Oui, mon garçon, disait la voix forte, c'est une belle créature, j'en conviens, et il n'y a rien à reprendre en elle; son seul tort est d'avoir un père qui crève d'orgueil dans sa peau parce qu'il est noble. Cependant il faudra bien qu'il en rabatte, car il doit plus qu'il n'a vaillant, et un de ces jours...

— Quoi! demanda l'interlocuteur avec tristesse, le comte de Ligneul est-il si bas?

— En veux-tu la preuve? Aujourd'hui l'huissier Martinaud est allé lui porter un poulet à la Motte-Blanche, et certainement Martinaud reviendra jusqu'à ce qu'il ait posé sa griffe sur le domaine... Si la débâcle arrive, tout le monde dans le pays plaindra la jeune demoiselle, et puis la comtesse Philippine, que l'on appelle « Madame, » quoiqu'elle n'ait jamais été mariée.. une idée de ces nobles!... Elles sont bonnes toutes les deux, et elles ne vivent pas sur des roses, les pauvres créatures! Quant à ce vaniteux hobereau, qui a mangé bêtement sa fortune à élever des lièvres et des lapins, tout le monde se réjouira de le voir faire la culbute.

— Et pourtant, mon père, le comte de Ligneul, malgré tous ses travers, ne m'a pas paru être un méchant homme. D'ailleurs les circonstances actuelles le décideront peut-être à écouter plus favorablement...

— Ne songe pas à cela, Jules, interrompit le père d'un ton ferme; lors même que tu parviendrais à obtenir le consentement du comte ruiné ou non, il y a un autre consentement que tu n'obtiendras pas, et c'est le mien, je te l'ai déjà dit.

— Cependant, cher père, vous m'avez toujours témoigné une vive affection; vous êtes riche et vous ne voudrez pas me condamner...

— Riche, riche... Personne n'a compté avec moi, en définitive, et on a bien du mal à réaliser ce qui vous est dû... Quoi qu'il en soit, monsieur mon fils, si j'étais capable de vous laisser épouser une femme sans fortune, j'exigerais du moins que la famille de la future jouît de quelque influence et pût favoriser nos projets secrets. Tu sais, Jules, combien je tiendrais à te voir porter l'habit brodé de sous-préfet, afin que tu arrives plus tard... C'est mon idée fixe, et certainement c'est aussi la tienne. Au fait, tu as tout ce qu'il faut pour parvenir; tu es instruit, bien élevé, tu as l'expérience des affaires, et s'il était possible d'intéresser en ta faveur quelque grand personnage... Voilà le but vers lequel il faut marcher, garçon. Si tu découvres une jeune fille, fût-elle pauvre comme Job, dont la famille serait assez puissante pour te faire nommer sous-préfet, épouse-la, je ne m'y oppose pas, et je fournirai autant de sacs d'écus qu'il en faudra pour mener la chose à bien. Quant à ce gentillâtre que personne ne connaît au-delà des limites de son petit domaine, qui n'a ni crédit ni influence, qui ne pourrait disposer d'une voix, outre la sienne, aux prochaines élections, qu'on ne m'en parle plus! La fille, fût-elle dix fois plus méritante et plus jolie, ne sera jamais ma bru... du moins de mon consentement!

L'interlocuteur parut consterné de cette décision et il redoublait d'instances, quand on atteignit l'endroit où les deux sentiers rejoignaient le grand chemin de Fontenay, et on se trouva tout à coup en présence de M. Louis et de ses enfants.

Les causeurs, ainsi que le lecteur l'a reconnu sans doute, étaient MM. Fortin père et fils, dont il avait été si longuement question chez le comte de Ligneul; et, malgré leur lien étroit de parenté, on eût pu les croire de race comme de génération différente. Le père, quoiqu'il eût exercé longtemps les fonctions de notaire à Fontenay et qu'il fût encore maire de la commune, avait la plus humble et la plus piètre mine. Petit et maigre, il était vêtu avec une négligence qui touchait à la sordidité, et rien dans son extérieur n'eût pu faire deviner un capitaliste. Sa figure jaune, ratatinée, dont la bouche formait une large ride transversale, vu l'absence de dents, tenait à la fois de la fouine et du singe. En revanche, cette face peu avenante avait une expression de finesse et de gaieté qui en rachetait un peu la laideur.

Jules Fortin, le conseiller de préfecture, était au contraire un grand et bel homme de vingt-six ans, à figure ouverte et intelligente. Son costume campagnard ne manquait pas d'élégance et faisait ressortir les nobles proportions de sa personne. Aussi le vieux Fortin, quelle que fût son insouciance pour lui-même, paraissait-il très-fier de son fils, et son avarice bien connue ne l'empêchait pas de fournir à Jules les moyens de figurer convenablement dans le monde.

L'un et l'autre, en entendant du bruit derrière eux, s'étaient arrêtés à l'angle de bifurcation des chemins, et M. Louis les salua poliment. Jules Fortin lui rendit son salut d'un air empressé, tandis que le père touchait avec distraction une bizarre coiffure, moitié casquette, moitié chapeau, qu'il portait d'habitude. Il s'approcha pourtant de l'étranger.

— Eh bien, monsieur, lui dit-il, êtes-vous toujours dans l'intention de tirer un coup de fusil, quand la chasse sera ouverte, comme vous me l'avez annoncé lors de votre visite?

— Certainement, monsieur le maire; je suis un

assez mauvais chasseur, je le crains, car depuis que j'ai atteint l'âge de raison, j'ai eu bien d'autres soucis que la chasse. Mais mon médecin et surtout ma famille croient que cet exercice est nécessaire à ma santé...

— J'ai reçu hier une lettre de M. le marquis de Saint-Firmin à ce sujet. Il a l'air d'avoir joliment de la considération pour vous, monsieur le marquis !... Ainsi donc vous pourrez chasser tant qu'il vous plaira sur mes terres et aussi sur celles de plusieurs petits propriétaires du voisinage qui, comme on le sait, n'ont rien à me refuser... Ah! cette permission va bien faire enrager M. de Ligneul, qui est si jaloux de tous les chasseurs !

— Dites aussi, mon père, ajouta Jules Fortin, que vous êtes heureux de donner une marque de sympathie à un galant homme.

M. Louis remercia le père et le fils en termes choisis et pleins de convenance.

— Allons! c'est entendu, reprit le vieux Fortin ; seulement vous aurez à vous défier des gardes de M. de Ligneul et particulièrement d'Aubinet; ils chercheront à vous molester, je vous le garantis.

— J'espère ne donner aucun motif de plainte, répliqua M. Louis en souriant, et je m'efforcerai d'être aussi bon voisin pour les autres que vous l'êtes pour moi, messieurs.

Il s'inclina de nouveau, et, prenant la main de ses enfants, il continua d'avancer vers le village, pendant que les Fortin père et fils poursuivaient leur promenade.

Jules le regarda s'éloigner le long des grands arbres qui bordaient la route.

— C'est un homme d'une distinction parfaite, reprit-il enfin ; et vous dites, mon père, qu'il s'appelle M. Louis?

— On le connaît sous ce nom dans le pays, et le marquis de Saint-Firmin ne le nomme pas autrement... Mais que diable trouves-tu de si relevé dans sa personne? Il me semble à moi qu'il est mis et qu'il parle comme tout le monde. Il n'a pas un bijou sur lui, et tout son costume, quoique très-frais, ne vaut pas cinquante francs... Ensuite il n'est pas propriétaire, il mène un train modeste, et je ne vois pas de quoi se monter la tête à propos de ce nouveau venu.

— Eh! mon père, on peut, à l'époque où nous vivons, n'être pas propriétaire comme vous dites, ne pas porter de bijoux, mener un train modeste, et néanmoins être un homme éminent, jouant un rôle considérable dans la société. Avez-vous remarqué qu'il avait à la boutonnière de sa modeste jaquette de coutil la rosette d'officier de la Légion d'honneur? Or, comme il est encore jeune et comme, évidemment, il n'a jamais été militaire, cette distinction désigne un homme qui, dans l'ordre civil, occupe un rang élevé. D'ailleurs, son œil clair et profond, sa physionomie si fine et si bienveillante, tout son extérieur si simple et si digne, ont un caractère auquel je ne saurais me tromper. Ce M. Louis m'inspire à la fois sympathie et respect ; aussi serais-je heureux qu'une circonstance me mît en rapport direct avec lui.

— Bah! reprit le vieux Fortin en haussant les

épaules, voilà bien des balivernes à propos d'un monsieur décoré! Ces Parisiens sont si intrigants!... Quant à te lier avec M. Louis, pendant ton séjour à Fontetenay, je n'y vois aucun mal, pourvu qu'il ne s'avise pas de t'emprunter de l'argent... Mais une liaison avec lui ne semble pas aisée ; malgré sa politesse, il n'a pas l'air d'aimer beaucoup les nouvelles connaissances. Il ne reçoit personne à la Folie, et c'est sans doute à ma qualité d'ancien notaire du marquis et de maire de la commune que je dois l'honneur de sa visite... Il te sera aussi difficile de t'introduire dans une maison si peu hospitalière... tiens, ajouta-t-il en étendant le bras vers le château qui s'élevait à quelque distance, que de pénétrer là-bas dans la masure de M. de Ligneul !

— On y pénètre pourtant, murmura Jules en jetant à son tour un long regard sur la demeure de Clotilde.

Pendant ce temps, M. Louis et ses enfants arrivaient à leur habitation située, comme nous l'avons dit, à une centaine de pas de Fontenay. Cette habitation, la plus belle du voisinage, était une villa à l'italienne avec un portique à colonnes et des toits en terrasse. Le marquis de Saint-Firmin, son créateur, y avait dépensé des sommes considérables, d'où l'on appelait cette propriété la Folie-Saint-Firmin, ou simplement la Folie. Après l'avoir occupée pendant deux ou trois saisons, le marquis avait paru s'en dégoûter, et, quoiqu'elle fût tenue dans le meilleur état, elle était demeurée inhabitée. Depuis un mois seulement, M. Louis et sa famille étaient venus s'y installer et lui rendre un peu de son ancienne animation.

Impossible, du reste, de trouver une plus charmante résidence pour un été ou un automne. Outre que les appartements remplissaient toutes les conditions de luxe et de comfort, sa situation était des plus heureuses. Des fleurs de mille espèces ornaient le perron, les corniches, débordaient sur les murs. La maison avait pour dépendance un vaste jardin ou plutôt un parc soigneusement clos, où de longues avenues de charmilles, des massifs d'arbustes rares, permettaient de se promener à l'ombre pendant la chaleur du jour. Au fond du jardin se dressait une ruine pittoresque, en forme de tour, à laquelle on arrivait de la maison par une terrasse plantée de tilleuls. Cette prétendue ruine était un pavillon de plaisance d'où l'on jouissait d'une vue splendide non-seulement sur la campagne environnante, mais encore sur le parc de la Motte-Blanche, qui, de ce côté, attenait à la Folie-Saint-Firmin.

M. Louis et ses enfants vinrent sonner à une porte cachée dans la muraille, car la grande grille était tellement enchevêtrée de liserons et de clématites qu'elle n'eût pu tourner aisément sur ses gonds. La porte ayant été ouverte, les fillettes s'élancèrent vers leur mère qui se tenait sur le seuil de la villa.

Madame Louis, quoiqu'elle fût bien près de la quarantaine, conservait encore de la beauté et de la fraîcheur. Sur sa figure sereine, la gravité de la mère de famille s'alliait à la bienveillance de la femme qui a toujours été heureuse et qui se sent aimée. Elle avait pour unique coiffure les boucles opulentes de sa chevelure encore noir d'ébène; et sa taille souple était

prise dans une robe de soie claire qui devait être
l'œuvre d'une couturière parisienne. Peut-être sa mise
trahissait-elle un peu de coquetterie, mais certainement une coquetterie fort innocente, car madame
Louis ne recevait personne à la Folie-Saint Firmin.

Quand elle apparut ainsi au haut du perron, dans
un encadrement de cobeas et de volubilis, un léger
nuage de mécontentement se montrait sur son front.

— A quoi pensez-vous, mon ami? demanda-t-elle
à son mari; rentrer si tard! L'inquiétude commençait
à me gagner... Et ces pauvres petites qui n'ont pas
goûté!

M. Louis paraissait tout confus; il embrassa sa
femme, peut-être pour faire diversion aux reproches,
tandis que Julie et Zoé, de leur part, comblaient de
caresses la bonne mère.

— Allons, Hélène, ne grondez pas, dit-il, notre
promenade s'est prolongée... Et puis les enfants
avaient tant de plaisir à jouer dans les bois...

— N'est-ce pas plutôt, mon ami, demanda madame
Hélène d'un ton où la sévérité s'alliait à la tristesse,
que vous vous serez oublié quelque part avec cet insupportable livre?

M. Louis avait toujours l'air d'un écolier pris en
flagrant délit d'école buissonnière.

— Ma chère, balbutia-t-il, je vous assure...

— Vos filles vous écoutent, Louis, prenez garde...
Ah! si je voulais les interroger!...

Julie et Zoé, qui savaient bien où tendait cette ré-
ticence, demeuraient raides et gourmées, serrant leurs
lèvres roses pour ne pas être tentées de prononcer

une parole imprudente au milieu de ce débat conjugal.

— Voyons, Hélène, dit le mari avec douceur, il fallait bien occuper mes loisirs pendant que ces enfants s'amusaient, et j'ai lu machinalement quelques pages de l'ouvrage de X..., sur lequel je dois faire un rapport.

— Quelques pages? reprit Hélène en s'emparant du livre que M. Louis portait sous le bras; nous allons voir!

Elle feuilleta rapidement le gros volume; son mari, ne sachant où elle voulait en venir, observait avec curiosité chacun de ses mouvements.

— Louis! Louis! dit-elle enfin les larmes aux yeux, vous voulez donc vous tuer? Ce matin, quand vous êtes sorti, vous aviez marqué la page 35, et la marque se trouve reportée maintenant à la page 150; c'est plus de cent pages d'un texte fin et serré que vous avez lues pendant cette promenade... Vous savez pourtant combien cette assiduité au travail vous est contraire! Vous êtes venu ici afin de rétablir votre santé délabrée par l'étude excessive, et voilà que vous ne pouvez prendre sur vous...

M. Louis partit d'un éclat de rire.

— Sur ma parole! Hélène, s'écria-t-il, vous êtes un véritable juge d'instruction en falbalas! Qui diable se serait avisé de soupçonner une pareille ruse? Mais ne vous fâchez pas, ma chère; je vais avoir autant de distractions et d'exercice que vous pouvez le souhaiter... La chasse s'ouvre dans deux jours; je vais m'en donner à cœur joie, et les livres auront tort, comme vous pouvez penser.

Pendant cette conversation, on était entré dans un joli salon, où des stores aux vives peintures adoucissaient l'éclatante lumière du jour. M. Louis, fatigué, se laissa tomber dans un fauteuil.

— Allons, maman, dit Julie, d'un ton suppliant, pardonnez-lui... il est si bon !

— Et puis il a bien joué un *petit peu* avec nous, ajouta Zoé ; et il n'a pas parlé latin.

La mauvaise humeur d'Hélène ne résista pas à ces naïves prières.

— Ah ! Louis, reprit-elle en posant la tête sur l'épaule de son mari qui lui souriait, pourquoi ne tenez-vous pas compte de mes alarmes ? Ne savez-vous pas combien votre vie est précieuse pour moi, pour ces enfants, pour tous ceux qui vous aiment ?

— Mais ma vie n'est pas en danger, folle que vous êtes ; j'avais seulement la poitrine un peu échauffée et, grâce à l'excellent air qu'on respire ici, il n'y paraît déjà plus... Voyons, soyez gentille... La paix est-elle conclue ?

— Soit, mais à une condition : ce maudit livre sera envoyé à la cuisinière pour allumer ses fourneaux.

— Y pensez-vous, Hélène ? dit M. Louis, qui redevint grave tout à coup ; brûler le livre de mon ami X..., une œuvre de premier ordre !... Ne savez-vous pas que, ma lecture finie, il faudra rédiger mon rapport, qui est pour ce pauvre X... d'un intérêt si capital ?

— Encore des veilles, encore de l'assiduité ! dit Hélène en levant les yeux au ciel avec une sorte de désespoir.

— Bon ! une bagatelle... Et comme je veux avoir

terminé ce travail pour l'ouverture de la chasse, je m'y mettrai dès ce soir... Oh! presque rien à faire... quelques pages à griffonner... Demain, dans la journée, dans la soirée au plus tard, ma tâche sera certainement accomplie.

Hélène essaya encore de gronder; mais les caresses affectueuses de son mari et de ses enfants lui fermèrent la bouche; et la plus complète harmonie ne tarda pas à se rétablir dans la paisible maison.

IV.

LE PARC DE LA MOTTE-BLANCHE

La chanoinesse de Ligneul, à la suite de sa violente attaque de nerfs, était tombée dans une sorte de prostration à laquelle avait succédé un sommeil bienfaisant. Quand elle se réveilla, il était assez tard, et une bougie éclairait la chambre. Ses yeux ayant rencontré Clotilde qui était penchée vers elle avec sollicitude :

— Ça va mieux, bien mieux, mon enfant, lui dit-elle; ce sommeil m'a rendu des forces... Et tiens, le croirais-tu? je me sens un peu d'appétit.

Clotilde s'empressa d'aller chercher une bouteille de bordeaux et quelques pâtisseries légères. La chanoinesse mangea deux biscuits et but un demi-verre d'eau rougie, ce qui constituait pour elle un solide repas; puis elle demanda d'un ton mystérieux :

— Eh bien! chère petite, qu'as-tu décidé à l'égard de... de ce jeune homme?

— Hélas! rien, ma tante, répliqua Clotilde; pendant cette crise, je n'ai été occupée que de vous.

— Merci... Où est ton père?

— Il est rentré dans sa chambre et n'a plus de lumière.

— En ce cas, il est endormi.

— J'en doute; lorsqu'il s'agit de son gibier, il ne dort pas... Mais vous-même, ma tante, ne voulez-vous pas vous coucher?

— Je suis à merveille sur cette chaise longue... Eh bien, Clotilde, tu peux renvoyer les femmes; nous n'aurons plus besoin de leurs services pour ce soir.

Comme mademoiselle de Ligneul allait sortir, la comtesse Philippine ajouta tout bas :

— Si M. Jules vient, comme la nuit dernière, tu auras soin de m'avertir.

— Ah! ma tante, répliqua Clotilde, incapable de cacher plus longtemps ses alarmes, puisse-t-il n'avoir pas la fatale pensée de revenir! Quel que soit l'intérêt pressant qui m'oblige d'invoquer son secours, je tremble de songer aux éventualités terribles... Que Dieu nous protége !

Une heure s'écoula encore; tout le monde, dans la maison, sauf la tante et la nièce, semblait se livrer au repos. La chanoinesse demeurait étendue sur son canapé, les yeux fermés selon son habitude, bien qu'elle n'eût plus aucune velléité de sommeil. Clotilde, assise à côté d'elle, se levait de temps en temps pour regarder à la fenêtre, et son anxiété allait croissant, à mesure que la nuit s'avançait.

Cependant le silence le plus profond, l'immobilité

la plus complète régnaient au dehors. A peine si l'on entendait de temps en temps un léger frémissement causé par la brise nocturne dans les arbres du parc. La lune brillait au ciel, répandant sur la campagne sa lueur douce et nacrée ; mais, par intervalles, des nuages passaient lentement sur son disque, et alors tous les détails du paysage se confondaient dans une pénombre mélancolique.

Clotilde observait d'un air pensif ce tableau changeant, quand l'horloge de Fontenay sonna onze heures. La jeune fille, un peu rassurée, promena un dernier regard au-dessous d'elle avant de se retirer ; tout à coup elle tressaillit et se rejeta vivement en arrière.

— Ma tante, balbutia-t-elle d'une voix à peine distincte, vous aviez raison... Il est revenu !

— J'en étais sûre... Alors fais-lui signe d'attendre.

— Ma tante !

— C'est moi qui vais descendre lui parler, et comme je suis incapable de marcher jusque-là, il faut bien que tu me prêtes ton appui.

— Je vous supplie de réfléchir aux conséquences possibles...

— Tu veux donc que j'essaye d'aller seule pour avertir ce jeune homme du danger qu'il court et en même temps pour lui demander ses bons offices ?... Soit ; ma conscience me dit que je n'agis pas mal, et cela me suffit.

Tout en parlant, Philippine avait quitté son lit de repos, et quoique évidemment elle ne fût pas solide sur ses jambes, elle faisait avec rapidité quelques préparatifs de toilette. Clotilde, ne pouvant l'abandonner, apporta un grand châle dont la chanoinesse s'enveloppa, tandis qu'elle-même jetait sur ses épaules un mantelet à capuchon.

— Ma tante, demanda-t-elle au moment de sortir, ne ferais-je pas bien de souffler cette bougie? Si mon père apercevait de la lumière...

— Que nous importe? Je ne prétends pas me cacher... Laisse cette lumière; nous la trouverons au retour.

La fermeté de la chanoinesse avait rendu à Clotilde quelque courage. Toutes deux gagnèrent le corridor voisin, puis l'escalier, qu'éclairaient suffisamment les rayons de la lune. Elles marchaient avec lenteur et s'arrêtaient souvent, car la pauvre Philippine était d'une faiblesse extrême, et son énergie morale pouvait seule lui permettre d'accomplir un pareil effort.

Elles atteignirent ainsi la porte du jardin et s'engagèrent sous une tonnelle de vigne qui faisait face à la maison.

Clotilde était haletante et frissonnait comme si elle avait froid. Cependant elle venait de s'assurer que Jules Fortin n'était plus à la place où elle l'avait aperçu. S'était-il dépité en voyant mademoiselle de Ligneul se retirer de la fenêtre, ou bien avait-il entendu quelque bruit qui l'avait décidé à fuir? On ne savait, mais quoique la lune éclairât en ce moment toutes les parties du jardin, il avait disparu.

Par un effet de la mobilité féminine, Clotilde, qui tout à l'heure redoutait de rencontrer Jules, éprouvait maintenant un secret mécontentement de cette

brusque retraite. Elle allait peut-être en exprimer
quelque chose à la chanoinesse, quand le sable de
l'allée cria sous un pas furtif. La pensée lui vint que
Jules avait voulu profiter aussi de l'ombre de la treille
pour s'approcher de la maison. Elle s'arrêta donc et
retint sa tante par le bras. Il sembla que l'on s'ar-
rêtait aussi. Il y eut un moment de silence. Enfin,
Clotilde, n'y tenant plus, demanda timidement :

— Qui va là?

— Clotilde! s'écria-t-on avec impétuosité.

Et on s'élança en avant.

— Bonsoir! monsieur Fortin, dit la chanoinesse
avec un léger accent de raillerie; on n'attendait pas
votre visite si tard, et les visites à une telle heure
présentent bien des inconvénients.

L'obscurité empêchait de voir les traits de Jules,
mais certainement ils exprimaient autant de confusion
que de surprise. Il répondit avec embarras :

— Madame la comtesse... mademoiselle... vous
savez avec quelle dureté m'a traité M. de Ligneul.
De retour dans ce pays, après une assez longue absence, je n'ai pu résister au désir de vous voir, de me
trouver près de vous...

— Et c'est pour cela que vous venez au milieu de
la nuit, en passant par-dessus les clôtures? dit la chanoinesse de son ton moqueur.

Mais Clotilde ne put se contenir plus longtemps.

— Ma tante, reprit-elle, hâtez-vous d'apprendre à
M. Jules les dangers dont il est menacé : tous les
gardes sont sur pied; mon père lui-même peut appa-

raître d'un moment à l'autre, et j'éprouve une crainte mortelle...

— Ah! mademoiselle, murmura Jules, est-ce réellement pour moi que vous tremblez?

— Ma nièce a raison, monsieur Fortin; vous avez commis une grave imprudence en vous introduisant ainsi chez nous... Que cette imprudence ne se renouvelle plus, je vous en conjure! Mais puisque vous voilà, je veux éprouver si les sentiments d'estime et d'affection que vous nous témoigniez autrefois ne se sont pas refroidis, et vous fournir l'occasion de rendre à notre famille un signalé service.

Alors la chanoinesse lui apprit en peu de mots les poursuites actives exercées contre M. de Ligneul par un créancier que l'on supposait être un agent de Fortin père.

— Je sais bien, ajouta-t-elle tristement, que notre ruine est inévitable; mais nos amis doivent nous aider à la retarder le plus possible, afin de donner à Dieu le temps de faire un miracle en notre faveur.

Jules avait écouté ces détails avec un douloureux étonnement.

— Je ne soupçonnais rien de pareil, répliqua-t-il; mon père se cache de moi, et je ne l'aurais pas cru capable... Pardonnez-lui, mesdames; il a peut-être trop pris à cœur les procédés injurieux de M. de Ligneul à mon égard. Mais à présent que je suis prévenu, je lui parlerai, et il renoncera sans aucun doute à une vengeance indigne de lui. Ayez donc l'esprit en repos, madame la comtesse, et vous aussi, mademoiselle Clotilde... Je donnerais ma vie pour vous épargner un chagrin !

— Je vous avais bien jugé, dit la chanoinesse ; vous êtes un brave jeune homme.

— Monsieur Jules, ajouta Clotilde d'une voix très-altérée, mon père ne saura jamais le service que vous allez lui rendre, mais d'autres le sauront et en conserveront toujours le souvenir.

En même temps une main brûlante se posa sur celle de Fortin dans l'obscurité. Il voulut porter cette main à ses lèvres, on la retira aussitôt avec une espèce d'effroi.

Il y eut un nouveau silence. Les jeunes gens ne se voyaient pas, mais ils semblaient prendre un plaisir indicible à se sentir près l'un de l'autre. Ils croyaient entendre mutuellement le battement de leurs cœurs.

— Il faut nous séparer, dit enfin Philippine ; adieu, monsieur Jules ; n'oubliez pas votre promesse.

Cependant personne ne bougeait ; les pauvres enfants demeuraient immobiles, comme retenus par un pouvoir surnaturel.

Tout à coup la porte de la maison claqua ; des pas précipités résonnèrent sur le sable ; et à l'extrémité de la treille, on aperçut, dans un rayon lumineux, le comte de Ligneul, un fusil de chasse à la main.

Cette apparition menaçante rompit le charme sous lequel se trouvaient les assistants.

— C'est mon frère, murmura la comtesse ; mon Dieu ! nous aurait-il entendus ?

— Partez, monsieur Jules, dit Clotilde, cachez-vous bien vite... Mon père vous tuerait !

— Ne vaudrait-il pas mieux, mademoiselle, essayer de lui parler, de lui faire comprendre?...

— Non, non, fuyez, vous dis-je!... Il vous frapperait avant de vous avoir laissé prononcer une parole.

Le parti qu'on proposait à Jules lui répugnait évidemment, mais bientôt l'hésitation ne fut plus possible. L'attention de M. de Ligneul avait sans doute été éveillée, car il s'avança rapidement vers la tonnelle, en disant assez haut :

— De par tous les diables, il y a du monde là-bas!

Jules n'eut que le temps de se jeter derrière une touffe de groseilliers, pendant que les deux femmes éperdues faisaient quelques pas au-devant du comte.

— Roger, s'écria la chanoinesse, prenez garde... Clotilde et moi nous sommes ici.

M. de Ligneul, au son de cette voix connue, s'arrêta brusquement.

— Voilà du nouveau! dit-il au comble de la surprise; vous, mesdames, dans le jardin... à pareille heure! c'est à n'y pas croire; et comment Clotilde a-t-elle consenti à une telle folie?

— Ne grondez pas cette enfant, Roger; elle n'a fait que céder à un caprice de malade... A la suite de ma crise nerveuse, j'ai senti le besoin de prendre un peu l'air. Comme la soirée est fort belle, nous nous sommes bien enveloppées l'une et l'autre et nous sommes descendues au jardin.

— Quelle idée baroque! Y a-t-il du bon sens à sortir au milieu de la nuit, quand vous restez souvent huit jours consécutifs sans vouloir quitter votre chambre? Savez-vous, Philippine, à quoi vous vous exposiez toutes les deux? à recevoir un coup de fusil, car en entendant du bruit de ce côté, j'ai cru avoir affaire aux maudits braconniers qui s'introduisent dans mon parc.

— Allons donc, mon frère, on ne tire pas ainsi sur des hommes, fussent-ils en effet des braconniers!... Les lois divines et humaines le défendent également.

Tout en causant, on était arrivé à la porte de la maison.

— Mon père, demanda Clotilde timidement, ne rentrez-vous pas aussi?

Comme le comte allait répondre, un sifflement aigu et prolongé se fit entendre dans le lointain.

— Non, dit-il d'un ton sec; Aubinet m'avertit qu'un malfaiteur a encore franchi les clôtures... Pendant que les gardes veillent sur la trouée, comme je leur en ai donné l'ordre, je vais parcourir le parc, et si je rencontre le vaurien, il saura de quel bois je me chauffe... Quel malheur que je n'ose lâcher les chiens! ils l'auraient bien vite trouvé. Mais les chevreuils s'effaroucheraient et seraient capables de sauter par-dessus les palissades.

Le nouveau danger qui se révélait pour Jules Fortin rendit à Clotilde toutes ses terreurs, et elle ne put ajouter un mot. La chanoinesse seule conserva un peu de présence d'esprit.

— Mon frère, dit-elle, ne vaudrait-il pas mieux rentrer avec nous? Convient-il que vous vous commettiez personnellement, vous, comte de Ligneul, avec des maraudeurs? Laissez faire vos gardes; c'est leur devoir, à eux, de veiller sur vos propriétés... D'ailleurs, quand même un pauvre diable, poussé par la misère, aurait cherché à vous dérober une pièce de gibier, y aurait-il là motif suffisant pour attenter à sa vie ou pour exposer la vôtre?

Le comte l'interrompit avec impatience :

— Vous parlez de ce que vous ne connaissez pas, Philippine, répliqua-t-il; allons, rentrez vite, rentre aussi, ma fille, et laissez-moi à mes affaires.

— Mon père, balbutia Clotilde, je vous en conjure...

— Roger, ajouta la chanoinesse, vous n'êtes pas raisonnable; vous pouvez attraper quelque mauvais coup dans un conflit de ce genre.

Un sifflement, plus bruyant encore que le premier, retentit à l'autre extrémité du parc.

— Bon! les voilà encore qui m'appellent, reprit le comte. Eh bien! vous décidez-vous, mesdames? Morbleu! il est bien singulier que vous preniez ainsi plaisir à courir la nuit, et je finirai par croire qu'il y a quelque chose là-dessous.

Ce soupçon, lancé peut-être au hasard, ne fit pas moins comprendre à la chanoinesse le danger d'une résistance prolongée; d'ailleurs, elle supposait que, pendant cette conversation, Jules Fortin avait eu le temps de se dérober aux recherches.

— Allons, allons! nous rentrons, répliqua-t-elle; seulement, Roger, par pitié! ne vous servez pas de ce fusil que vous tenez à la main... Songez qu'en tout état de choses, vous vous prépareriez des regrets éternels si vous aviez le malheur...

— Il suffit, bonsoir, dit M. de Ligneul en poussant

doucement les pauvres femmes dans la maison et en refermant la porte sur elles.

Puis il s'éloigna d'un pas rapide.

Heureusement il ne prit pas la direction du jardin, où Jules se trouvait peut-être encore, mais il s'enfonça dans le canton du parc d'où le signal des gardes était parti.

Clotilde et la chanoinesse s'étaient arrêtées dans le vestibule, prêtant l'oreille avec anxiété aux bruits du dehors.

— Ah! ma tante, ma bonne tante, dit enfin Clotilde, que va-t-il arriver?

— Mais que veux-tu qu'il arrive, petite folle? M. Jules est prévenu du danger, il est robuste et agile, il sortira du parc sans accident.

— Eh! comment pourra-t-il sortir? Les gardes sont en sentinelle à la trouée qu'il a dû pratiquer dans la palissade.

— Il en pratiquera une autre ailleurs. Tu sais combien les clôtures sont peu solides; elles ne sauraient arrêter sérieusement un homme résolu... Sur ma foi! mon enfant, tu te plais à te tourmenter; je gage que ton pauvre chevalier est déjà en sûreté.

— Que Dieu vous entende! mais, montons à votre chambre... Nous serons mieux à portée d'observer ce qui se passe.

— Oui, oui, montons, car je me sens cruellement fatiguée.

Il fallut en effet que Clotilde portât presque la chanoinesse à l'étage supérieur. Après l'avoir déposée sur le lit de repos, mademoiselle de Ligneul ouvrit une fenêtre donnant sur le parc et promena autour d'elle un long et avide regard.

La brise se taisait et le silence de la campagne était si profond qu'il eût pu sembler effrayant. Quand la lune se dégageait des nuages, elle éclairait une nature immobile et presque sauvage. Le parc de la Motte-Blanche, destiné à servir de retraite au gibier, présentait peu de traces de culture. Il contenait seulement des taillis entremêlés de quelques grands arbres, des terrains hérissés d'ajoncs et de hautes fougères, et enfin plusieurs roches isolées que la lumière blanche de notre satellite faisait paraître en ce moment couvertes de neige. Çà et là pourtant se trouvaient quelques petits carrés de luzerne et de sarrazin, semés à l'intention des lapins et des lièvres qui, sans eux, eussent enragé de faim dans cette enceinte trop étroite pour leur nombre. Mais aucune créature humaine ne se montrait. Rien ne se mouvait, aussi loin que la vue pouvait s'étendre, sauf un beau chevreuil qui, dressant son bois élégant, s'avançait à pas furtifs pour brouter la haie du jardin.

Cependant Clotilde savait que ces apparences pouvaient être trompeuses, et tant que son père ne serait pas rentré au château, elle n'osait faire trêve à ses inquiétudes. D'ailleurs, il lui avait semblé plusieurs fois percevoir un faible murmure de voix humaines dans l'éloignement; et bien qu'elle pensât avoir été dupe de son imagination frappée, elle demeurait attentive.

Après une assez longue attente, le bruit de voix recommença, cette fois d'une manière si nette et si claire qu'il n'y avait plus à s'y méprendre. Bientôt ce furent des clameurs violentes, au milieu desquelles on distinguait des imprécations et des menaces.

— Entendez-vous, ma tante? demanda Clotilde épouvantée.

— Bah! ce n'est rien, ma chère, répliqua la chanoinesse fidèle à son optimisme; ton père sans doute vient de s'apercevoir que le prétendu braconnier s'est échappé et il reproche aux gardes leur maladresse.

— Vous croyez? On dirait plutôt...

Mademoiselle de Ligneul n'acheva pas; un coup de fusil sec et peu bruyant avait retenti dans la partie du parc d'où venaient les cris. Il fut suivi presque aussitôt d'une seconde explosion pleine et forte, comme devaient être les détonations des anciennes arquebuses.

La chanoinesse se trouva tout à coup sur pied, à côté de sa nièce.

— Un malheur vient d'arriver! balbutia-t-elle.

Clotilde n'eut pas la force de répondre. Pâles et tremblantes l'une et l'autre, elles continuaient d'écouter, quand une voix gémissante, mais distincte, en dépit de la distance, s'écria :

— Arrêtez-le... arrêtez l'assassin!... Il m'a tué... au secours! au secours!

— C'est la voix de mon père! s'écria mademoiselle de Ligneul. C'est mon père qui a été frappé, c'est lui qui appelle au secours... Mais alors... IL a tué mon père! ajouta-t-elle avec un accent déchirant.

— Mon frère! mon pauvre Roger! s'écria la chanoinesse à son tour; Clotilde, descendons bien vite... Aïde-moi à marcher... la tête me tourne et... Où es-tu donc?

La comtesse, se sentant défaillir, étendit les bras pour s'appuyer sur sa nièce; mais Clotilde venait de perdre connaissance et Philippine elle-même tomba évanouie à son côté. Un rayon de lune, pénétrant dans la chambre par la fenêtre entr'ouverte, éclairait ces deux formes blanches et immobiles; on eût cru que la vie les avait également abandonnées.

V

LA POURSUITE

Revenons à Jules, que nous avons laissé blotti derrière une touffe d'arbustes dans le jardin.

De là il avait entendu les paroles de M. de Ligneul et avait pris une idée précise des dangers auxquels il était exposé. Cependant il ne se pressa pas de quitter sa retraite. L'esprit tout plein de Clotilde, heureux des marques timides d'intérêt qu'il avait reçues d'elle, il n'avait pas la force de s'éloigner et éprouvait le désir de la contempler encore. Aussi, dès que le comte eut disparu, se mit-il à rôder de nouveau autour de la maison.

Son espoir ne fut pas trompé; il ne tarda pas à revoir, dans l'encadrement lumineux de la fenêtre, la gracieuse silhouette de mademoiselle de Ligneul, et s'adossant à un chêne, il observa longuement cette belle figure pensive. Ainsi, pendant que Clotilde le croyait loin et à l'abri de toute atteinte, il restait là dans l'ombre, à quelques pas d'elle, le cœur palpitant, et s'enivrait du bonheur de l'admirer en secret.

Cependant cette admiration ne lui faisait pas oublier entièrement sa situation périlleuse. Les bruits, que Clotilde ne pouvait percevoir que très-vaguement, parvenaient jusqu'à lui et le tenaient en alerte. Jules ne craignait rien pour lui-même ; mais il songeait combien mademoiselle de Ligneul serait compromise, s'il était trouvé dans le parc de la Motte-Blanche à cette heure de nuit, et il sentait, dans l'intérêt même de celle qu'il aimait, la nécessité d'éviter à tout prix un pareil accident.

Aussi finit-il par s'arracher à l'espèce de fascination qu'il éprouvait. Profitant d'un moment où Clotilde adressait quelques mots à sa tante, il jeta vers la fenêtre un dernier baiser ; puis il se retira en silence, et non sans retourner la tête.

Il ne pouvait repasser par la trouée auprès de laquelle veillaient les gardes. Il prit donc la direction opposée, dans l'espoir de rencontrer une place solitaire où il lui serait possible de pratiquer une nouvelle ouverture. A mesure qu'il s'éloignait de Clotilde, il accélérait le pas et se relâchait insensiblement de sa vigilance première. Une clairière assez vaste, formée au centre du parc, s'étant trouvée sur son chemin, il ne vit aucun inconvénient à la traverser sans précaution.

Cette clairière était plate, revêtue d'un gazon court dont quelques touffes de fougères interrompaient l'uniformité. La lune l'inondait en ce moment de sa pâle lumière, et permettait de voir bondir çà et là quelques joyeux lapins. Jules ne songeait guère à interrompre leurs ébats et déjà il touchait à l'autre extrémité de la clairière, quand il entendit derrière lui des pas précipités, et tout à coup on lui cria d'un ton menaçant :

— Ah! te voilà donc, maudit rôdeur, voleur de nuit?... Halte!... Halte, de par tous les diables! ou je fais feu.

Jules avait reconnu la voix de M. de Ligneul, la personne du monde qu'il craignait le plus de rencontrer en ce moment. Il n'eut garde de s'arrêter, comme on peut croire; et, au risque de ce qu'il pourrait arriver, il se mit à courir, sans répondre, vers un fourré voisin.

Le comte, car c'était lui, n'osa réaliser sa menace. D'ailleurs il se croyait certain de rejoindre le fugitif et de s'emparer de sa personne. Il s'élança donc résolument au milieu des buissons où Jules venait de disparaître.

Mais il avait compté sans la vigueur et l'agilité d'un jeune homme qui avait tant intérêt à ne pas être reconnu. Jules perçait à travers les broussailles; il eut bientôt mis une assez grande distance entre lui et son adversaire, beaucoup moins leste. Le pauvre comte, haletant, se heurtait aux arbres dans les ténèbres et poussait par intervalle de faibles cris; s'il n'avait été guidé par le bruit que faisait Jules en écartant le feuillage, il eût vingt fois perdu sa trace.

Pendant plusieurs minutes, la lutte se prolongea, vive et acharnée des deux parts. Jules commençait à se demander avec anxiété comment finirait cette désagréable aventure. Toutefois, sachant que les palissades du parc ne pouvaient résister à un sérieux effort, il se dirigeait par le chemin le plus court, à ce qu'il croyait du moins, vers une partie de l'enceinte où il espérait pratiquer un passage et gagner la campagne.

Enfin il se crut au terme de cette espèce de chasse où il jouait le rôle de gibier, et sortit du fourré. Mais quelles furent sa surprise et son inquiétude, quand il aperçut devant lui, au lieu de palissades légères, faciles à renverser, un mur élevé, bien entretenu et en apparence infranchissable!

Il ne songea pas d'abord que le hasard l'avait conduit dans la partie de l'enclos voisine de Fontenay et qu'en longeant cette muraille, il ne tarderait pas à retrouver les fragiles clôtures qu'il avait franchies déjà. Ayant tourné plusieurs fois sur lui-même pendant sa course furieuse, il n'était plus capable de s'orienter; épuisé, ahuri, toutes ses artères battant avec violence, il s'arrêta devant cet obstacle dont l'existence lui semblait inconcevable.

Toutefois, il n'y avait pas un instant à perdre. Le comte était encore à ses trousses, et avait profité de son hésitation pour gagner considérablement sur lui. Jules, éperdu, se blottit avec aussi peu de bruit que possible dans un hallier, et demeura immobile.

Par bonheur pour lui, la lune au même moment se voila d'un nuage. M. de Ligneul, n'entendant et ne voyant plus rien, ne savait où se diriger. D'ailleurs il était lui-même à bout de forces. Il se mit en quête avec lenteur, jurant entre ses dents et donnant d'autres signes d'impatience. Sûr cependant que le fugitif ne pouvait être loin, il continuait ses recherches. Une fois il se trouva si près de Jules qu'il eût pu le toucher en étendant la main ; mais Jules ne bougeait pas et retenait son haleine. Le comte passa donc sans l'apercevoir.

Cependant cette situation ne pouvait durer. La lune avait repris son éclat et projetait jusque sous le couvert des rayons indiscrets. M. de Ligneul s'obstinait à tourner dans le même cercle, sondant chaque cépée, chaque touffe d'arbustes avec son pied ou avec la crosse de son fusil. Ne se pouvait-il pas que le hasard finît par le conduire vers son adversaire qui eût été également dans l'impuissance de résister et de fuir ? Ces réflexions et d'autres pareilles s'agitaient dans la cervelle de Jules Fortin quand un incident inattendu sembla devoir le tirer d'embarras. Un bruit de pas, un froissement de feuilles se firent entendre à quelque distance. Ce bruit pouvait être causé par quelque bête fauve vaguant dans les taillis ou bien par un garde qui venait rejoindre son maître. Mais le comte lui-même parut en juger autrement ; et après être resté un moment attentif, il se mit à courir en s'écriant avec vivacité :

— Ah ! je te retrouve enfin !

Sans aucun doute il croyait avoir affaire à la personne qu'il avait poursuivie déjà ; et tout joyeux de sa découverte, il reprenait la piste avec une ardeur nouvelle.

De son côté, l'être inconnu qui était cause de cette

diversion avait fait volte-face en se voyant chargé avec tant d'impétuosité et fuyait de toute sa vitesse.

Jules ne savait trop ce que tout cela signifiait et il soupçonnait une erreur que l'on ne pouvait tarder à reconnaître. Mais, comme la poursuite semblait acharnée et comme les deux adversaires s'éloignaient réellement, il résolut de mettre à profit cette circonstance inexplicable; et, quittant sa cachette, il chercha de nouveau par quel moyen il pourrait sortir du parc.

Le mur élevé, qui avait déjà arrêté ses pas, se dressait toujours devant lui. Des coudriers et des ronces s'entrelaçaient au pied, mais il n'y avait aucun arbre assez fort pour permettre d'en atteindre le faîte. Jules cotoya cette muraille malencontreuse, dans l'espoir de rencontrer un endroit plus favorable à ses desseins, et il aperçut bientôt un bâtiment de forme bizarre qui la dominait. On eût dit d'une tour ruinée, dont la façade était tournée vers une propriété voisine, et qui, avec ses créneaux ébréchés, ses revêtements de lierre, formait un de ces pastiches de construction féodale en usage dans les jardins d'agrément. Une observation frappa surtout Jules Fortin : malgré l'heure avancée, malgré la solitude profonde du lieu, un rayon lumineux filtrait par une meurtrière étroite servant de fenêtre à la tour, et témoignait que l'on veillait encore dans cette pittoresque masure.

Jules ignorait qui pouvait l'habiter et conserver ainsi de la lumière au milieu de la nuit; mais il était en excellents termes avec tous les gens du pays et se croyait sûr de ne pas invoquer inutilement leur bonne volonté. D'ailleurs, les crevasses de la maçonnerie et les arbustes qui s'enroulaient à la base de la tour, lui permettaient d'espérer qu'il pourrait sur ce point atteindre la crête du mur, et alors il lui serait facile de gagner le village, sans se confier à la discrétion de personne.

Il se mit donc à grimper résolûment et d'abord son entreprise sembla devoir réussir. Un vieux lierre, presque arborescent, lui prêtait l'appui de ses enchevêtrements vigoureux ; les pierres, désagrégées par les cirres de l'arbuste, présentaient à ses pieds des saillies pour se poser. Il se trouva bientôt au-dessus du taillis. A cette élévation, il était éclairé pleinement par la lune ; mais il songea qu'il devait se confondre, de loin, avec les plantes sauvages contre lesquelles il rampait. D'ailleurs, le comte et le rôdeur inconnu continuaient d'être aux prises à quelque distance, et sans doute ils n'avaient guère le loisir d'observer ce qui se passait du côté de la tour.

Aussi Jules ne perdait-il pas courage ; mais, à mesure qu'il montait, les difficultés augmentaient. Les branches du lierre n'avaient plus la même consistance, la muraille n'offrait plus d'aspérités ; il ne s'élevait qu'avec une extrême lenteur et d'extrêmes fatigues. Cependant, à force d'efforts, il parvint à toucher la crête du mur, formée par des tablettes de grès ; il se croyait au terme de son ascension, quand tout à coup une pierre, sur laquelle il avait posé le pied, se détacha ; il glissa et demeura suspendu par les mains à une hauteur effrayante.

L'instinct de la conservation, plus puissant que sa volonté, lui arracha un cri de détresse; mais il se contint aussitôt et essaya de se tirer du danger. Par malheur, ses pieds battaient dans le vide, ses doigts meurtris n'avaient pas la vigueur nécessaire pour élever tout le poids de son corps jusqu'au faîte de la muraille. Ses efforts désespérés pour y réussir l'eurent bientôt épuisé. Une sueur froide baignait son front, le vertige le gagnait; il sentait qu'il allait tomber. Dans son angoisse, il poussa un nouveau cri, si énergique et si perçant cette fois, qu'on dut l'entendre à l'autre extrémité du parc.

Aussitôt quelqu'un marcha précipitamment au-dessus de lui, tandis qu'une lueur rougeâtre, qui semblait provenir de l'ouverture d'une porte ou d'une fenêtre, éclairait le sommet des arbres voisins. On allait et venait; on semblait chercher d'où partait cet appel. Jules, quoiqu'il ne pût voir la personne qui accourait, devina son embarras.

— Ici! dit-il; par pitié! secourez-moi... mes forces sont épuisées.

Un homme, dont la nuit ne permettait de reconnaître ni le costume ni les traits, apparut au-dessus du mur et regarda d'un air irrésolu.

— Vite! vite! poursuivit Jules; ne perdez pas une minute ou je vais tomber... Vite, il y va de la vie!

Cette adjuration pressante ne laissait plus place à l'hésitation, et l'inconnu se hâta de remplir un devoir d'humanité. Se penchant sur le parapet, il saisit Jules par le collet de son habit. Son bras n'était pas peut-être des plus solides ; mais Fortin, excité par l'imminence du péril, ne s'abandonna pas lui-même. Grâce à ce secours, il atteignit la cime du mur, la franchit et bientôt il se trouva en sûreté, auprès de l'inconnu qui venait de lui rendre un si grand service.

VI

LA CONFIDENCE

Pendant quelques secondes, Jules resta étourdi et sans voix, regardant machinalement autour de lui. Il se trouvait sur une terrasse unie et bien sablée, bordée d'un côté par un parapet à hauteur d'appui ; de l'autre, par une double rangée de tilleuls. A quelques pas de là s'élevait la tour, dont la porte entr'ouverte laissait voir l'intérieur vivement éclairé.

Jules ne pouvait se rendre compte du lieu où il était et ne songeait pas à examiner son libérateur. Celui-ci, après l'avoir observé avec une curiosité un peu défiante, s'écria d'un air étonné :

— Monsieur Jules Fortin, le fils du maire de Fontenay !

En entendant prononcer son nom, le jeune homme sembla revenir à lui. Il envisagea l'inconnu à son tour.

— Monsieur Louis! dit-il avec une satisfaction évidente.

Louis s'inclina.

— Je pense, monsieur, reprit-il, qu'il n'y a pas d'indiscrétion à vous demander...

— D'où je viens et par suite de quelles circonstances vous avez eu l'occasion de me préserver tout à l'heure d'une chute cruelle? Avec tout autre personne du pays, je devrais peut-être imaginer un conte plus ou moins probable; avec M. Louis, l'ami de l'excellent marquis de Saint-Firmin, j'ai la certitude que mes secrets seront en sûreté.

— N'en doutez pas, monsieur; mais vous paraissez fatigué; venez prendre un peu de repos.

Louis se dirigeait vers la porte de la tour, quand Jules, qui depuis un moment prêtait l'oreille à des bruits éloignés, lui fit signe d'attendre.

Pendant la scène précédente, la lutte acharnée entre M. de Ligneul et le rôdeur inconnu n'avait pas cessé dans le parc. Tout à coup M. de Ligneul, ayant sans doute son ennemi en vue, éleva la voix et le somma de se rendre. Comme l'autre n'obéissait pas à son injonction, le comte, exaspéré par cette longue poursuite, porta son arme à l'épaule et fit feu.

Les deux hommes en observation sur la terrasse demeuraient stupéfaits.

— Voilà un coup de fusil, dit Jules avec émotion, qui, selon toute apparence, m'était destiné... Mais, bon Dieu! d'où sort donc la malheureuse victime de cette erreur?

Avant que Louis eût pu répondre, la seconde explosion, plus bruyante et plus prolongée, que nous avons comparée à la détonation d'une arquebuse, fut répétée par tous les échos d'alentour. Aussitôt on entendit les cris déchirants et les appels du comte.

Jules, d'abord pétrifié par l'épouvante, dit impétueusement :

— M. de Ligneul vient d'être frappé... tué, peut-être! Malgré ses torts envers moi, c'est le père de... Je vais à son aide.

Et déjà il enjambait le parapet pour sauter dans le parc, au risque de tous les dangers qu'il avait évités avec tant de peine. M. Louis le retint.

— Y pensez-vous? dit-il avec fermeté ; vous ne sauriez être d'aucune utilité là-bas, et votre présence pourrait vous compromettre gravement, vous... et d'autres encore!

Jules essayait pourtant de se dégager.

— Laissez-moi, répétait-il ; n'entendez-vous pas M. de Ligneul qui appelle au secours?

— Et les secours ne sauraient lui manquer... Tenez, on vient de tous côtés.

En effet, les gardes avaient pris l'alarme et accouraient vers le taillis où leur maître était en détresse. Il sembla même que cette double explosion, au milieu de la nuit, eût réveillé le château ; on vit des lumières briller à travers les arbres, voltiger comme des feux follets dans les allées. Bientôt plusieurs personnes furent réunies à l'endroit où venait d'arriver l'accident, ainsi que l'on pouvait en juger à un murmure de voix animées que dominaient les plaintes de M. de Ligneul.

. Jules ne songeait plus à sauter dans le parc et écoutait avidement ce qui se disait autour du blessé ; mais on n'entendait qu'un bruit confus ; il était impossible de saisir une parole significative. Enfin, tout ce monde se mit en mouvement pour se rendre au château. Le reflet des torches vacilla sur les massifs de feuillage, et un groupe de gens traversa lentement une clairière.

— Allons! dit M. Louis d'un ton rassurant, l'accident n'aura sans doute aucune gravité. Voilà M. de Ligneul qui marche appuyé sur deux de ses gardes ; or, on ne marche guère quand on est gravement atteint.

— Le croyez-vous, monsieur? demanda Jules avec agitation ; puissiez-vous dire vrai !

— Je vous répète qu'il ne saurait y avoir de danger, du moins pour le moment... Mais venez vous reposer, vous devez en avoir besoin.

Tout en parlant, M. Louis introduisait Fortin dans la tour. L'intérieur de cette masure factice était éclairé par des vitraux coloriés, et meublé avec élégance. Au centre, se trouvait une grande table chargée de livres et de papiers, sur laquelle une lampe répandait une vive lumière. M. Louis avait établi son cabinet de travail dans cette tour, qui communiquait à son habitation par la terrasse ; il s'y installait pendant le jour, souvent même pendant une partie des nuits, afin d'être moins dérangé. Ce soir-là, occupé d'un travail pressant, il s'était oublié dans ce paisible réduit, et avait pu accourir à temps pour sauver Jules Fortin.

Enveloppé d'une ample robe de chambre, la tête couverte d'un bonnet de velours, il avait un air réfléchi et presque austère, fort différent de l'expression de simplicité et de bonhomie que lui connaissaient les habitants de Fontenay. On devinait un homme habitué aux choses sérieuses et qui, dans le commerce de la vie, pouvait bien se soumettre un moment à des exigences vulgaires, mais qui, rendu à lui-même, se livrait aux plus hautes et aux plus nobles aspirations de l'intelligence.

Toutefois il témoigna beaucoup d'intérêt à son hôte qui, les mains et le visage meurtris, les vêtements en désordre, venait de se laisser tomber sur le divan. M. Louis lui offrit un verre d'une boisson rafraîchissante dont il faisait usage lui-même pendant ses longues heures d'étude.

— Si je ne devinais, monsieur, lui dit-il, que vous ne voulez pas apprendre aux gens de ma maison votre présence ici, j'irais vous chercher quelque chose de réconfortant, mais je crains...

Jules l'invita par signe à rester; aussi bien quelques minutes de repos avaient suffi pour le ranimer complétement.

— Voilà qui est fini, reprit-il; ah! monsieur, c'est un heureux hasard qui vous a mis à portée de me rendre service! Vous n'imaginez pas quelles conséquences terribles aurait pu avoir...

— Ne vous hâtez pas de parler, interrompit M. Louis en souriant; peut-être regretteriez-vous plus tard les confidences échappées dans un moment de trouble et de précipitation.

5.

— Je ne saurais rien regretter, et ma confiance doit être entière.

Cependant Jules ne se pressait pas d'aborder un sujet délicat. M. Louis, assis en face de lui, le regardait avec un mélange d'indulgence et de malice.

— Allons! reprit-il, puisque vous êtes déterminé à me conter vos petites affaires, apprenez que déjà je n'y suis pas tout à fait étranger... A vrai dire, monsieur Fortin, je sais, ou plutôt je devine, pourquoi vous vous trouviez à pareille heure dans le parc de M. de Ligneul. Mes filles et moi, nous avons aperçu plusieurs fois, du haut de cette terrasse, une jeune et jolie promeneuse qui m'a paru bien digne...

— Quoi! monsieur, interrompit Jules avec un douloureux étonnement, les gens du pays connaîtraient-ils ma passion irrésistible pour la charmante Clotilde de Ligneul?

— Ne vous effrayez pas, répliqua M. Louis avec son sourire bienveillant; je ne cause guère avec les gens du pays, qui me connaissent à peine... Si je suis un peu au courant de vos secrets, prenez-vous-en à votre propre indiscrétion et à celle d'une personne qui vous touche de près.

En même temps il raconta comment, le jour même, il avait entendu, sans le vouloir, la conversation de Jules avec son père.

— Il est fort heureux, reprit Jules, qu'un homme bien né et délicat se soit trouvé derrière cette haie perfide, au lieu de quelqu'un de ces bavards de Fontenay... Eh bien! oui, monsieur Louis, poursuivit-il avec émotion, j'aime mademoiselle de Ligneul et j'ose croire que je suis aimé d'elle. Par malheur, cette affection réciproque a été impuissante jusqu'ici à triompher des obstacles, des volontés ennemies qui nous séparent. Vous avez entendu quels projets ambitieux mon père caresse pour moi. Du côté du comte, l'opposition est encore plus ardente, plus obstinée, et je crains qu'aucune considération ne puisse la vaincre.

« Vous dire comment cette affection mutuelle a commencé entre Clotilde et moi est peut-être chose inutile; aussi haut que remontent mes souvenirs, la gracieuse figure de Clotilde m'apparaît dans son auréole de jeunesse et de poésie. Tout enfants l'un et l'autre, nous jouions souvent ensemble dans la cour du château. Plus tard, nous nous revoyions chaque année aux vacances, elle sous son gracieux costume de pensionnaire, moi dans mon uniforme de collégien. Nous ne jouions plus, mais nous causions et nous riions encore. On ne songeait pas à blâmer cette intimité entre deux honnêtes enfants; et pourtant Clotilde avait alors sa mère, bonne et sainte femme, dont la tendresse pour elle était aussi clairvoyante que profonde... »

Jules passa sa main sur son front, comme pour écarter de tristes pensées, et reprit après une pause :

— « Nous nous sommes donc aimés naturellement, sans en avoir conscience, comme s'épanouit la fleur, comme chante l'oiseau. Nous n'avons pas eu besoin d'échanger des aveux; nous nous entendions sans nous rien dire, nous étions sûrs l'un de l'autre sans nous être fait aucun serment. Cependant, plus âgé qu'elle de plusieurs années, j'eus avant elle le sentiment de l'inégalité sociale qui s'élevait entre nous. Comme la fortune de mon père ne pouvait suffire à écarter cet obstacle, l'idée me vint d'entrer dans la carrière administrative, persuadé que, si j'arrivais aux distinctions et aux honneurs, je semblerais au père de Clotilde plus digne du bonheur auquel j'aspirais.

« Mais j'avais compté sans les préjugés invincibles de M. de Ligneul. Égoïste, peu éclairé, étranger aux mœurs et aux idées de son temps, absorbé par sa passion pour la chasse, il ne comprend aucune autre distinction que celle de la naissance. Aussi quand, fier de mes premiers succès, je revins à Fontenay, fus-je surpris de l'air dédaigneux, presque méprisant, avec lequel m'accueillit M. de Ligneul. Cependant, à cette époque déjà, certaines considérations d'intérêt eussent dû l'engager à me ménager...

« Rien n'y fit; et s'étant aperçu, malgré son indifférence habituelle pour ses affaires domestiques, de l'intelligence innocente qui existait entre sa fille et moi, il me donna le congé le plus brutal, le plus humiliant.

« Je partis désespéré; je retournai à Z***, où je suis conseiller de préfecture, bien déterminé à faire tous mes efforts pour oublier Clotilde et je me livrai au travail avec ardeur. Mais tous mes efforts sont restés sans succès; je n'ai pu arracher Clotilde de mon cœur. Nuit et jour, dans mes études, dans mes plaisirs, je revoyais l'image de la pauvre enfant triste, délaissée au fond de sa vieille demeure, et cette image dominait toutes mes pensées, toutes mes ambitions, toutes mes colères. Enfin, revenu à Fontenay depuis quelques jours, j'avais un ardent désir de rencontrer Clotilde, de lui parler, ne fut-ce qu'un instant; mais il n'existe aucun moyen de communication entre nous. Mes lettres ne seraient pas reçues et courraient risque de tomber dans des mains indiscrètes. Mademoiselle de Ligneul ne sort jamais, même pour venir à l'église, car le dimanche un prêtre du voisinage va dire la messe dans la petite chapelle du château. Aussi n'ai-je pu y tenir; fou d'impatience, je me suis risqué plusieurs fois à pénétrer la nuit dans le parc, n'espérant rien, dans l'unique but de me rapprocher de Clotilde, et tout à l'heure enfin, j'ai eu la récompense de ma témérité. »

Il exposa les particularités de son entrevue avec les dames de Ligneul, et termina en racontant comment le comte, l'ayant poursuivi sans le connaître, l'avait mis dans la nécessité d'escalader la muraille de la terrasse.

M. Louis avait écouté ce récit avec une complaisance évidente, approuvant quelquefois par un signe de tête.

— Voilà une confession complète, monsieur, reprit-il; et, faite à une personne que vous voyez pour la première fois, elle devient une preuve de confiance dont je vous remercie.

— Ah! monsieur, j'en suis sûr, vous comprenez toutes les choses du cœur!

— C'est possible, répliqua M. Louis avec bonhomie; autrefois, en effet, j'ai été très-amoureux... de ma femme, et je n'en rougis pas, si ridicule que cela puisse paraître à certaines gens... Enfin, j'ai reçu vos confidences, monsieur Jules, et vous n'aurez pas à les regretter... Mais nous en causerons à un autre moment, car, malgré mon goût prononcé pour la solitude, nous nous reverrons, je l'espère, pendant mon séjour à Fontenay... Maintenant, si vous êtes remis de vos fatigues, je vais vous faire sortir d'ici, et personne, excepté moi, ne saura que vous y êtes venu ce soir.

Pendant que Jules le remerciait avec effusion, M. Louis alluma un de ces bougeoirs qui, munis d'un tube de cristal, forment une élégante lanterne; puis, ayant éteint la lampe, il sortit du pavillon qu'il referma derrière lui. Mais, au lieu de conduire son hôte vers la maison, que l'on apercevait comme une masse sombre au bout de la terrasse, il le fit descendre dans le jardin et ils se dirigèrent vers une porte qui donnait sur la campagne.

Comme ils marchaient côte à côte, M. Louis dit à Jules :

— Soupçonnez-vous qui, tout à l'heure, a pu blesser M. de Ligneul?

— Pas le moins du monde. Je me croyais seul dans le parc avec le comte. Je n'en regrette pas moins un événement qui va cruellement affliger Clotilde.

— M. de Ligneul lui-même mérite bien quelques reproches, car il a tiré le premier... Enfin, la vérité ne peut manquer de se manifester bientôt.

Au moment de se séparer, ils se serrèrent affectueusement la main ; toutefois, comme Jules se répandait en remerciments un peu prolixes, son nouvel ami, qui venait de se retourner et qui avait vu une fenêtre encore éclairée à la maison d'habitation, l'interrompit :

— Excusez-moi, lui dit-il; mais on veille là-bas en m'attendant et je vais être bien grondé, car j'avais promis de quitter mon travail à minuit... Adieu donc, et à bientôt.

Puis il s'éloigna à grands pas, tandis que Jules Fortin, charmé de tant de bienveillance et de réserve délicate, se dirigeait, de son côté, vers Fontenay.

Le village paraissait endormi et Jules espérait pouvoir rentrer chez son père sans être aperçu, quand, au détour d'une rue, il rencontra une personne qui portait une lanterne. Il se rangea contre le mur et allait laisser passer ce promeneur attardé, mais il se ravisa en reconnaissant le vieux médecin du pays.

— Bonsoir, monsieur Tournier, lui dit-il d'un ton amical; vous revenez bien tard de chez vos malades!

Le docteur s'arrêta et éleva sa lanterne pour examiner d'où venait cette voix. Jules fut prompt à se détourner, afin de cacher les meurtrissures de son visage et le désordre de ses vêtements.

— Ah! c'est toi, Jules? répliqua le docteur familièrement, car il connaissait le jeune Fortin depuis sa naissance; parbleu! j'aimerais bien mieux être dans mon lit qu'ici, et j'y serais encore, si M. de Ligneul n'avait eu la sotte idée d'attraper ce soir un coup de fusil.

— Un coup de fusil! que me dites-vous là, docteur? M. de Ligneul serait-il dangereusement blessé?

— Dangereusement, non; je lui ai retiré des jambes et des cuisses une vingtaine de gros plombs qui l'empêcheront de courir de si tôt. Cependant, s'il veut être raisonnable, dans quelques jours il n'y paraîtra plus, je l'espère.

— A la bonne heure! répliqua Jules en respirant comme si sa poitrine eût été déchargée d'un grand poids; mais connaît-on l'auteur de cette action abominable?

— Nullement; les gardes disent une chose, M. de Ligneul en dit une autre. On croit pourtant que le malfaiteur est un braconnier qui s'était introduit dans le parc pour tuer des chevreuils... La justice se chargera d'éclaircir l'affaire.

— Cet événement a dû produire une cruelle impression sur... les dames du château?

— Ne m'en parle pas; quand on est entré dans leur chambre, les deux pauvres femmes étaient étendues par terre comme mortes, et elles m'ont donné presque autant de mal que le blessé lui-même; puis, lorsqu'elles ont repris leurs sens, j'ai eu toutes les peines du monde à les rassurer. La chanoinesse se montrait assez raisonnable, mais la petite demoiselle avait la fièvre, le délire; elle prononçait des paroles sans suite, inintelligibles... Enfin, je les ai laissées plus calmes.

— Pauvre Clotilde! murmura Jules.

— Ah ça! et toi, reprit le docteur au moment de s'éloigner, que diable fais-tu dans la rue à pareille heure?

— J'ai passé la soirée à jouer aux échecs avec le curé, balbutia Jules avec embarras; puis, comme je n'avais pas envie de dormir... Mais, pardon! monsieur Tournier, je vous retiens là, quand vous êtes impatient de regagner votre lit... Bonsoir... N'oubliez pas de me donner demain des nouvelles de vos malades.

Et il se hâta de rentrer chez lui, tandis que le vieux docteur poursuivait, en grommelant, son chemin.

VII

LA PASSION DE LA TERRE

Le lendemain matin, à l'heure où d'habitude les citadins se livrent encore au sommeil, Fortin père était déjà dans la salle qui lui servait de bureau ; c'était là qu'il donnait audience en sa double qualité de banquier et de maire de Fontenay. Cette salle ouverte à tous venants, au rez-de-chaussée de la maison, était pauvre et nue. Carrelée en briques, elle n'avait que des murs blanchis à la chaux. Le mobilier consistait en un casier de bois contenant des registres, en un énorme et massif comptoir, et enfin en quelques chaises de paille destinées aux visiteurs. Toutefois les fenêtres étaient garnies de grosses barres de fer, outre des volets d'une solidité à toute épreuve ; et la porte elle-même, bardée de ferrures et de verrous, témoignait qu'on avait bien quelque chose à garder dans cette pièce d'apparence si modeste.

M. Fortin, le maître de céans, était revêtu, à cette

heure matinale, d'une vieille redingote couverte de reprises et de taches; il avait déjà sur la tête cette coiffure dont nous avons parlé, assemblage monstrueux de fourrure, de feutre et de cuir, qui n'était ni une casquette ni un chapeau. Assis derrière son comptoir, il contemplait d'un air narquois, à travers ses lunettes d'argent, un vieux paysan qui paraissait fort capable de lutter de ruse avec lui. Cet homme, habillé de drap gris, un chapeau tromblon enfoncé sur les yeux, un bâton à la main, était le père Antoine, un des plus marquants propriétaires de la commune de Fontenay.

— Voyez-vous, monsieur le maire, poursuivait-il d'un ton traînant et avec une condescendance qui voulait se faire apprécier, puisque vous avez promis je ne vous contredirai pas; quand vous avez parlé, c'est pour moi comme si le bon Dieu y avait passé... Ce monsieur Louis pourra donc chasser sur mes quarante-deux morceaux de terre, tant qu'il voudra. Ce n'est pas pour lui, ce que j'en fais! Je ne le connais pas et je déteste les Parisiens. Ils mettent tout à leurs habits, et il n'y a plus rien pour les poches.

— Allons! Antoine, on assure que M. Louis et sa famille sont très-généreux...

— Eh! c'est justement là que gîte le lièvre, répliqua le vieux paysan; puisqu'ils donnent tout, il ne doit leur rester guère... Enfin, c'est entendu, puisque vous y tenez... Mais de votre côté, mon bon petit monsieur Fortin, j'espère vous trouver coulant sur l'affaire qui m'amène?

— Bon! bon! je vous vois venir... Vous voulez

faire encore quelque acquisition, n'est-ce pas? Vous tombez mal, car je n'ai pas d'argent.

— Vous, pas d'argent, monsieur le maire? Autant dire qu'il n'y a plus d'eau dans la rivière et plus de brins d'herbe dans les champs!... Ah! si ma bourse était ronde comme la vôtre! Tenez, il s'agit cette fois du pré de Simon-Pierre, qui est attenant à mon herbage des Fonds-Brûlés et qui m'irait comme une paire de gants... Simon-Pierre est disposé à le lâcher pour deux cents pistoles.

— Eh bien! si vous pouvez disposer de deux cents pistoles, acquérez le pré de Simon-Pierre... ou plutôt, ajouta Fortin en allongeant le bras pour saisir un certain registre bien connu du vieux bonhomme, puisque vous possédez de l'argent mignon, pourquoi ne payeriez-vous pas les intérêts arriérés? Votre *doit* se grossit joliment, père Antoine!

— Ne vous dérangez pas, ce n'est pas la peine; je n'ai pas deux cents pistoles, vous le savez bien; et c'est justement pour cela que je venais...

— Ah çà! reprit Fortin en se renversant sur son siége, vous êtes donc tout à fait fou, père Antoine, et vous voulez vous ruiner de fond en comble! Vous possédez plus de quarante morceaux de terre, achetés un à un, et dont vous devez encore la moitié de la valeur, à moi et à d'autres; vous retirez deux, deux et demi au plus, de votre propriété, tandis que vous avez à payer cinq et six pour cent d'intérêt; cela est-il raisonnable? Où allez-vous de ce train-là? A la ruine, je vous le répète, à une ruine sûre et prochaine... Eh bien! cela ne vous suffit pas. Quand vous êtes criblé de dettes, quand vous ne possédez pas un sou pour solder un arriéré énorme, vous pensez encore à faire des acquisitions ! Vous avez déjà des prés, des vignes, des bois, que sais-je, et il vous faut de plus le pré de Simon-Pierre ! C'est à n'y pas croire, et du diable si je ne conseillerais pas à vos enfants de vous faire interdire, car vous perdez l'esprit.

— Que voulez-vous, monsieur le maire ? c'est plus fort que moi... Quand j'apprends qu'un lopin de terre est à vendre dans les environs, je n'y peux tenir, et l'envie me vient de l'acheter.

— Oui, reprit Fortin, vous avez la *passion de la terre*, une manie qui prend des proportions énormes dans nos campagnes. Cet irrésistible besoin de toujours *s'arrondir* devient un véritable fléau pour ceux qui l'éprouvent. On est pauvre au milieu de la richesse ; on se condamne aux privations au milieu de l'abondance ; on ne jouit de rien parce qu'on convoite tout. Cette funeste « passion de la terre » fait autant de victimes, parmi les propriétaires campagnards, que la paresse, l'ivrognerie ou les procès.

Le père Antoine se tordit la bouche d'un air de malice.

— Pardieu ! monsieur Fortin, répliqua-t-il, si j'ai la « passion de la terre », vous avez bien la « passion de l'argent », vous, et les deux se valent, j'imagine. Vous aussi, vous vivez pauvre au milieu de la richesse, et quand vous avez de l'or plein vos coffres, vous en désirez encore davantage... Mais laissons cela, ajouta-t-il aussitôt en voyant le front de son interlocuteur se rembrunir ; nous sommes ce que nous sommes, et chacun est libre d'avoir son idée, n'est-il pas vrai? Pour en revenir au pré de Simon-Pierre, c'est une affaire superbe... ça vaut mille écus comme un liard et on ne rencontre pas souvent des occasions pareilles. Si donc vous pouviez me prêter seulement cent pistoles...

— Rien; je vous répète, père Antoine, que je n'ai pas en ce moment de fonds disponibles.

— Bah! en cherchant bien... et si l'on s'entendait pour vous donner six du cent, sans compter la commission...

— Taisez-vous, père Antoine; me prenez-vous pour un usurier? Je n'ai jamais exigé que le taux légal... Encore une fois, n'en parlons plus ou je me fâche... Écoutez, ajouta-t-il en baissant la voix; si vous avez encore l'envie et les moyens d'acheter de la terre, réservez-vous pour une occasion qui ne peut manquer de se présenter bientôt... Vous savez que l'huissier Martinaud a porté hier un acte à la Motte-Blanche? Il ne se passera pas quinze jours, je le gage, qu'on ne voie dans les environs des affiches, rouges ou jaunes, sur lesquelles on lira : *A vendre par expropriation forcée.*

— Voilà une fameuse nouvelle! s'écria le père Antoine en se frottant les mains; le gros de la propriété se vendra sans doute à des bourgeois cousus d'or, mais M. de Ligneul possède çà et là des morceaux de terre isolés que l'on pourrait avoir à bon compte... Il y a d'abord le champ Guinard, et puis la lande Rouge et aussi les pâturages d'En-bas... Tout cela touche à mes biens et me conviendrait joliment! Oui, oui, il faut se ménager pour ce moment-là, car il y aura d'excellents marchés à faire... Et vous dites, monsieur Fortin, que la vente ne peut tarder beaucoup?

— Ce n'est pas moi qui le dis, c'est tout le pays... Quant à moi, je suis complétement désintéressé dans la question.

— Suffit; on sait ce que l'on sait... Tout de même, c'est bien drôle que M. de Ligneul en soit venu là! Du temps de feu son père, la maison de Ligneul était une fière maison! Mais voyez-vous, monsieur Fortin, si vous et moi nous avons chacun notre idée sur la terre et sur l'argent, M. le comte, lui, a son idée sur la chasse, et cette idée vaut encore moins que les nôtres... En a-t-il payé de ces indemnités pour les dégâts que son gibier fait sur les propriétés des autres, quand ses propriétés à lui ne produisent pas tant seulement assez d'herbe pour nourrir une chèvre et son cabri!... Mais, à propos de M. de Ligneul, poursuivit le père Antoine d'un ton différent, n'avez-vous pas entendu dire qu'il avait reçu un mauvais coup la nuit dernière? Quoiqu'il ne soit pas bien tard encore, on ne parle que de cela dans Fontenay.

Et il raconta comment une grande bataille avait eu lieu dans le parc de la Motte-Blanche, entre le comte et ses gardes d'une part, et des malfaiteurs inconnus de l'autre, si bien que M. de Ligneul, criblé de coups de fusil, avait été laissé pour mort.

Fortin écoutait ce récit d'un air d'incrédulité.

— Si l'histoire était vraie, répliqua-t-il en haussant les épaules, j'en aurais été prévenu le premier, en ma qualité de maire. On se sera gaussé de vous, père Antoine.

Le paysan se récriait, quand une porte intérieure s'ouvrit, et Jules, en négligé du matin, entra dans le bureau. Il vint serrer la main à son père et s'informer de ses nouvelles.

— Déjà debout, mon garçon? demanda le vieux Fortin affectueusement; mais, comme te voilà pâlot !

Antoine s'était levé avec empressement.

— Ouin ! monsieur le conseiller Jules, dit-il d'un ton moitié naïf, moitié railleur, on croirait bien aussi, sauf votre respect, que vous vous êtes battu avec les chats.

Jules, en effet, portait sur son visage la trace des écorchures qu'il s'était faites pendant la soirée précédente. Il répondit, avec une apparente insouciance, qu'il était tombé dans un buisson en revenant de jouer aux échecs avec le curé de Fontenay.

— Le fait est qu'on trouve dans le chemin des Ifs, en sortant du presbytère, reprit Antoine, un mauvais pas où j'ai failli plus d'une fois me rompre le cou.

— On dirait, mon garçon, demanda Fortin à son fils, que tu as à me parler?

Jules fit un signe affirmatif.

— En ce cas, père Antoine, au revoir... Et quand vous passerez par ici, n'oubliez pas de solder vos arrérages échus.

— Au diable les arrérages ! répliqua le paysan avec humeur; je voulais dire, monsieur le maire... voyons, vous m'avancerez bien... tenez... soixante, rien que soixante pistoles, et je mettrai l'enchère sur le pré de Simon-Pierre.

— Pas un sou... bonjour.

— Eh bien, cinquante alors?

M. Fortin n'en entendit pas davantage; il avait poussé peu à peu le solliciteur vers la porte, et, quand Antoine l'eut dépassée, il la referma bruyamment sur lui.

Alors il revint vers Jules, qui s'était assis tout pensif.

— Ce vieux brocanteur de terres est insupportable, dit-il en riant; ah ça! qu'as-tu donc? Tu parais tout drôle, ce matin!

— Mon père, répliqua Jules avec tristesse, je me vois à mon grand déplaisir, dans l'obligation de revenir sur un sujet qui, je le sais, vous est désagréable; mais il s'agit des plus chers intérêts de mon cœur et vous me pardonnerez mon insistance, je l'espère.

En même temps, sans laisser deviner d'où il tenait ses renseignements, il exposa qu'il avait des motifs de croire son père complice des poursuites exercées contre le comte de Ligneul et le conjura d'y mettre fin.

— Si l'accident dont on parle est vrai, continua-t-il avec chaleur, cette active procédure contre un homme blessé, incapable de se défendre, deviendra tout à fait odieuse et cruelle. Mon père, avez-vous vraiment résolu la ruine de cette famille? Les offenses dont nous avons à nous plaindre et que, pour ma part, je pardonne aisément, méritent-elles une si dure punition? D'ailleurs, que nous a fait cette

6

bonne vieille chanoinesse, dont les jours sont comptés? que vous a fait cette belle et innocente fille, mademoiselle Clotilde, que ma mère aimait tant? Ces deux pauvres femmes souffriront néanmoins plus que le comte lui-même de votre implacable vengeance... Oh! renoncez-y, je vous en conjure, renoncez-y par amitié pour moi!

Fortin resta un moment déconcerté.

— On t'a monté la tête, mon garçon, reprit-il enfin; et tu as vu quelqu'un de cette famille, il n'y a pas longtemps.

— Mon père, je vous assure...

— Je ne t'interroge pas; tu es assez grand pour n'avoir plus à rendre compte de tes actions... Quoi qu'il en soit, on t'a trompé en t'affirmant que je pouvais quelque chose dans cette affaire.

— Tout le monde assure pourtant que Noblat n'est pour vous qu'un prête-nom.

— Tout le monde est dans l'erreur; Noblat agit pour son compte... Et puis, à quel titre interviendrais-je en faveur de M. de Ligneul? Es-tu certain qu'il accepterait mon intervention et mes services?

— Vous êtes si habile en affaires! Vous trouverez certainement le moyen... Une somme de vingt mille francs, dit-on, suffirait pour arrêter les poursuites...

— Qui recommenceraient le lendemain au nom d'un autre créancier... D'ailleurs, je n'ai pas cette somme en ce moment.

— Vous ne l'avez pas? répliqua Jules en regardant son père, puis un grand coffre de fer qui se trouvait dans un coin du bureau.

— Non, je ne l'ai pas.

Il y eut un intervalle de silence.

— Allons! dit enfin Jules en se levant, il faut que je trouve ces vingt mille francs d'une autre manière.

— Tu ne les trouveras pas.

— Nous verrons bien.

— Veux-tu me faire entendre que tu es majeur et que je te dois compte depuis longtemps du bien de ta mère?

— Je ne demande aucun compte; vous pourvoyez généreusement à mes besoins et cela me suffit... Mais j'aimerais mieux mourir que de ne pas employer tous mes efforts...

— On t'a ensorcelé, sur ma parole! reprit le vieux Fortin en frappant du pied; eh bien, fou que tu es, quand même tu réussirais à te procurer cette somme, à quoi te servirait-elle? Noblat refuserait de recevoir un payement de ta main.

— Pourquoi cela?

— Parce que je le lui défendrais.

— Vous reconnaissez donc que vous avez tout pouvoir sur le créancier de M. de Ligneul et qu'il ne saurait rien vous refuser?

Fortin se mordit les lèvres, et la conversation tomba encore. Il reprit d'un ton radouci, après une pause :

— Voyons! grand enfant, sois raisonnable... Tiens, je vais te montrer le fond de mes projets, plus que cela n'est sage, peut-être... Ton M. de Ligneul est ruiné, radicalement ruiné, qu'il en convienne ou non. Alors, pourquoi retarder une catastrophe inévitable?

Pourquoi ce qui doit arriver demain n'arriverait-il pas aujourd'hui?

— Vous du moins, mon père, vous n'auriez pas contribué à la chute d'une famille autrefois amie de la nôtre.

— Phrases que tout cela, mon garçon ! Ce serait duperie à nous de ne pas profiter de certaines circonstances avantageuses... Supposons que, par suite d'événements auxquels personne ne peut rien, le domaine de la Motte-Blanche soit prochainement mis en vente, supposons que je l'achète... à un prix raisonnable... et qu'après avoir fait convenablement réparer le château qui tombe en ruines, toi et moi nous allions nous y installer... Ne crois-tu pas que nous serions alors en situation excellente pour recevoir tous les grands personnages qui peuvent t'être utiles : le sous-préfet, le préfet lui-même et les députés du département?... Hein! mon Jules, tu n'avais pas pensé à cela!

— Quoi! mon père, vous n'avez pas vingt mille francs pour désintéresser Noblat et vous parlez d'acheter la Motte-Blanche, qui ne se vendra pas moins d'un demi-million?

— Bon! il faudra sans doute en rabattre... et quant au payement, on a du temps devant soi, on réalisera des valeurs de portefeuille... Mais puisque tu n'es pas convaincu encore, j'irai plus loin, je te ferai toucher du doigt ta propre sottise.

Le bonhomme cligna des yeux, s'agita sur son siége et reprit enfin en baissant le ton :

— Vois-tu, mon garçon, dans l'état actuel des

choses, tu ne dois pas songer à épouser la petite que tu dis aimer : d'abord parce que je m'y oppose énergiquement, ensuite parce que M. de Ligneul se laisserait couper en morceaux avant de consentir à ce qu'il appelle « une mésalliance ». Mais supposons encore (car il s'agit toujours d'éventualités irréalisables peut-être), supposons, dis-je, que moi par faiblesse, par lassitude, ou enfin par affection pour toi, je consente un jour à te laisser accomplir cet absurde mariage; crois-tu qu'alors cet orgueilleux M. de Ligneul, dépossédé de son domaine, réduit peut-être à la misère, pourra ne pas accepter avec un véritable plaisir un arrangement qui rendra à sa fille unique et à ses descendants l'héritage de sa famille?... Songe à cela, étourdi; et tu sentiras combien, pour ta part, tu aurais tort de te mettre en travers des événements.

Jules réfléchissait.

— Mon père, reprit-il, j'entrevois enfin vers quel but vous tendez, et il ne m'appartient pas de rechercher si, à votre insu peut-être, vous ne conservez pas quelque arrière-pensée... Seulement, ajouta-t-il avec chaleur, je peux affirmer dès à présent que plusieurs de vos prévisions ne se réaliseront pas. Vous n'avez pas assez tenu compte du caractère de M. de Ligneul; c'est un homme à esprit étroit, entiché des préjugés d'un autre âge; mais il est resté gentilhomme, il aimera mieux mourir de misère que de faire de sa fille le prix de votre habileté. Et quand même, cédant à des considérations personnelles, il serait capable d'entrer dans vos idées, j'affirme, d'une manière plus positive encore, que mademoiselle de Ligneul, si noble et si fière, ne consentira jamais à un arrangement de cette nature. Dès qu'elle se verrait l'objet de pareilles manœuvres, l'indignation l'emporterait sur tout autre sentiment; l'estime et l'affection que je lui inspire peut-être se changeraient en mépris et en haine; elle préférerait, j'en suis sûr, s'enfermer avec sa tante dans un couvent de l'ordre le plus austère, que de devoir la richesse à de semblables moyens.

Tout en parlant, Jules se promenait d'un pas saccadé dans la salle.

— Ta, ta, ta! répliqua le vieux Fortin avec un sourire dédaigneux, je te croyais plus fort, mon garçon. Tu es docteur en droit, mais les calembredaines sentimentales t'occupent plus que les bonnes choses du code civil et du code de procédure. Tu n'as pas encore considéré la vie sous son côté réel, tu te crées des chimères à plaisir... Mais, à quoi sert une discussion sur des circonstances qui ne se présenteront peut-être jamais? Laissons marcher les événements, puisque ni toi ni moi n'y pouvons rien.

Jules sentait, en effet, combien ses instances seraient impuissantes contre une volonté bien arrêtée; cependant il allait insister quand, par la fenêtre entr'ouverte, il aperçut le docteur Tournier qui semblait revenir du château. Impatient d'avoir des nouvelles, il appela le médecin, et le vieux Fortin ayant demandé ce qu'il y avait de vrai dans l'histoire du comte, Tournier raconta ce qu'il savait.

— Et comment va le malade, docteur? demanda Jules à son tour avec intérêt.

— Mais assez bien; tous les grains de plomb ont

été extraits, et quoique deux ou trois soient mal placés, la guérison marchera vite sans doute. Il s'agit surtout d'obtenir que M. de Ligneul se tienne tranquille jusqu'à nouvel ordre; mais le digne monsieur est un véritable salpêtre, et la pensée que la chasse va s'ouvrir sans qu'il y prenne part lui met la fièvre dans le sang.

— Ah ça! reprit Fortin père, ne songe-t-il pas à déposer une plainte? Je n'ai pas encore été avisé de l'événement dans la forme légale.

— Et je crois, mon cher Fortin, répliqua le docteur, que vous ne serez pas avisé du tout. M. de Ligneul a chargé ses gardes de commencer une enquête, et il prétend que des gardes-chasse sachant leur métier sont plus compétents en pareille affaire que tous les magistrats du monde. D'ailleurs, ce matin, sa sœur et sa fille, qui le soignent avec un dévouement à toute épreuve, l'ont prié de n'exercer aucune poursuite contre le malfaiteur inconnu qui a si odieusement attenté à ses jours. M. de Ligneul y a consenti, car il éprouve une horreur profonde pour les formalités, déplacements, dépositions, interrogatoires auxquels il serait obligé si la justice mettait le nez dans cette affaire; et sans doute aussi il compte bien se faire justice à lui-même dans l'occasion.

— Voilà ce qui n'est plus permis sous le régime actuel, dit Fortin d'un air piqué; et si M. de Ligneul ne croit pas le maire de cette commune en état de conduire une pareille enquête, il serait facile de mander de la ville... Enfin je préviendrai qui de droit et je dégagerai ma responsabilité.

Après quelques autres propos sans intérêt pour le lecteur, le médecin se retira.

Jules Fortin était rêveur. Certains détails donnés par le docteur avaient produit une vive impression sur son esprit.

— *Elle* me croit capable d'avoir attenté à la vie de son père, murmurait-il, et *elle* a voulu me mettre à l'abri des poursuites ; mais *elle* doit me mépriser et me haïr... Mon Dieu ! comment la détromper ?

On appela le fils et le père pour déjeuner ; pendant le repas, Jules se montra taciturne et mélancolique.

— De quelle manière vas-tu employer ta journée, mon garçon ? demanda Fortin quand on se leva de table.

— Avec votre permission, j'irai faire visite à M. Louis, l'habitant de la Folie-Saint-Firmin. J'ai précisément un excellent prétexte pour me présenter chez lui ; je lui annoncerai qu'à votre sollicitation, Antoine lui accorde le droit de chasser sur ses domaines... Quant à vous, mon père, je vous supplie de ne pas oublier mes vœux ardents au sujet de M. de Ligneul, car si de nouvelles rigueurs étaient exercées contre lui, vous me pousseriez à des extrémités que nous aurions à regretter l'un et l'autre.

Et il sortit. Après son départ, Fortin réfléchit longtemps, la tête appuyée dans ses mains :

— Que faire ? disait-il ; Jules, malgré son affection pour moi, ne manque pas de fermeté, et il lui serait très-facile de se procurer vingt mille francs... Cependant, renoncer à un projet si ingénieux, si habilement combiné !... Bah ! amusons-le par des promesses, afin de gagner du temps... Je vais écrire à Noblat d'agir vite et en secret... Si fin que soit mon fils, je suis plus fin encore, et il faudra bien qu'il s'incline devant les faits accomplis !

VIII

LA MAISON DU CHARBONNIER

Le soir du même jour, à l'heure où les dernières lueurs crépusculaires allaient s'éteindre, le garde Aubinet, son fusil sous le bras et sa pipe à la bouche, sortait du village, comme pour faire sa tournée habituelle sur les terres confiées à sa surveillance. La soirée était belle et sereine. On entendait au loin le coassement des grenouilles dans le marais, les chants du grillon qui battait la cymbale au bord de son trou, les cris argentins de la chauve-souris qui fouettait l'air de ses longues ailes dentelées. En revanche, tous les bruits humains avaient cessé, et sauf quelques lumières qui brillaient du côté de Fontenay, le pays semblait désert ou endormi.

Cependant le garde, à mesure qu'il avançait, redoublait de précautions. Il se glissait le long des haies, s'arrêtant parfois pour écouter. L'étincelle de sa pipe eût pu le trahir au milieu des ténèbres; mais il comptait peut-être qu'on la confondrait de loin avec les vers-luisants qui, de toutes parts, allumaient leurs petites lanternes d'amour. Du reste, il ne suivait pas les chemins frayés, mais il allait à travers champs, malgré l'obscurité, dans un pays dont toutes les ondulations, toutes les sinuosités lui étaient familières.

Ayant parcouru ainsi la campagne découverte qui s'étendait entre le village et des bois assez considérables pour former une véritable forêt, il atteignit une sorte de plaine stérile, hérissée de genêts et d'ajoncs épineux. La lisière de la forêt se dessinait comme une ligne noire sur le ciel, et tous les objets se confondaient dans une sombre uniformité. Néanmoins l'œil attentif du garde finit par distinguer, sur cette espèce de mur de feuillage, une lueur terne et immobile, qui semblait provenir d'une habitation.

Aubinet se dirigea vers cette lumière, non pas en droite ligne, mais en louvoyant et en faisant des haltes de plus en plus fréquentes. Enfin, bien assuré que personne n'était à portée de l'espionner, il s'approcha rapidement de l'habitation.

C'était une maisonnette d'aspect misérable, et si basse qu'on pouvait atteindre avec la main son toit de chaume pourri. A moitié cachée par de grands arbres, dont les branches feuillues surplombaient au-dessus du seuil, elle avait pour unique dépendance une espèce de hangar qui semblait destiné à contenir du charbon. On ne voyait sur la façade qu'une porte, soigneusement close en ce moment, et une étroite fenêtre, ou plutôt une lucarne, d'où s'échappait le rayon de lumière qui avait guidé le garde.

Malgré les minutieuses précautions d'Aubinet, sa présence ne tarda pas à être éventée. Quand il fut à quelques pas de la maison, un gros chien, sorti on ne sait d'où, s'élança brusquement sur lui. La bête, quoiqu'elle ne fît entendre aucun aboiement, paraissait d'abord très-disposée à dévorer le visiteur. Mais à peine l'eut-elle flairé, qu'elle s'apaisa, et au lieu de mordre, elle vint se frotter amicalement contre ses jambes.

Le garde la flatta doucement avec la main.

— Ah! tu m'as reconnu, Noirot, dit-il à voix basse; eh bien! puisque tu es là, sans doute je vais trouver ton maître.

S'étant mis ainsi en bons termes avec le gardien du logis, Aubinet s'avança vers la fenêtre, afin d'inspecter, avant d'entrer, l'intérieur de la maison. Par malheur, la vitre était tellement sale, tellement incrustée de poussière, qu'elle ne laissait rien distinguer. Force fut donc au garde de venir frapper à la porte.

Au bruit qu'il fit, une vive agitation eut lieu dans la cabane. On entendit un tabouret se renverser, une ombre glissa devant la lumière. Cependant on ne répondit pas; ce fut seulement au bout de quelques minutes qu'une voix chevrotante demanda :

— Qui est là? que me veut-on?

Aubinet se nomma, et, après quelques hésitations, la porte s'ouvrit enfin devant lui.

Il entra dans une espèce de taudis, dont la vue inspirait autant de dégoût que de pitié. Deux lits, qui en faisaient le principal ornement, n'étaient qu'un assemblage de bois vermoulu, de paille et de haillons. Le reste du mobilier consistait en quelques tabourets et une table boiteuse, sur laquelle on voyait les pauvres apprêts d'un souper et une fumeuse chandelle fichée dans un bougeoir de fer-blanc. Tout cela était saupoudré d'une couche de charbon, car le propriétaire de la cabane, outre plusieurs autres industries moins avouables, exerçait la profession de charbonnier.

Cependant la maison semblait, pour le quart d'heure, n'avoir d'autre habitant que la personne qui venait d'ouvrir, affreuse vieille, vêtue de guenilles insuffisantes, dont le visage ridé paraissait tout sillonné de lignes noires. Ses yeux éraillés avaient une expression de stupidité hargneuse. Elle était tête nue, et sur son crâne chauve de rares mèches de cheveux gris se dressaient comme les serpents des Euménides.

Aubinet devait être brave pour ne pas reculer d'effroi; au contraire, il prit un air doucereux en disant :

— Bonsoir, mère Legoux... Pardon si je vous dérange... J'espérais trouver ici votre fils.

La vieille demeurait debout comme pour lui barrer le passage.

— Mon fils, répliqua-t-elle avec embarras, vous savez bien, monsieur Aubinet, qu'il est allé en Beauce faire la moisson, et je ne l'attends guère avant deux ou trois jours.

— Vraiment, reprit le garde en cherchant de l'œil un siége qu'on ne songeait pas à lui offrir, je croyais tous les aoûterons rentrés depuis une semaine... Et puis voilà la chasse qui s'ouvre demain, mère Legoux, et Grain-de-Sel n'est pas homme à rester oisif, quand le gibier pourra circuler et se vendre.

Tout en parlant, il s'était laissé tomber sur un escabeau. L'embarras de la vieille redoubla :

— C'est que, reprit-elle en se posant tantôt sur un pied tantôt sur l'autre, j'allais me coucher, monsieur le garde.

— Bah ! rien ne presse ; seriez-vous fatiguée, mère Legoux, d'être allée aujourd'hui ramasser un fagot dans le bois? C'est défendu, et tâchez que je ne vous y prenne pas, car je pourrais être obligé de verbaliser... Mais tenez, il n'y a pas besoin de faire des cachotteries avec moi... Grain-de-Sel est ici et il faut que je lui parle.

— Qui vous l'a dit? demanda la vieille tout effarée.

— Ce n'est pas bien malin à deviner... J'ai trouvé Noirot à la porte, et quand on rencontre le chien, on peut être sûr que le maître n'est pas loin... Ensuite je vois ici le couvert mis et vous avez une chandelle allumée ; est-ce donc pour vous, mère Legoux, que vous mettriez le couvert et que vous allumeriez une chandelle? Enfin, s'il faut le dire, on a eu des nouvelles de Grain-de-Sel à la Motte-Blanche, pas plus tard que la nuit dernière, et de fichues nouvelles encore... Je désire donc parler à votre fils, dans son propre intérêt.

— Ce n'est toujours pas moi qui vous ai rien dit, reprit la mère Legoux avec anxiété ; et s'il veut me battre encore, vous pourrez affirmer...

— Allons! on ne te battra pas, vieille folle! reprit une voix rude derrière elle; et puisque M. Aubinet vient me voir, tâche de nous laisser en paix.

Un homme qui, jusqu'à ce moment, s'était tenu caché dans la ruelle du lit, apparut tout à coup et s'approcha de la lumière. La mère Legoux recula, comme si elle craignait quelque geste brutal, mais elle se tut et se dissimula si bien qu'on ne la revit pas du reste de la soirée.

Jean Legoux, dit Grain-de-Sel, journalier, charbonnier, et surtout braconnier audacieux, était une espèce de nain, à grosse tête difforme, aux longs bras qui pendaient presque jusque à terre. Malgré cette exiguité de taille, d'où lui venait son surnom, l'expression méchante de sa figure barbue, l'astuce de ses yeux gris et enfoncés, inspiraient l'effroi. Il était vêtu d'une blouse en lambeaux; et un chapeau de feutre gris tout taillé jetait de l'ombre sur ses traits farouches. Il marchait avec peine, comme si quelque souffrance secrète eût ralenti ses mouvements.

— Ah! te voici, Legoux? dit le garde en souriant; je savais bien, moi, que tu étais de retour! Ce serait mal de se méfier de ses amis.

— Je ne me méfie pas de vous, monsieur Aubinet, répliqua Grain-de-Sel avec rudesse; entre vous et moi il ne peut y avoir de tricherie... La preuve c'est que je vous attendais ce soir.

— Tu m'attendais?

Grain-de-Sel voulut apporter un escabeau, mais quand il se baissa, la souffrance lui arracha un faible cri.

— Qu'as-tu donc? demanda Aubinet; aurais-tu reçu un mauvais coup?

— Bah! rien... des « douleurs » qu'on attrape quand on est toute la nuit à l'affût dans la rosée.

Mais le garde ne fut pas dupe de cette explication et examina attentivement le braconnier, qui venait de s'asseoir en face de lui.

— Jean, dit-il avec son sourire malin, encore une fois, pourquoi ruser avec un ami?... Je sais où tu étais la nuit dernière, et, pour sûr, tu n'as pas fait de bonne besogne.

— Tonnerre! quand cela serait? Faut-il donc se laisser massacrer par les bourgeois? Eh bien! oui, j'ai reçu un atout et j'en ai rendu un autre... Voilà... Au diable ceux qui ne sont pas contents!

— Tu as reçu un atout? demanda le garde avec inquiétude.

— Une misère... quelques grains de huit entre les deux épaules... Ma mère a lavé ça avec de l'eau et ça passera; mais en attendant ça me pique en diable... Votre fiéron de comte a reçu de même la monnaie de sa pièce, monsieur Aubinet; vous l'a-t-on dit?

— Bah! il n'en mourra pas non plus; ça l'empêchera seulement de courir pendant les premiers jours de la chasse, et les choses n'en iront pas plus mal pour nous... Mais pourquoi, Jean, ne m'as-tu pas prévenu de ton retour? Pourquoi surtout t'es-tu aventuré dans le parc sans me donner le mot?

— Histoire de tuer un chevreuil à l'affût, et si je vous avais consulté, c'eût été des raisons à n'en plus finir.

— Dis plutôt, Jean, que tu voulais avoir le chevreuil pour toi seul, et sans partager le profit avec moi, selon nos conventions... Aussi, voilà ce qu'il résulte de se conduire si mal! Les cartes sont brouillées en diable maintenant.

— Est-ce qu'on me soupçonnerait d'avoir fait le coup? Est-ce que M. de Ligneul aurait averti la justice?

Aubinet ne répondit pas d'abord et sembla vouloir prolonger l'angoisse de son associé.

— Non, reprit-il enfin; tu es plus heureux que tu ne mérites. On te croit absent et on attribue cette sottise à quelque maraudeur étranger. De plus, M. le comte n'a pas voulu porter plainte et c'est heureux, car on ne sait jamais ce qu'il adviendra quand la justice s'en mêle.

— A la bonne heure, dit Grain-de-Sel, qui parut délivré d'un grand poids; le fait est que si la gendarmerie s'était mise à mes trousses, je n'aurais pas été blanc, avec une épaule en capilotade... Il y a des moments où ça m'élance, ça m'élance!... Et pourtant, le travail commande, il faut que j'aille « dehors » cette nuit, avec deux ou trois bons garçons.

— Tu attends quelqu'un? dit le garde avec précipitation en se levant; en ce cas, je pars... Je ne veux, tu le sais, avoir affaire qu'à toi, et personne ne doit me voir ici.

— Bon, les camarades viendront seulement dans deux ou trois heures... Nous avons tout le temps de causer et de boire un coup... Rasseyez-vous; rien ne presse.

Le garde reprit sa place, tandis que Jean Legoux allait chercher dans l'armoire une bouteille à moitié pleine d'eau-de-vie.

— Comme ça, monsieur Aubinet, reprit le braconnier après qu'ils eurent trinqué, on ne parle pas de moi, là-bas, à la Motte-Blanche, pour l'histoire de la nuit dernière?... C'est tant mieux; mais si l'on m'avait tarabusté, j'avais garde à carreau, voyez-vous, et peut-être de plus huppés que moi se seraient-ils trouvés dans le pétrin en ma compagnie.

— Où veux-tu en venir, Jean? A la vérité, il y a dans tout ceci bien des choses qui ne paraissent pas claires. M'est avis, par exemple, que tu n'étais pas seul. Bihoreau et moi, nous avons relevé ce matin plus d'une trace dans le parc. A un endroit où il y avait un beau « revoir, » nous avons découvert une grosse empreinte que j'aurais reconnue de trois lieues pour celle de tes souliers ferrés; et puis, un peu plus loin, une empreinte fine et coquette, avec un haut talon comme en ont les bottes des messieurs de la ville...

Grain-de-Sel sourit et frotta l'une contre l'autre ses deux mains velues.

— Et qu'a pensé votre patron de tout cela? demanda-t-il.

— Le patron est dans son lit à soigner ses jambes et à jurer contre le farceur qui l'a si maltraité; il ignore encore ces détails, et j'ai persuadé à Bihoreau que les grosses traces étaient les miennes... Puis j'ai pris soin de les effacer partout.

— Merci bien, monsieur Aubinet; c'est une excellente précaution... Mais les bottes fines, hein! que dites-vous des bottes fines?

— Ma foi! elles me trottent dans la cervelle... Allons! tu ris? Je parie que tu sais quelque chose!

— Ce serait bien possible... Tenez, je ne veux pas vous faire languir, et je vais vous conter rondement l'affaire.

« Donc, il est bien vrai que je suis arrivé dans le pays il y a plusieurs jours, sans dire gare et avec l'intention de rafler le gibier avant l'ouverture de la chasse. La nuit dernière, je m'étais coulé dans le parc de la Motte-Blanche pour tuer un chevreuil à l'affût... Si vous m'aviez rencontré, nous nous serions entendus, comme toujours, et les autres ne me font pas peur... Je venais de me poster derrière une cépée pour viser un joli brocard en train de paître, quand j'ai entendu un remue-ménage au milieu du taillis; on eût dit que tous les chevreuils de l'univers se battaient de ce côté. Je n'ai pas bougé, comme vous pouvez croire, et j'ai vu un homme qui en poursuivait un autre: mais cet autre filait, filait... une balle n'aurait pu aller plus vite, quoi! Ils se sont bousculés un moment, et je continuais de faire le mort. Mais ne voilà-t-il pas que le particulier qui se sauvait a eu l'idée de se cacher aussi dans les broussailles, à dix pas de moi! Je le donnais à tous les diables, quand l'adversaire, que j'avais très-bien reconnu pour M. de Ligneul, se met à battre les buissons et fait lever... qui? non pas son homme, mais votre serviteur, qui, tout penaud, se voit obligé de prendre chasse et de détaler au plus vite.

— Vrai, mon pauvre Grain-de-Sel, c'est avoir du guignon ! dit le garde en riant.

— Le reste se devine. Le comte, ennuyé de me poursuivre inutilement, m'a envoyé de son plomb ; moi, je lui ai criblé les jambes à mon tour, puis je me suis esquivé au plus vite, et j'ai fait une trouée du côté du Chêne-Roi.

— Mais l'autre... l'autre, qu'est-il devenu ?

— Ah ! voilà... Il a disparu dans le fourré devant la vieille tour qui dépend de la Folie-Saint-Firmin.

— En effet, Bihoreau et moi nous avons trouvé dans cette partie du parc la preuve qu'on s'y est chamaillé de la bonne manière. Les herbes étaient écrasées, les branches brisées. Mais voyons, Jean, ne fais pas le discret... tu as l'air de connaître le paroissien qui jouait aux barres avec monsieur le comte ?

— Eh bien, oui, je le connais, car je l'ai vu parfaitement quand il s'enfuyait au clair de la lune.

— Et c'était...

— C'était M. Jules Fortin, le fils au maire de Fontenay.

Le garde fut tellement stupéfait de cette révélation qu'il resta un moment sans parler.

— Pas possible ! reprit-il enfin ; pourquoi M. Jules Fortin serait-il venu dans le parc au milieu de la nuit ?

— Hum ! répliqua le braconnier d'un air moqueur en secouant sa grosse tête, il en voulait sans doute comme moi au gibier de ton patron... Mais pendant que je guettais les brocards, lui sans doute reluquait quelque jolie chevrette blanche...

— Bon! j'y suis, s'écria Aubinet en se frappant le front; fichtre! l'ami Grain-de-Sel, voilà une fière découverte! Je comprends maintenant pourquoi les dames ont tant prié M. le comte de ne pas appeler la justice... Mais tu avais raison, Jean, tout cela pourra servir.

— Je crois bien que ça servira!... Ah ça! Aubinet, n'allez-vous pas profiter de l'occasion pour tirer de l'argent à... vous savez... la chevrette blanche? En ce cas, part à deux! comme à l'ordinaire.

Le garde fit la grimace.

— Pas moyen, mon garçon, répliqua-t-il; dans cette maison-là, vois-tu, on ne tirerait pas plus d'argent de la chevrette que du brocard... C'est la débine partout, et on doit s'attendre à une prochaine débâcle de ce côté.

— Mais Jules Fortin est riche, lui, et l'on pourrait...

— Ne pensons pas à cela pour le moment, Grain-de-Sel; attendons et voyons venir, c'est le plus sage... Tu n'as plus à t'inquiéter des suites de ton escapade; si l'on essayait de te malmener, nous mêlerions tant de grandes gens à l'affaire que l'on se hâterait de l'étouffer. Ne songe donc qu'à te guérir au plus vite. Selon toute apparence, M. le comte ne pourra sortir avant huit jours, et d'ici là, si tu sais t'y prendre, tu rafleras, comme tu dis, assez de gibier pour nous mettre à l'aise l'un et l'autre. Le gibier est si commun chez nous que ta rafle passera inaperçue... Et d'ailleurs, je me charge de dire ce qu'il faudra.

— Ma blessure ne mérite pas qu'on parle d'elle,

7.

monsieur Aubinet, répliqua le braconnier d'un ton fanfaron ; depuis que j'ai bu quelques coups d'eau-de-vie, je ne la sens plus... Aussi, cette nuit même, vais-je me mettre à la besogne avec Taillefer et Poulinet. Nous traînerons dans les bons endroits ce grand filet qu'on appelle « drap de mort », et je vous garantis qu'avant le jour nous aurons ramassé une centaine de perdreaux. Avec ça, les collets et les bourses vont produire à foison des lièvres et des lapins... Demain soir, quand Jacquet, le marchand de volailles, passera avec sa charrette, nous la lui remplirons, à moins que le comte, qui vend aussi son gibier à Jacquet, n'ait pas laissé de place... Ah ! si j'avais pu tuer un chevreuil la nuit dernière ! Mais la chance n'y est pas.

— Laisse les chevreuils tranquilles, répliqua le garde en se levant et en avalant un dernier coup d'eau-de-vie. Ah ça ! Jean, il est bien entendu, n'est-ce pas, que ni Taillefer, ni Poulinet, ni le marchand de gibier, ni personne ne sait que nous faisons des affaires ensemble ? J'ai confiance en toi, mais non dans tes camarades. Et si je les prends en faute, je serai obligé de verbaliser contre eux, je t'ai averti déjà.

— C'est bon, c'est bon, monsieur Aubinet ; vous savez à merveille tirer les marrons du feu avec la griffe des autres... Enfin, puisque notre convention tient toujours, vous aurez votre part... Seulement, veillez à marcher droit de votre côté ! S'il m'arrivait malheur, n'espérez pas tirer facilement votre épingle du jeu. Il vaut mieux m'avoir pour ami que pour ennemi !

Tout en parlant, le nain se haussait sur la pointe de ses grands pieds, et sa figure ignoble avait pris une expression menaçante. Aubinet s'empressa de protester avec son accent le plus doucereux contre de pareils soupçons; son « cher ami » Jean Legoux pouvait-il douter de son dévouement? Ne s'étaient-ils pas donné mutuellement des preuves de confiance? Il fit si bien que Grain-de-Sel lui dit d'un ton moins acerbe :

— A la bonne heure... Une chose me rassure, c'est que vous avez autant besoin de moi que j'ai besoin de vous. On ne ramasse guère d'argent au service de M. de Ligneul, et pourtant il vous en faut beaucoup... Il y a une certaine personne, là-bas, au bourg de Viviers, qui vous coûte gros et qui demande toujours!

— Tais-toi, petit, ne parle pas de cela, dit le garde avec inquiétude; qui diable a pu t'apprendre... Pas un mot ou tu me ferais renvoyer!... Eh bien, de quel côté traîneras-tu le « drap de mort » cette nuit avec tes camarades?

— Dans les fonds de la Lande-Rouge; toutes les compagnies de perdreaux du pays vont se coucher là.

— Bien, je m'arrangerai pour amener les autres gardes du côté opposé. D'ailleurs, on ne fera pas une longue tournée la nuit prochaine, car la journée de demain sera rude... Songez à profiter de l'occasion, et bonne chance!... Ah! peut-être, de mon côté, trouverai-je à peloter quelques faisans, et je les cacherai à la place ordinaire, dans le creux du vieux sapin; tu auras soin de les prendre et de les remettre à Jacquet pour mon compte particulier.

— C'est entendu... Si pourtant on s'apercevait de notre rafle de cette nuit, comment expliquerez-vous la chose ?

— Qui vivra verra. On mettra tout sur le dos des bourgeois qui se mêlent de chassoter dans les environs, et si l'on a occasion de dresser un procès-verbal ou deux, le patron sera aux anges... Toi, va de l'avant, Grain-de-Sel ; notre partie n'est pas mal engagée !

En ce moment, un cri d'oiseau de nuit, imité avec une rare perfection, se fit entendre dans le bois voisin.

— Qu'est ceci ? demanda Aubinet qui ne s'y laissa pas prendre.

— Ce sont les hiboux qui chantent la mort des perdreaux, répliqua le braconnier en riant ; autrement dit, ce sont les camarades qui m'appellent pour le travail.

— Ne les fais pas attendre, reprit le garde en enfonçant sa casquette sur ses yeux et en reprenant son fusil qu'il avait déposé dans un coin ; surtout ne leur parle pas de moi... Demain soir nous nous reverrons, après le passage de Jacquet, et tu me donneras ma part d'argent, car, vois-tu, j'en ai grand besoin... On ne me paye pas mes gages au château, et cette personne de Viviers n'est vraiment pas raisonnable... Adieu donc ! Travaillez ferme, mais soyez prudents !

— Et vous, monsieur Aubinet, n'oubliez pas nos

conventions... Je tiens ma parole en mal comme en bien.

Les deux amis échangèrent une poignée de main assez peu sincère de part et d'autre ; puis Aubinet se glissa dehors, tandis que le braconnier éteignait la lumière et se disposait à aller joindre les camarades qui l'attendaient.

IX

LA VISITE

Le lendemain était le jour désigné par l'autorité départementale pour l'ouverture de la chasse, et le temps se montrait exceptionnellement favorable à cette fête des chasseurs.

Le ciel, couvert de nuages quoique la pluie ne parût pas à craindre, promettait de modérer les ardeurs solaires; la terre humide et fraîche devait conserver longtemps les senteurs du gibier; les pauvres animaux à poil et à plume qui habitaient les champs et les bois ne soupçonnaient pas encore la méchanceté de l'homme. Tout enfin annonçait une de ces journées dont les Nemrod les plus endurcis gardent longtemps la mémoire.

Aussi, dès le matin, les chasseurs de la contrée étaient-ils à l'œuvre dans les environs giboyeux de Fontenay. Il ne se passait guère de minute qu'on n'entendît retentir au loin soit des coups de feu isolés, soit de ces vives fusillades qui trahissent une nombreuse société de tireurs. De ces plaines habituellement si calmes, montaient des cris d'appel, des sifflets aigus, des aboiements de chien courant, et ces bruits divers donnaient à la campagne une animation qui ne lui était pas ordinaire.

Or, il y avait ce jour-là au château de la Motte-Blanche, une personne pour laquelle ce tapage était le plus douloureux, le plus poignant des supplices; on a deviné le comte de Ligneul qui, la partie inférieure du corps entourée de compresses, était tristement étendu sur un canapé dans sa chambre.

A chacune de ces détonations, il recevait comme une secousse au cœur et laissait échapper de sourdes exclamations qui ressemblaient à des gémissements.

Toutefois, au milieu de ces épreuves, les distractions et les consolations, s'il l'eût voulu, ne lui auraient pas manqué. La bonne chanoinesse avait fait transporter auprès de lui la chaise longue qu'elle occupait d'habitude, et Clotilde, quoique plus pâle et plus triste que jamais, ne quittait pas d'un instant ses chers malades. Assise dans une embrasure de fenêtre, elle tenait à la main un livre qu'elle avait pris dans la vieille bibliothèque de la maison, et elle n'eût pas mieux demandé que de faire à son père une lecture, comme elle faisait souvent à sa tante. Mais le comte était de ces gens qui, absorbés par la vie matérielle, ne lisent jamais quoi que ce soit, et n'aiment pas entendre lire, type beaucoup plus commun qu'on ne pense, même dans les classes réputées intelligentes de la société. Les journaux de toute nuance le laissaient indifférent. Il n'apprenait que par hasard les grands événements politiques, il ne s'inquiétait jamais des questions qui intéressent nécessairement tous les hommes, à quelque degré qu'ils soient de l'échelle sociale. Aussi s'enfermait-il dans un cercle étroit d'idées égoïstes et, quoiqu'il ne fût pas foncièrement méchant, il se trouvait dans l'impuissance de devenir meilleur et plus éclairé.

D'ailleurs, en ce moment, il était trop agité pour songer à autre chose qu'à l'objet de sa préoccupation.

— Encore un! disait-il chaque fois qu'un coup de fusil résonnait dans la campagne ; de quel côté vient le bruit, Clotilde?

— Du côté de l'oseraie, je crois.

— Les misérables ! ils en veulent à mes faisans... Et celui-ci?

— Du bois Chardin.

— Bon! ils s'attaquent à mes lièvres à présent... Mais ils ne me laisseront rien, ils tueront tout!... On me dépouille, on me ruine !

— Mon père, de grâce, calmez-vous, dit Clotilde timidement en remettant en ordre les couvertures qui enveloppaient le blessé ; cette agitation vous fait mal et peut retarder votre guérison.

— Voyons, Roger, soyez raisonnable, ajouta la comtesse Philippine ; le docteur a recommandé le repos le plus absolu.

— Au diable le repos! répliqua M. de Ligneul avec colère ; il faut que je reste là impassible quand on dévaste mes propriétés, quand on me pille!... Mes

blessures ne sont rien... quelques grains de plomb...
j'en ai reçu bien d'autres en diverses occasions et je
n'en suis pas mort !... Sur ma parole ! j'ai envie de
m'habiller et de descendre en plaine voir ce qui se
passe.

— N'en faites rien, mon père, je vous en supplie !

— Roger, ce serait une imprudence impardonnable.

Une vive douleur, causée par un mouvement trop
brusque, contribua plus encore que les instances de
sa fille et de sa sœur à le détourner de son dessein.
Toutefois, il retint un cri et ajouta en affectant un
grand stoïcisme :

— Je pourrais me lever si je voulais... Mais les
femmes sont si ridicules ! J'attendrai donc à demain ;
mais demain sans faute, ces vagabonds et ces voleurs
de là-bas sauront de quel bois je me chauffe.

Clotilde fut dupe de cette jactance, et, voulant
détourner les idées du comte, en même temps que
le déterminer à un acte nécessaire, elle lui dit d'un
ton caressant :

— Eh bien,. mon père, puisque vous vous sentez
mieux, pourquoi n'écririez-vous pas de nouveau à
M. Dumont, votre avoué, afin de le presser au sujet
de cette malheureuse affaire Noblat? Les journées s'écoulent et nous n'avons lieu d'espérer aucun répit *à
présent*... Voyons, voulez-vous que je vous apporte
tout ce qu'il faut pour écrire... là, sur vos genoux?

— Cette chère enfant a raison, mon frère, dit la
chanoinesse ; l'affaire est des plus urgentes.

Le comte fit la grimace.

— Qu'on me laisse en paix, dit-il sèchement; ces gens de loi ne vont pas si vite... rien ne presse... Nous verrons demain.

Les deux pauvres femmes échangèrent un regard triste et soupirèrent, mais ni l'une ni l'autre n'osa insister.

La matinée se passa ainsi. M. de Ligneul avait le teint rouge, les yeux enflammés, comme s'il était en proie à la fièvre. Sa fille et sa sœur n'osaient plus lui parler et ne répondaient qu'en tremblant aux questions qu'il leur adressait parfois d'une voix saccadée.

Vers midi, le garde Aubinet vint rendre compte à son maître, comme il en avait reçu l'ordre, de ce qui se faisait dans la plaine. Après avoir déposé son fusil derrière la porte, il s'approcha, la casquette à la main, et exposa, de son ton le plus humble et le plus mielleux, ses observations sur les événements de la matinée.

Son rapport ne fut pas de nature à calmer M. de Ligneul. Aubinet savait que, la nuit précédente, une prodigieuse quantité de gibier avait été détruite par Grain-de-Sel et ses associés; il s'agissait de masquer ce déficit, dont le comte ne pouvait manquer de s'apercevoir plus tard, et pour cela, il fallait exagérer outre mesure les exploits des chasseurs honnêtes. Aussi le garde énuméra-t-il d'un air triste les centaines de lièvres et de perdreaux qu'il prétendait avoir péri en cette circonstance; c'était un massacre général, une véritable extermination.

— Il y a surtout, poursuivit-il, ce monsieur de la Folie-Saint-Firmin qui a fait une chasse superbe. Son chien est une bête admirable, et son fusil, qu'il manie à merveille, paraît être une arme de prix... Aussi, fallait voir comme ça tombait! Le petit Jovinet, qui lui servait de « quenard », a dû retourner deux fois à la Folie pour vider le carnier... et la journée n'est pas finie.

Le galant homme, que les habitants du voisinage appelaient M. Louis, ne se doutait guère qu'on pût lui attribuer ces prodigieuses prouesses. En réalité, il avait été fort heureux de tuer deux ou trois pièces de gibier; après quoi, fatigué de cet exercice violent, il était rentré chez lui pour se livrer à des occupations d'une nature plus utile et plus élevée.

Mais M. de Ligneul n'avait aucune raison de suspecter les assertions de son garde, et il fit tomber sa fureur sur le pacifique Louis.

— Les autres, passe encore! s'écriait-il; ce sont du moins des propriétaires, des... braconniers du pays! Mais cet étranger, cet inconnu, qui chasse insolemment sur des terres qui ne lui appartiennent pas... Pourquoi ne lui a-t-on pas fait un procès-verbal?

— Eh! monsieur le comte, tout bonnement parce qu'il ne chassait pas chez vous. Il a obtenu une permission sur les domaines de M. Fortin, sur ceux du père Antoine et de plusieurs autres propriétaires; d'ailleurs, il était accompagné de Jérôme Langlois, qui connaît les limites, et qui lui indiquait où il pouvait aller... Aussi il s'en donnait, il s'en donnait... une véritable grêle !

— Aubinet! s'écria M. de Ligneul en se démenant comme un forcené, arrange-toi pour me débarrasser au plus vite de ce monsieur. Emploie les moyens que tu voudras, mais dégoûte-le de la fantaisie de courir les champs, un fusil sur l'épaule. Il ne sera peut-être pas nécessaire d'en venir aux extrémités avec lui; il suffira sans doute de le harceler, de le surveiller d'une manière importune, de lui faire continuellement de petites avanies...

— Oh ! mon frère, dit la chanoinesse avec un accent de reproche, est-ce là parler et agir en gentilhomme? Le locataire et l'ami de M. de Saint-Firmin est un homme distingué, qui mérite d'être traité avec quelques égards... D'ailleurs, peu doit vous importer qu'il tue du gibier, si ce gibier n'est pas le vôtre.

— Allons donc! tout le gibier du canton n'est-il pas né sur mes terres et n'est-ce pas moi qui le nourris ?... Mais, pour Dieu, ma sœur, mêlez-vous de ce qui vous regarde... Je ne m'inquiète pas, moi, de vos choses de roman et de vos idées à l'eau de senteur... Laissez-moi diriger mes affaires à ma guise.

Il continua de causer chaleureusement avec Aubinet et il lui donnait les instructions les plus sévères, quand Clotilde, qui regardait avec distraction dans la cour, se rejeta en arrière, en poussant un petit cri de surprise et d'effroi. Ce cri, le comte et son garde ne l'avaient pas entendu; mais il avait suffi pour attirer l'attention de la chanoinesse, qui se leva sur son séant. Elle allait peut-être adresser à sa nièce des questions précises, quand elle eut l'explication du trouble extraordinaire que témoignait mademoiselle de Ligneul.

On entendit un bruit de pas dans l'escalier; la porte de la chambre s'ouvrit tout à coup, et une jeune paysanne, remplissant dans la maison les fonctions de camériste, annonça d'un air gauche que « le fils de M. le maire venait s'informer des nouvelles de M. le comte ».

En même temps la simple fille, ne soupçonnant pas qu'on pût hésiter à recevoir « le fils de M. le maire », s'effaça pour laisser entrer la personne qu'elle avait annoncée; c'était en effet Jules Fortin.

Aux termes où en étaient les deux familles, cette démarche semblait d'une audace incroyable, et il fallait que Jules fût aveuglé par des craintes bien vives ou des espérances bien folles pour s'y être décidé. Aussi, malgré son habitude du monde, ne pouvait-il cacher son embarras, et la manière dont on le reçut ne fut pas de nature à lui rendre de l'assurance.

M. de Ligneul et Aubinet s'étaient tus brusquement; ils regardaient le visiteur, l'un avec une stupeur qui pouvait instantanément se changer en indignation, l'autre avec une expression à la fois curieuse et narquoise. Quant à Clotilde, elle semblait pétrifiée; la surprise, la colère et l'épouvante se reflétaient à la fois sur son visage. Seule, la chanoinesse conservait une apparence de sérénité et attendait avec calme l'événement.

Toutefois personne ne fit un mouvement pour venir au-devant de Jules, pour le saluer, pour lui offrir un siége. Lui-même, après s'être incliné, demeurait muet sans oser avancer. Il jeta un regard suppliant vers mademoiselle de Ligneul; mais elle détourna la tête. L'explosion que faisait prévoir cet accueil menaçant ne tarda pas à se produire.

— Vous ici, monsieur? s'écria le comte ; sur ma foi! voilà une visite à laquelle j'étais très-loin de m'attendre!

Jules Fortin s'efforça de recouvrer un peu de sang-froid.

— Monsieur le comte, dit-il d'un ton d'exquise politesse, en dépit d'anciens dissentiments, mon père et moi nous ne pouvions demeurer indifférents au malheur qui vous est arrivé, et j'ai pris la liberté de venir vous exprimer notre sincère et profonde sympathie.

— Fort bien, monsieur; je sais quel genre d'intérêt vous me portez et...

— Roger, interrompit la chanoinesse avec un accent de reproche, M. Fortin vient ici dans une intention de courtoisie; peut-être n'est-ce pas le moment de se souvenir du passé.

— Il est pourtant, ma sœur, des choses qu'on oublie difficilement... Mais, soit; puisque MM. Fortin père et fils ont une intention courtoise, je veux être courtois comme eux. Je les remercie de leur démarche. M. Jules Fortin peut voir par lui-même que l'accident dont il parle n'est pas sérieux. J'en souffre si peu que je compte demain aller à la chasse... Il sera donc inutile que M. Jules Fortin se dérange désormais pour prendre de mes nouvelles.

Et le comte, se soulevant à demi, fit une salutation ironique qu'on pouvait interpréter comme un congé.

Jules rougit de cette insulte; cependant il demeura immobile, les yeux fixés sur Clotilde, qui s'obstinait à détourner la tête. Enfin, il reprit d'un ton mélancolique :

— Je regrette que M. de Ligneul ne paraisse pas comprendre ce qu'il y a de respectueuse affection, pour lui et pour sa famille, dans ma démarche actuelle; mais, avant de le délivrer de ma présence qui, je le crains, n'est agréable à personne ici, j'ai encore un devoir à remplir... Mon père, en sa qualité de premier magistrat de cette commune, s'est ému de l'attentat commis dans le parc du château, et il croit que, dans l'intérêt de tous, il serait utile d'ouvrir une enquête afin de découvrir l'auteur de cet acte abominable. Si M. le comte était de cet avis, il pourrait être assuré du zèle et du dévouement de mon père pour qu'un tel forfait ne demeurât pas impuni.

Il y avait dans cette proposition quelque chose qui, sans doute, révolta Clotilde, car elle fit un geste d'indignation. Heureusement elle était placée derrière son père, qui n'aperçut pas ce mouvement et qui répondit avec son impatience railleuse :

— Mille remercîments; je ne doute pas de la sagacité de M. le maire de Fontenay et de son désir d'intervenir dans tout ceci; mais j'ai décidé qu'il ne serait donné aucune suite à cette affaire... du moins pour le moment. Si j'ai été blessé par un vaurien, j'imagine qu'il doit aussi porter de mes marques, car je manque rarement mon coup et j'ai tiré le premier. Enfin, comme il s'agit avant tout d'un délit forestier, mon garde principal Aubinet est tout à fait compétent pour constater les faits dans un procès-verbal.

— Vous avez bien raison, monsieur le comte, répliqua Aubinet de son ton doucereux; aussi, mes camarades et moi, avons-nous relevé soigneusement tous les indices qui existaient dans le parc après l'attentat... Aussitôt que vous serez mieux, vous prendrez connaissance de notre rapport. Nous avons découvert, au pied de la tour de la Folie, dans le fourré des ifs et jusque dans le jardin, des traces passablement significatives, et, quoique sans doute le gaillard qui a fait ce mauvais coup se croie bien madré, il pourra trouver plus madré que lui.

Tout en parlant, Aubinet dardait des regards sinistrement railleurs sur Jules Fortin. Celui-ci demeura impassible et répondit d'un ton ferme :

— Je ne veux pas mettre en suspicion l'expérience et le zèle de vos gardes, monsieur le comte ; mais il ne s'agit pas seulement d'un délit forestier, il s'agit d'un délit criminel, et l'autorité d'un magistrat pourrait ne pas être inutile en pareil cas... Les erreurs, les accusations fausses sont faciles : les apparences trompent souvent. Tel est soupçonné qui n'éprouve que de l'horreur pour l'acte accompli. Les esprits les plus droits, les âmes les plus généreuses ne savent pas quelquefois se défendre de ces injustes soupçons, si absurdes qu'ils paraissent plus tard, quand la vérité vient à être connue.

La voix du jeune homme s'était animée peu à peu, et ces dernières paroles avaient été prononcées d'un ton net et ferme. Clotilde se décida enfin à lever les yeux sur lui.

— Il paraît certain, poursuivit-il encouragé par ce mouvement, que l'attaque dirigée contre votre personne est le fait d'un de ces misérables braconniers dont le pays est infesté; tout le monde doit souhaiter, comme nous, que ce scélérat soit promptement découvert et livré à la sévérité de la loi.

Ce langage, empreint de franchise et de loyauté, semblait produire une vive impression sur la chanoinesse et sur Clotilde; mais le comte, ne pouvant comprendre à quelles particularités Jules faisait allusion, répliqua brusquement :

— C'est un braconnier, la chose est sûre; cependant le seul que j'aurais raisonnablement lieu de soupçonner est absent du pays, et on affirme qu'il n'a pas paru depuis quinze jours dans sa maison du Bois-Brûlé... Enfin, si M. le maire de Fontenay désire prendre des informations de son côté, libre à lui, pourvu qu'on ne m'importune pas d'enquêtes et d'interrogatoires... Mais c'est là sans doute tout ce que M. Jules Fortin avait à me dire?... Pardon si je ne le retiens pas; il comprendra qu'un malade...

Jules ne pouvait rester davantage sans s'exposer à quelque brutalité de l'irascible comte. D'ailleurs, la mission qu'il s'était donnée semblait accomplie et il espérait avoir produit l'effet qu'il voulait produire.

Il en douta encore moins quand la chanoinesse lui dit :

— On apprécie chez nous, comme on le doit, monsieur Jules, toutes vos intentions, et l'on ne peut manquer d'avoir égard à vos affirmations, à vos conseils. Quant à moi....

— Assez, ma sœur, interrompit M. de Ligneul avec impatience ; vous retenez là M. Fortin debout et vous ne songez pas... Aubinet, puisque je suis dans l'impuissance de reconduire moi-même M. Fortin, reconduis-le jusqu'à la grille de la cour... et ne le quitte pas !

Jules tressaillit à ce nouvel outrage ; mais un signe suppliant de la chanoinesse et un regard anxieux de Clotilde le décidèrent à ne pas paraître s'en apercevoir. Il s'inclina donc et sortit, suivi d'Aubinet qui, pensant en cela être agréable à son maître, l'eût empêché peut-être de revenir sur ses pas.

Tous les deux descendirent en silence l'escalier du château. Quand ils furent dans le vestibule, Aubinet changea tout à coup de contenance, et, donnant à sa physionomie mobile une expression à la fois railleuse et familière, il reprit à demi-voix :

— Hein ! monsieur Jules, que pensez-vous du patron ? Il n'est pas commode, n'est-ce pas ? Autant vaudrait avoir le diable à ses trousses, quand il s'en mêle. Aussi, nous autres gardes, en endurons-nous avec lui, allez !

Jules ne jugea pas à propos de répondre.

— Oui, le comte vous a joliment secoué tout à l'heure, poursuivit Aubinet ; mais j'ai dans l'idée que vous prendrez votre revanche... si vous ne l'avez prise déjà.

Et il se mit à rire.

Toujours même silence de la part de Jules, qui continuait d'avancer pour se débarrasser au plus vite d'une compagnie importune. Le garde finit par s'impatienter :

— Vous ne me comprenez donc pas? reprit-il; vous me considérez donc comme un idiot qui ne sait rien de rien ? Je vous prouverai le contraire... Voyons, monsieur Jules, nierez-vous que, comme tant d'autres, vous braconnez sur les terres du patron?

Cette fois l'allusion était trop directe et trop menaçante pour que Fortin se renfermât plus longtemps dans son mutisme.

— A qui donc en avez-vous, mon cher? répliqua-t-il dédaigneusement; je n'ai ni fusil, ni chien, et je n'ai chassé de ma vie.

— On peut chasser sans fusil et sans chien; cela dépend du gibier que l'on poursuit... Croiriez-vous, monsieur Jules, que, hier matin, mes camarades et moi nous avons trouvé sur le sol du parc de nombreuses traces de bottes à talons, sans clous, et si petites, si fines qu'à mon avis, il n'y en a pas deux paires de cet acabit-là dans toute la paroisse ?

En même temps il regardait avec affectation les élégantes bottes vernies dont Jules était chaussé en ce moment.

Le jeune Fortin commençait à comprendre où le garde voulait en venir, et il s'effrayait de voir son secret et celui de Clotilde à la merci d'un pareil homme. Cependant il s'efforça de cacher ses inquiétudes.

— Ah ça! vous moquez-vous? demanda-t-il d'un ton dégagé; je me soucie fort peu des empreintes de bottes que vous avez observées dans le parc de M. de Ligneul.

— C'est juste, et sans doute, quand le procès-verbal lui sera remis, monsieur le comte reconnaîtra que ces empreintes de bottes étaient les siennes... quoiqu'il ne porte que des souliers ferrés... Mais pour Dieu! monsieur Jules, ajouta Aubinet, en s'arrêtant et en examinant de plus près les légères cicatrices que le jeune homme avait au visage, d'où vous viennent ces égratignures? Du diable si l'on ne dirait pas des marques de plomb, comme on en attrape parfois en chasse avec des amis maladroits!

Jules s'empressa de ramener les boucles de ses cheveux noirs sur les cicatrices résultant de sa fuite précipitée dans les broussailles. Cependant il ne pouvait plus feindre de méconnaître l'accusation portée contre lui; et prenant tout à coup son parti, il dit avec fermeté:

— Vos idées sont ridicules, monsieur Aubinet. Vous ne persuaderez jamais à personne que j'aie pu m'introduire la nuit chez M. de Ligneul pour dérober son gibier, encore moins que j'aie tiré sur lui... sur lui que j'aime et que j'honore à tant de titres... Si vous osiez formuler nettement de pareilles calomnies, elles se retourneraient contre vous.

— Et pourtant, monsieur, vous avez cru nécessaire tout à l'heure de donner vous-même à ces dames des explications... Ecoutez donc, on a pu venir dans le parc pour autre chose que pour tuer des chevreuils ; et quand on est serré de trop près, quand on veut ménager la réputation de... personnes respectables, il est facile de se laisser entraîner... Enfin, je ne dis rien, moi ; je ne nomme personne. Mais le procès-verbal est là, les faits parlent d'eux-mêmes, et pour voir il n'y a qu'à ouvrir les yeux.

Jules était réellement fort alarmé. Le garde en savait assez pour lui créer de mortels embarras, et il ne se dissimulait pas que les faits pouvaient être interprétés fâcheusement contre lui, peut-être même contre Clotilde. Aubinet vit son malaise et reprit en baissant la voix :

— Allons ! monsieur Jules, malgré la réputation que les gens du pays essayent de me faire, je suis brave homme et il y a toujours moyen de s'entendre avec moi. Je ne veux pas vous mettre dans la peine, non plus que d'autres personnes... qu'il est inutile de nommer. Si donc vous vous montrez raisonnable, on tâchera d'étouffer l'affaire. Le rapport n'est pas fini, et il serait facile de présenter les choses au comte... vous comprenez?

C'était clair en effet ; l'homme de confiance de M. de Ligneul était prêt, si l'on voulait le payer, à donner aux faits un tour tout nouveau. Jules fut violemment tenté de prévenir le danger en achetant le silence du garde ; mais le respect de lui-même, un sentiment d'honnêteté naturelle, l'empêchèrent d'accepter cette honteuse transaction. Comme l'on venait de traverser la cour, et comme on se trouvait à la grille du château, il s'arrêta et dit à Aubinet d'un ton sec :

— Je n'ai pas à intervenir, mon cher, dans les rapports que vous pouvez présenter à votre maître. Je n'ai rien à en redouter, non plus que les personnes auxquelles vous faisiez allusion tout à l'heure... Seulement, songez bien, maître Aubinet, aux insinuations, aux mensonges que vous glisserez dans vos rapports oraux ou écrits... Vous jouez une grosse, très-grosse partie ; vous risquez fort de la perdre... Sur ce, bonjour ; et, une autre fois choisissez mieux ceux à qui vous proposerez vos ignobles marchés.

Puis il s'éloigna à grands pas dans la direction du village, laissant le garde tout déconfit.

X

LA MÉDECINE SANS MÉDECIN

Le lendemain matin, quand le docteur Tournier se présenta pour faire sa visite à M. de Ligneul, il trouva le malade assis dans sa chambre devant un confortable déjeuner, et arrosant largement des tranches de viande froide avec du vieux sauterne. Le comte était en costume de chasse, en chapeau de paille, la cartouchière à la ceinture; des guêtres de feutre dissimulaient mal les bandages dont ses jambes étaient encore enveloppées. Devant la table deux beaux pointers mendiaient du regard les bribes du festin. Aubinet et un autre garde, en grand uniforme, se tenaient près de la porte, le fusil à la main, et répondaient avec respect aux questions que le comte leur adressait par intervalles en mangeant.

Ce tableau différait tant de ce qu'il comptait voir, que le bon docteur, tout saisi, laissa tomber la canne à pomme d'ivoire sur laquelle il s'appuyait.

— Miséricorde! s'écria-t-il; vous mangez, monsieur, et des choses excitantes encore! Et vous buvez du vin! Y songez-vous? Pourquoi rompre le régime rigoureux que je vous avais prescrit?

— Tout simplement, docteur, parce que votre régime m'affaiblit, que vos fades tisanes m'écœurent, et que j'ai besoin de forces pour aller à la chasse aujourd'hui.

En même temps, M. de Ligneul se versait un verre de sauterne qu'il avala d'un trait.

Le docteur pouvait à peine parler.

— La chasse! répéta-t-il d'une voix étranglée; vous voulez aller à la chasse? C'est de la folie! Je ne le souffrirai pas, je le défends absolument... Vos plaies n'avaient pas bonne couleur hier au soir... La fièvre n'est pas tombée... Vous voulez donc vous tuer?

— Ma foi! docteur, votre médecine me débilitait, la mienne me réconforte. Je veux m'assurer si je ne me guérirai pas plus vite en me traitant à ma guise.

— Très-bien, monsieur; alors vous trouverez bon que je reste chez moi.

— Comme il vous plaira... Aussi bien, comptiez-vous donc faire durer éternellement ces égratignures? Je sais que certains malades sont des vaches à lait pour le médecin...

— Vache à lait! monsieur, vache à lait! répéta Tournier pourpre de colère; il me semble que M. de Ligneul n'a pas le droit de m'adresser de pareils reproches... Je suis depuis bien des années le médecin de la famille, et jamais, au grand jamais, je n'ai réclamé d'honoraires... Je crois donc n'avoir pas mérité le reproche d'homme avide, monsieur; je n'ai jamais pris aucun de mes malades pour une « vache à lait », vous et les vôtres moins que personne... C'est là une injure que je n'ai pas méritée, monsieur de Ligneul!

Le comte, malgré sa violence, n'avait pas de méchanceté réelle; c'était seulement un vieil enfant gâté, trop peu intelligent pour dominer ses instincts impétueux. En voyant le chagrin du docteur, il eut un mouvement plein de noblesse. Il se leva et vint lui prendre la main.

— Pardonnez-moi, Tournier, mon vieil ami, dit-il; j'ai eu tort et ce n'est pas à vous, je le sais bien, qu'on peut adresser cette sotte plaisanterie. Depuis de longues années, vous nous donnez à ma famille et à moi, des soins assidus, affectueux, et il n'a jamais été, en effet, question d'honoraires, car je ne peux considérer comme tels les pièces de gibier que j'envoie quelquefois à votre excellente dame. J'ai attendu pour m'acquitter envers vous des temps plus heureux qui ne venaient pas et ne viendront peut-être jamais; néanmoins, j'ai inscrit sur mon registre particulier l'état de vos visites et j'espère... Oubliez donc cette boutade de tout à l'heure, mon digne ami. Véritablement j'ai les nerfs agacés et je ne sais quel diable me pousse à dire et à faire des sottises!

En présence d'excuses si cordiales et si complètes, le docteur ne pouvait conserver de rancune. Il accepta donc la main qu'on lui tendait et répliqua d'un ton radouci :

— A la bonne heure. Je mettrai ces billevesées sur

le compte de la fièvre qui vous mine encore, et nous n'en parlerons plus... Seulement, vous allez faire enlever ce jambon et ce vin blanc qui ne conviennent pas à votre estomac malade, à vos nerfs irrités; vous allez quitter ce harnais, congédier vos gardes et vos chiens, puis vous coucher bien paisiblement sur cette chaise longue...

— Oh ! pour cela, non, répliqua le comte en reprenant sa place à table et en continuant lestement son repas ; j'ai fait ma paix avec le médecin, mais non pas avec sa médecine, et je vous assure, docteur, que la mienne a du bon. Ce matin, quand je me suis levé, la tête me tournait, mes jambes endolories refusaient de me porter ; maintenant que j'ai eu l'idée de me traiter à ma manière, je me sens tout ragaillardi ; aussi ne vois-je aucun inconvénient à faire un tour en plaine, afin de reprendre complétement mon équilibre et de montrer à mes voisins que je ne suis pas mort encore... ce qui ne peut manquer de leur donner la meilleure opinion de mon docteur.

Le pauvre Tournier était consterné. Il regardait le comte manger et boire avec une avidité affectée ; quittant le ton du commandement, il prit celui de la prière :

— Je vous en conjure, monsieur de Ligneul, dit-il, songez aux conséquences terribles que peut avoir votre imprudence. Je vous passe encore la nourriture, puisque vous avez un estomac de fer qui résiste à tout; mais trempez un peu votre vin, et surtout renoncez à la partie de chasse que vous avez résolue pour aujourd'hui. Cet exercice violent ne manquerait pas d'irriter vos blessures ; et, s'il faut le dire, je crains les accidents les plus graves pour le cas où vous persisteriez dans votre funeste projet.

— Bah! je me risque... Voyons, docteur, soyons bons amis, et ce soir vous aurez un faisan et un lièvre pour vous fermer la bouche.

— Je me soucie bien de votre gibier! Croyez-vous que de pareilles considérations puissent m'empêcher de faire mon devoir? Vous allez rester chez vous aujourd'hui et demain, et jusqu'à nouvel ordre, sinon, je vous en donne ma parole, je ne remettrai jamais le pied ici.

— Je le regretterai, répliqua M. de Ligneul en sirotant un petit verre d'eau-de-vie; mais je guérirai tout seul, pour vous faire enrager.

— Oh! pour le coup ceci est trop fort! s'écria Tournier en frappant le plancher avec sa canne; est-ce ainsi que l'on me traite, moi, docteur de la Faculté de Paris, moi qui exerce la médecine depuis plus de quarante ans?... On en sait plus long que moi, on me dédaigne, on ajoute la raillerie à l'outrage!

Il criait si haut, faisait tant de bruit, que Clotilde et la chanoinesse, qui se trouvaient dans leur chambre, accoururent tout effarées.

— Mon Dieu! qu'y a-t-il? demanda la comtesse Philippine.

— Que se passe-t-il, mon père? s'écria Clotilde.

— Il y a, mesdames, répliqua le vieux médecin, au comble de l'exaspération, que M. de Ligneul, malgré mes prescriptions, boit du vin et de l'eau-de-vie, qu'il se dispose à partir pour la chasse, et qu'il me nargue quand je prétends l'en empêcher. Aussi n'ai-je plus rien à faire dans cette maison, et je me retire pour ne plus revenir. Seulement, qu'on le sache bien, l'action de M. de Ligneul est peut-être un suicide... et je décline la responsabilité des malheurs qui peuvent en résulter.

— Un suicide! docteur.

— Mon père, est-ce possible?

Les deux dames conjurèrent le comte, à mains jointes et les larmes aux yeux, de renoncer à son projet. M. de Ligneul les repoussa.

— Morbleu! s'écria-t-il, si les femmes s'en mêlent, je n'ai plus qu'à me sauver... Mais, sottes créatures, poursuivit-il en se levant, je vous répète que le docteur se trompe; il a eu deux jours pour me soigner et il m'a guéri. Mon état ne présente plus aucun danger, jamais je ne me suis senti si alerte et si dispos... Tenez, voyez; la force et la santé ne me sont-elles pas revenues?

En même temps, il marchait d'un pas ferme dans la chambre, en cambrant sa poitrine; il avait saisi son fusil et le faisait sauter en l'air avec aisance, ce qui détermina les aboiements joyeux des deux chiens impatients de partir. Clotilde et Philippine regardèrent le docteur, qui leur dit à demi-voix en soupirant :

— C'est le résultat de la fièvre et de l'excitation causée par les liqueurs fortes; mais quand cette excitation tombera...

La tante et la nièce redoublèrent d'instances; M. de Ligneul les interrompit brusquement :

— Allons! Aubinet, Bihoreau, couplez les chiens, s'écria-t-il; nous partons; il est temps.

Les gardes obéirent. Tournier qui, jusqu'à ce moment, avait espéré un revirement dans l'esprit de son malade, prit son chapeau et dit avec tristesse :

— C'est bien décidé, bien entendu?... Adieu, monsieur le comte; adieu aussi, mesdames!

Et il se dirigea vers la porte.

— Docteur, bon docteur, s'écria la comtesse Philippine, qui, malade elle-même, n'envisageait pas sans terreur les suites de cette brouille avec le seul médecin du pays; moi, du moins, ne reviendrez-vous pas me voir?

— Quant à vous, chère dame, vous n'avez qu'à suivre le régime que je vous ai prescrit déjà... Je reviendrai, en effet, sur votre appel direct et spécial... Mais M. le comte s'adressera désormais à qui il voudra; et puisse-t-il ne pas expier cruellement son aveugle obstination!

Puis on l'entendit descendre à pas pesants l'escalier.

— Il est parti! dit la comtesse avec désespoir; que Dieu ait pitié de nous!

— Je peux encore le rappeler, mon père, dit Clotilde en voyant M. de Ligneul hésiter; il est sans rancune, il remontera et...

— Laissez-le, répliqua le comte sèchement; c'est un brave homme, mais il est entiché de sa science et il voudrait que les autres en fussent entichés comme lui... Une promenade en plaine ne saurait me faire de mal; je me sens à merveille, je vous le répète. A mon retour, s'il le faut, on me pansera ou je me panserai moi-même selon ses prescriptions, et je guérirai bientôt, si je ne suis guéri déjà... Ainsi donc qu'on ne m'en parle plus et mettons-nous en chasse au plus vite.

Les pauvres femmes avaient épuisé les supplications. Sentant qu'une nouvelle insistance ne ferait qu'exaspérer l'opiniâtre chasseur, elles se turent et se couvrirent le visage pour cacher leurs larmes.

M. de Ligneul, sans paraître remarquer cette douleur muette, se dirigeait vers la porte, quand la fille de service introduisit un second visiteur qui venait d'arriver au château.

C'était un jeune homme convenablement vêtu et à figure intelligente; il s'annonçait comme le principal clerc de Me Dumont, homme d'affaires du comte à Orléans. M. de Ligneul le reçut debout et avec une impatience visible :

— Eh bien, qu'y a-t-il, monsieur le principal clerc? demanda-t-il. Votre patron n'a-t-il pas ma procuration, et ne saurait-il m'épargner les ennuis de ces affaires litigieuses? Je ne peux vous entendre en ce moment.

— Monsieur le comte, répliqua le clerc en s'inclinant, M. Dumont m'a chargé de venir vous demander vos instructions au sujet de graves difficultés qui se présentent...

— Des instructions? Et quelles instructions voulez-vous que je vous donne? Je ne comprends rien à ces choses-là, et c'est à M. Dumont d'aviser... Mais pardon, ajouta-t-il d'un ton différent, vous voyez que je suis attendu.

— C'est que, monsieur le comte, il y a tout à craindre du mauvais vouloir de vos créanciers; et le patron m'a recommandé d'insister auprès de vous...

— Morbleu! votre patron prétend-il disposer de mon temps et de ma personne? Eh bien, restez ici jusqu'à ce soir, et à mon retour vous m'expliquerez ce dont il s'agit.

— A mon grand regret, monsieur, je ne puis rester. Les affaires de l'étude...

Le comte parut hésiter.

— Mon père, dit Clotilde à voix basse, je vous en conjure, écoutez ce jeune homme.

— Roger, murmura la chanoinesse de l'autre côté avec un accent mélancolique, si vous n'avez su augmenter l'héritage de vos pères, sachez du moins le défendre.

M. de Ligneul allait céder peut-être, quand plusieurs coups de fusil partirent à quelque distance du château.

— Aubinet, demanda-t-il, qui vient de tirer là?

— Les deux frères Barbizot, répliqua le garde qui, comme beaucoup de ses pareils, savait reconnaître chaque tireur au bruit de son fusil; et puis, encore et toujours l'éternel M. Louis!

Il n'en fallait pas tant pour vaincre les irrésolutions du chasseur. Il se tourna vers le clerc d'avoué :

— Excusez-moi, mon cher, reprit-il avec volubilité, je ne peux rester davantage... Dites à M. Dumont qu'il s'arrange pour le mieux; je lui donne carte blanche; entendez-vous? carte blanche... Et adieu.

Il descendit rapidement l'escalier, suivi de ses gardes, tandis que les chiens sautaient et aboyaient d'aise. Quelques minutes plus tard il avait quitté le château.

Le clerc, déconcerté et blessé de cet accueil, se retirait de même, quand la comtesse Philippine, avec l'affabilité de la femme du monde, le pria de se reposer quelques instants. Il voulait refuser, mais la chanoinesse insista gracieusement, et il finit par céder. Les deux dames l'interrogèrent alors sur la mission qu'il était venu remplir auprès du comte de Ligneul.

Cette mission avait encore plus d'importance qu'elles ne l'eussent imaginé. Ce n'était pas seulement de la créance de Noblat que l'on exigeait le payement. Divers autres créanciers, effrayés des rumeurs qui se répandaient au sujet du comte, prétendaient faire valoir rigoureusement leurs droits, et l'homme d'affaires, assailli par ces réclamations, avait envoyé son clerc à M. de Ligneul, pour lui proposer diverses combinaisons qui pouvaient, sinon prévenir, du moins retarder une catastrophe.

Les dames voulurent connaître ces combinaisons et le jeune praticien s'efforça de les leur faire comprendre. Mais dès qu'il eut commencé à débiter les termes de chicane, « purge des hypothèques, main-levée, opposition », la chanoinesse l'arrêta.

— Je ne saurais répéter tout cela à Roger, dit-elle avec découragement; je vous en conjure, attendez son retour, afin de lui expliquer en personne...

— Encore une fois, madame, c'est impossible; je

suis obligé de partir à l'instant même. On écrira à M. le comte pour lui exposer ce qu'il faut qu'il sache, et il donnera ses ordres... s'il en est temps encore.

— Voulez-vous dire que ses ordres pourraient arriver trop tard?

— Réellement, madame, je le crains; on a déjà laissé passer les délais légaux, et nous sommes dans l'impuissance de trouver des fonds pour désintéresser Noblat.

— Mon Dieu! que faire? dit Philippine avec angoisse en regardant sa nièce; il y a pourtant quelqu'un qui avait promis d'intervenir...

— Il est vrai, ma tante, répliqua Clotilde d'un ton amer; et hier encore j'avais conçu l'espoir... Mais le nouvel outrage que l'on a reçu a fait oublier les promesses.

— Il ne faut donc plus compter que sur nous-mêmes... Monsieur, poursuivit Philippine en s'adressant au clerc, vous paraissez être parfaitement au courant de nos affaires de famille et vous pourrez peut-être m'éclairer sur la valeur d'une idée qui m'est venue... Lorsque je cédai autrefois à mon frère ma part dans l'héritage paternel, quelques réserves ne furent-elles pas stipulées en ma faveur?

— En effet, madame la comtesse; et l'acte de cession est formel à cet égard... Vous vous êtes réservée une rente de deux mille francs, soit un capital de quarante mille francs, assurée par première hypothèque sur tous les biens meubles et immeubles de

M. Ligneul. Je ne sais, ajouta le jeune homme en souriant, si cette rente a jamais été payée...

— Elle l'a été, elle l'a été certainement, répliqua la chanoinesse d'un air de dignité; maintenant, monsieur, si je renonçais à mes droits sur cette rente, ne serait-il pas possible de se procurer immédiatement la somme dont mon frère a besoin?

— Sans aucun doute; on trouverait aisément vingt mille francs sur une première hypothèque de quarante mille, et M. Dumont avait songé à vous proposer...

— Que Dieu soit loué! interrompit la chanoinesse avec vivacité, voici enfin un moyen de salut... Vous direz à votre patron que je renonce à mes priviléges en faveur de la personne qui nous prêtera ces vingt mille francs, je signerai tous les actes nécessaires... Et tenez, voulez-vous que j'écrive à M. Dumont pour lui apprendre ma volonté?

— C'est inutile; il suffira que je lui répète... Cependant, madame la comtesse, poursuivit le clerc avec embarras, vous devriez réfléchir avant de prendre une décision aussi grave. Les choses pourraient tourner de telle sorte...

— Monsieur a raison, ma tante, dit Clotilde toute émue, et mon père certainement n'acceptera pas ce sacrifice de votre part... Oui, je vous l'affirme, il ne consentira jamais à vous arracher ce misérable débris de votre fortune passée!

Clotilde pleurait et la comtesse elle-même donna libre cours à ses larmes:

— Chère enfant, reprit-elle, si quelqu'un doit se

plaindre de cet arrangement, c'est toi, toi seule... Je voulais, le jour de ton mariage, te faire présent de cette somme, en souvenir de ta pauvre tante, de ta seconde mère, qui te quittera bientôt...

— Ma tante, je vous supplie...

— Il n'y a pas d'illusion possible, Clotilde, et il faut que tu t'habitues, dès à présent, à cette pensée de ne plus me voir. C'est donc à toi seulement qu'il faut songer, et si tu renonces à cet avantage...

— Mon devoir à moi, ma bonne tante, est de tout sacrifier à mon père; mais il n'en est pas ainsi de vous. Laissez-moi espérer que vous vivrez encore longtemps pour être mon appui et la plus chère de mes affections en ce monde... Sauvez du naufrage ce débris de notre ancienne opulence, je vous en conjure; il nous sera bien nécessaire, quand viendront les mauvais jours.

— Allons! puisque pour ton compte tu renonces à cette somme en faveur de ton père, il n'y a plus à hésiter... Pardonne-moi, mon enfant, d'accepter ton sacrifice.

Le clerc, pendant cette scène, s'était détourné avec respect. L'habitude des affaires de procédure n'avait pas encore desséché son cœur; des larmes sympathiques coulaient de ses yeux. Bientôt la chanoinesse lui dit, en cherchant à raffermir sa voix :

— Ma résolution est irrévocable, monsieur, et je vous prie d'en donner l'assurance à votre patron. Maintenant, comme chaque minute est précieuse, c'est moi qui vous invite à partir au plus vite, pour prendre les mesures exigées par les circonstances.

Le clerc s'inclina profondément et sortit. De l'escalier, il entendait encore les sanglots des deux pauvres femmes qui s'abandonnaient à leurs élans de tendresse et de douleur.

Pendant que ceci se passait au château, voyons ce que faisait le comte de Ligneul.

A peine hors de chez lui, il s'était mis en chasse et tirait coup sur coup, si bien qu'au bout de quelques instants ses deux gardes furent chargés de gibier. Ses pas, d'abord chancelants, s'étaient raffermis ; son visage, pâli par la souffrance, s'était coloré rapidement.

— Morbleu! disait-il, je ne me suis jamais senti si dispos! Jamais ma main n'a été plus ferme, mon coup d'œil plus juste... Décidément mon système vaut mieux que celui de cette bonne vieille ganache de docteur, et je m'en trouve à merveille... Mais, à propos, où sont donc les chers voisins qui faisaient tant de bruit tout à l'heure?

— Les frères Barbizot, reprit le garde, se sont dirigés vers la rivière, en gens bien appris, dès qu'ils ont entendu le fusil de monsieur le comte... Quant au Parisien de la Folie, il doit être là-bas, dans le taillis du père Antoine... Et, tenez, n'est-ce pas lui que j'aperçois sur la lisière du bois ?

Le comte écarta avec précaution les branchages d'une haie qui se trouvait devant lui et jeta un regard avide dans la direction indiquée.

La contenance de M. Louis n'était pas de nature à éveiller l'esprit de rivalité d'un chasseur. Assis à l'ombre d'un chêne, un livre à la main, il prenait par intervalles des notes au crayon sur un carnet. Son fusil et son chapeau étaient déposés sur le gazon à côté de lui, et il demeurait absorbé par son travail. A quelques pas plus loin, le petit paysan qui le suivait d'ordinaire pour porter son carnier, était étendu sur l'herbe et dormait avec béatitude. Seul Phanor continuait de battre les bruyères et les buissons environnants; mais, découragé par l'inutilité de ses arrêts, il revenait de temps en temps vers son maître en faisant entendre des plaintes.

Ce tableau était fort différent de ce que le comte et ses gardes attendaient, mais il ne tarda pas à changer.

Phanor, en rôdant dans les halliers, fit partir un lièvre qui, trompé par le silence et l'immobilité de M. Louis, accourut de toute sa vitesse. On sait que le lièvre, dont les yeux sont placés à l'arrière de la tête, ne voit pas devant lui, et celui-ci, poussé du reste par le chien, se jeta sur le liseur avec tant d'impétuosité qu'il faillit le renverser.

— Sur ma foi! voilà qui est trop fort, dit M. Louis en riant; je suis dans le cas de légitime défense.

Et saisissant son fusil, il fit feu. sans même se lever. Quelques minutes après, Phanor rapportait d'un air triomphant l'imprudent lièvre à son maître.

Le coup pouvait ne pas réussir et n'était peut-être qu'un effet du hasard. Néanmoins les spectateurs demeurèrent émerveillés de cette adresse.

— Vous voyez, le Parisien était à l'affût! dit Aubinet.

— Mais « ce monsieur » est un tireur de premier

9

ordre! reprit le comte avec agitation; je ne ferais pas mieux, je ne ferais peut-être pas si bien... Il faut aviser à nous délivrer au plus tôt de ce gaillard-là, Aubinet; il le faut!

— Je ne demande pas mieux; mais comment? Il est toujours sur les terres d'Antoine, et nous n'avons aucune prise sur lui.

— Arrange-toi; trouve une ruse... Je veux qu'on m'en débarrasse à tout prix.

Aubinet réfléchit un moment.

— Tenez, monsieur le comte, reprit-il enfin en clignant des yeux, je crois que j'ai votre affaire... Mais il faudrait pour cela, et aujourd'hui même, trois cents francs... payés comptant

Ces mots *payés comptant* étaient prononcés par le garde comme s'il eût prévu qu'ils pouvaient refroidir l'ardeur de son maître. Cependant il se trompait.

— Trois cents francs! répéta le comte, je crois que je les ai chez moi... Je les destinais à acheter quelques fanfreluches pour ma fille et pour ma sœur; mais si tu peux répondre que tu me débarrasseras de cet importun, je te les remettrai ce soir même... Que comptes-tu faire?

Aubinet lui expliqua en peu de mots le plan qu'il avait conçu.

— Très-bien! dit M. de Ligneul tout joyeux; le moyen est infaillible... Eh bien! aussitôt que nous serons rentrés, tu te mettras à la besogne, et dès demain nous prendrons le Parisien comme dans un filet.

Voyant que celui dont ils parlaient s'était replongé dans sa lecture, ils continuèrent leur chasse, et ne revinrent au château qu'assez tard, épuisés de fatigue mais chargés de gibier.

XI

LE PIÉGE

Le lendemain, dans la matinée, M. Louis se trouvait seul dans le pavillon en forme de tour ruinée, qu'il avait adoptée pour cabinet de travail, et dépouillait une volumineuse correspondance arrivée récemment. Peut-être cette opération devait-elle l'absorber longtemps encore, lorsque des rires et des cris joyeux, partant du dehors, lui annoncèrent la visite de sa famille. En effet, la porte s'ouvrit, mais les enfants restèrent à jouer sur la terrasse, et madame Hélène seule entra dans le pavillon.

Elle s'approcha doucement de Louis, qui achevait la lecture d'une lettre, et, écartant les boucles de cheveux bruns qui ornaient son large front, elle lui donna un baiser.

— Eh bien, mon ami, dit-elle d'un ton caressant, ne comptez-vous pas sortir aujourd'hui? Le temps est délicieux.

— C'est vrai, ma chère ; mais, vous le voyez, j'ai beau me cacher, renier la moitié de mon nom, les lettres savent toujours me découvrir.

— Ce sont les charges de la célébrité ; vous avez tant de crédit et vous êtes si bon! Aussi vraiment, il y a des moments où je suis furieuse contre les gens de ce pays qui vous traitent... comme un de leurs pareils !

— Bah! que nous importe, Hélène? La vie qu'on mène ici n'est-elle pas préférable à la vie fiévreuse et dévorante de Paris? Ici, du moins, on respire, on pense, on n'appartient qu'à sa famille et à soi-même... Eh bien! Hélène, vous avez raison, ajouta-t-il en rejetant sur la table les paperasses qu'il feuilletait; à demain les affaires sérieuses! Nous allons déjeuner, et puis je ferai un tour de chasse... Je crois, ma foi! que j'y prends goût!

— Et j'en remercie Dieu, mon bien-aimé Louis! Depuis que vous vous livrez à cet exercice, vos joues sont moins creuses, votre teint devient meilleur; l'appétit et le sommeil vous sont revenus... Et pourtant, Louis, ajouta Hélène avec timidité, vous n'employez pas à chasser tout le temps que vous passez hors de la maison... Vous emportez encore des livres dans vos poches...

— Maudite soit votre police féminine, ma chère! dit Louis en riant; comment avez-vous pu savoir... Je gage que c'est mon petit porte-carnier qui vous aura fait ces rapports? Pour le punir, j'irai désormais à la chasse tout seul. J'ai bien assez d'être constamment surveillé par les gardes de M. de Ligneul;

je les rencontre partout et toujours. Jules Fortin m'a engagé particulièrement à me défier du garde principal Aubinet dont, il est vrai, la figure ne me revient guère.

— Eh! mon ami, dit madame Hélène avec un peu de dédain, un homme « tel que vous » peut-il craindre un simple garde-chasse, un valet?

— Oui, ma chère, c'est un valet, il porte une livrée et il appartient à un maître dont il doit servir toutes les rancunes et tous les caprices. Mais ce valet est « assermenté », et en cette qualité la loi lui donne presque l'autorité d'un magistrat en certaines matières. Ainsi, s'il plaisait à maître Aubinet ou à quelqu'un de ses pareils de m'accuser d'un délit commis sans témoin, un homme « tel que moi » serait obligé de comparaître devant un tribunal; et, si je niais le fait imputé, je ne serais pas cru, tandis que le garde, qui est certainement un ivrogne et un drôle, serait cru en sa qualité de fonctionnaire assermenté; puis je serais bel et bien condamné aux frais et à l'amende... La loi est ainsi, ma chère, et nous n'y pouvons rien.

— Cependant, mon ami, j'aime à croire que l'on y regarderait à deux fois, avant de vous molester... Mais à propos de M. Jules Fortin, ne viendra-t-il pas aujourd'hui? C'est la seule personne *possible* dans ce pays de sauvages, et les enfants raffolent déjà de lui.

— Le pauvre garçon a dû prendre hier le chemin de fer pour Paris, et il ne sera pas de retour sans doute avant demain soir. Il a eu, paraît-il, de nouvelles contestations avec son père, et je me suis déterminé à intervenir en sa faveur de la manière la plus active. Je lui ai donné une lettre pour le banquier M***, et une autre pour mon vieil ami le ministre D****; il me rapportera de bonnes nouvelles de l'un et de l'autre, je l'espère.

— Mais alors, M. Jules sait votre véritable nom?

— Ah ça! ma chère Hélène, répliqua Louis avec gaieté, vous imaginez-vous que mon nom puisse produire, ici ou ailleurs, l'effet du nom de Il Bondocani, dans *le Calife de Bagdad?*... Je pourrais le proclamer, je crois, sur la grande place de Fontenay, sans que pas un de ceux qui l'entendraient prononcer le connût déjà... pas même ce *fort chasseur*, le comte de Ligneul, qui, dit-on, n'a lu quoi que ce soit depuis plus de trente ans! Seul, Jules Fortin est capable de le connaître, et en vérité, il est le seul ici dont la sympathie ait du prix à mes yeux... Mais que font donc les enfants? on ne les entend plus!

Pendant cette conversation, M. Louis et Hélène avaient mis en ordre les livres et papiers dont la table était chargée. Cette besogne terminée, ils sortirent de la tour et se disposaient à regagner la maison, quand ils eurent l'explication de la tranquillité de Julie et de Zoé, habituellement si bruyantes.

Les deux petites filles, penchées sur le parapet, regardaient avec une attention soutenue dans le parc de la Motte-Blanche. Elles se haussaient sur la pointe des pieds et se faisaient un abat-jour avec leurs mains mignonnes, pour se garantir de la lumière trop vive. Le père et la mère s'approchèrent en silence et regardèrent par-dessus leur tête ce qui les occupait ainsi.

C'était une dame qui errait dans les allées solitaires et mal entretenues du parc. Elle était nu-tête, mais elle tenait à la main une ombrelle qui projetait un faible reflet rose sur son visage d'une blancheur de marbre. Elle marchait à pas lents, les yeux baissés, comme accablée par la souffrance et le chagrin.

On a deviné Clotilde de Ligneul, que sa tante obligeait chaque jour à faire une promenade dans le parc, et qui accomplissait en ce moment sa tâche quotidienne.

— C'est « la demoiselle qui pleure », dit la petite Julie d'une voix contenue; ma sœur et moi, nous la voyons souvent, et elle a toujours des larmes dans les yeux... Mais quand elle passe près de nous, elle se met à sourire... Vous allez voir!

Clotilde, en effet, s'avançait de son pas languissant, et, se croyant sans témoin, laissait librement couler de grosses larmes sur ses joues. Tout à coup Julie et Zoé lui crièrent à l'unisson du haut de la terrasse :

— Bonjour, mademoiselle!

Clotilde tressaillit et se redressa ; en reconnaissant ses petites amies, elle leur envoya le sourire habituel, accompagné d'un léger signe de main. Mais, apercevant en même temps le père et la mère, elle rougit, et après avoir salué précipitamment, elle disparut au détour d'une allée.

— Pauvre fille! dit M. Louis; elle n'a que trop sujet de pleurer! Elle ne se doute même pas que des amis inconnus travaillent à sécher ses larmes!

Une heure plus tard, M. Louis, le fusil sur l'épaule,

et sans autre compagnon que son fidèle Phanor, parcourait les guérets et les landes des environs de Fontenay. Il était plein d'ardeur et n'avait, ce jour-là, d'autre préoccupation que de lutter de ruses avec le gibier. Aussi avait-il déjà fait plus d'une victime, quand il fut interrompu au milieu de ses exploits.

Un vieux paysan, qui arrachait des pommes de terre dans un champ voisin, l'observait du coin de l'œil. Quand Louis fut à portée, il se redressa brusquement et l'aborda d'un air mystérieux.

— C'est vous, monsieur, lui dit-il à voix basse, qui êtes le Parisien... c'est-à-dire le locataire du marquis? Venez donc un peu par ici que je vous dise un mot.

Et il lui désignait une haie épaisse, qui devait les mettre à l'abri des regards indiscrets.

— Volontiers, mon brave, répliqua Louis un peu surpris de ces précautions.

Dès qu'ils furent cachés par une touffe de prunelliers, le paysan reprit avec embarras :

— Je vous guette depuis ce matin, et il ne faut pas qu'on nous voie, car j'ai donné ma parole... Vous ne me connaissez pas? ajouta-t-il en souriant; je suis le père Antoine... On cause pourtant assez de moi dans le pays!

— Et je suis votre obligé, père Antoine, car vous avez bien voulu, à la recommandation de M. Fortin, m'autoriser à chasser sur vos propriétés.

— C'est vrai, ça, que je vous ai autorisé... et j'ai quarante-deux morceaux de terre, bientôt peut-être quarante-trois... Mais, voyez-vous, monsieur, le vent a tourné... et puis il n'y avait rien d'écrit.

— Où voulez-vous en venir, père Antoine? Expliquez-vous, je ne vous comprends pas.

— Vous allez comprendre; mais je tiens à vous narrer la chose en douceur... J'ai loué ma chasse, hier au soir, à M. de Ligneul. L'acte est signé, et il n'y a plus à revenir là-dessus... Voilà!

— C'est-à-dire qu'il ne me sera plus permis de chasser sur vos terres... N'est-ce pas cela?

— Tout justement; vous sentez, mon bon monsieur, que je ne peux donner pour rien ce qui vaut de l'argent... Avec ça que j'avais besoin de fonds pour pousser les enchères du pré de Simon-Pierre, dont l'adjudication aura lieu prochainement. Hier au soir, Aubinet est venu chez moi, il m'a entortillé, il m'a montré de l'argent comptant... Ah! s'il n'y avait pas eu d'argent comptant, vrai! j'aurais refusé net.

— Il suffit, mon brave, vous êtes dans votre droit, et j'aurais tort de me plaindre.

— C'est cela; ma foi! il n'y a que les gens bien éduqués pour prendre le bon côté des choses... Mais ce n'est pas tout : j'ai dans l'idée que l'on veut vous jouer un mauvais tour. Ce finassier d'Aubinet m'a expressément recommandé de ne souffler mot à personne, à vous surtout, de notre marché. Comme ça, si vous allez bonnement tirer un coup de fusil sur un de mes quarante-deux morceaux de terre, sans penser à rien, vous verrez apparaître un garde qui vous déclarera procès-verbal...

— Allons donc! ce serait un ignoble guet-apens!

— Je ne dis pas le contraire, mais cela se fait dans les pays de chasse... Seulement, moi qui suis brave homme, je n'entends pas me prêter à la chose. J'ai promis tout ce qu'on a voulu; mais, depuis ce matin, je suis à vous guetter pour vous avertir... Il ne mange pas de ce pain-là, le père Antoine!

— Vous êtes, en effet, le plus honnête et le plus délicat des hommes, dit M. Louis, avec une ironie si fine que l'autre ne la sentit pas; mais est-il possible que M. de Ligneul ait trempé dans cette intrigue?

— Faut croire; les chasseurs, vous savez!... Et tenez, la preuve qu'il y a trempé, comme vous dites, c'est que peut-être est-il caché là-bas, avec ses gardes, dans les fonds de la Lande-Rouge où vous allez tous les jours... Je ne dis pas qu'il y soit, poursuivit le vieux paysan en roulant ses yeux, mais il se pourrait qu'il y fût tout de même... Ainsi donc, défiez-vous et ne vous laissez pas pincer.

— Merci, je tâcherai.

Et M. Louis voulait poursuivre sa route.

— Un dernier mot, reprit le père Antoine; peut-être bien que M. le maire ou M. le conseiller Jules va me tarabuster à cause que j'ai loué ma chasse... Mais vous serez bien gentil, monsieur, vous qui savez manier la parole, d'arranger l'affaire avec eux. Voyez-vous, un pauvre homme a besoin de ce qu'il a... Trois cents francs ne se trouvent pas facilement, et M. Fortin n'a même pas voulu me prêter cinquante pistoles pour acheter le pré de Simon-Pierre.

— C'est bon, c'est bon, interrompit M. Louis impatienté; aucune récrimination ne s'élèvera de mon côté, je vous l'affirme.

— Adieu donc, monsieur... mon bon monsieur... mon digne monsieur, répliqua le paysan d'un ton cajoleur, et n'oubliez pas les fonds de la Lande-Rouge!

Puis, convaincu qu'il venait d'accomplir le trait le plus méritoire, il retourna tranquillement à son champ de pommes de terre.

M. Louis, en s'éloignant, était tout pensif. Ces tracasseries, qui se jetaient à travers l'idylle de sa vie présente, lui causaient un véritable dégoût.

— Ainsi donc, disait-il, malgré la modestie et la simplicité de mes allures, je me suis attiré la haine jalouse de ce gentilhomme campagnard, car c'est lui évidemment qui dirige cette ridicule machination... Si pourtant je partageais ses mesquines passions, comme la vengeance me serait facile!

Il fit quelques pas en silence.

— Bah! reprit-il enfin sans amertume, vais-je prendre au sérieux de pareilles misères? Ne vaudrait-il pas mieux en rire?... Et parbleu! je le ferai. On me déclare la guerre, une joyeuse petite guerre de ruses et de finesses; je l'accepte. Ah! monsieur de Ligneul, mon méchant voisin, vous jetez au vent une somme qui, je le sais, est prélevée sur les premiers besoins de votre famille, vous ameutez vos gardes, vous vous mettez vous-même bassement en embuscade, et tout cela pour empêcher un paisible citadin de chercher à la chasse un divertissement salutaire à sa santé? Eh bien! je vous prouverai que je suis un adversaire digne de vous.

Après avoir imaginé rapidement son plan de campagne, il s'empressa de l'exécuter. Il rappela auprès de lui son chien Phanor, toujours trop disposé à s'emporter sur la piste du gibier et il se dirigea vers les fonds de la Lande-Rouge; mais il ne marchait plus droit devant lui et avec assurance, comme précédemment. Doué d'une mémoire prodigieuse, il savait le nom des propriétaires de tous les champs qu'il traversait, et il évitait avec habileté ceux qui appartenaient au père Antoine.

En approchant de la Lande-Rouge, il entrevit de loin, dans un de ces bouquets de bois appelés « remises » un groupe d'hommes qui semblaient être aux aguets. Sitôt qu'il se montra, ils se hâtèrent de disparaître dans le taillis. Quant à lui, il continua d'avancer sans tourner la tête; mais il se disait:

— Attention! voilà l'ennemi!... Maintenant que j'ai reconnu sa position, il s'agit de lui donner un échantillon de mon savoir-faire.

Il se mit à parcourir les champs du voisinage à pas posés, et en apparence avec une sécurité parfaite; mais en prenant toujours grand soin de rester sur les terres de M. Fortin ou des autres propriétaires qui lui avaient permis la chasse. Il parlait continuellement à son chien pour l'empêcher de s'écarter. Plusieurs fois on put supposer que, par distraction ou par excès d'ardeur, il allait lui-même franchir les limites et tomber dans le piège qui lui était préparé; mais il savait s'arrêter à temps, et quand on le croyait près de s'engager sur le canton défendu, il faisait volte-face. Bien plus, ayant aperçu Aubinet, qui s'était séparé des autres et le suivait de buisson en buisson, il s'amusait à tromper le garde par des feintes habiles. Tout cela ne l'empêchait pas de chasser avec succès: son fusil tonnait fréquemment; perdreaux et cailles s'entassaient dans son carnier.

Plus d'une heure se passa ainsi, et M. Louis s'arrangea pour battre tous les champs qui environnaient la remise. Malgré sa gravité habituelle, il trouvait un plaisir extrême à ce jeu, et ne songeait guère à tirer un livre de sa poche, comme cela lui arrivait parfois. Il se divertissait surtout à voir le gros Aubinet se traîner d'arbre en arbre, souvent sur les genoux et sur les mains, pour continuer sa surveillance inutile. Cependant le frêle Parisien finit par se lasser de ses malices, et d'ailleurs l'heure à laquelle il rentrait d'ordinaire était arrivée. Il rappela son chien, jeta son fusil sur l'épaule, et regagna un chemin voisin, non sans avoir lancé un regard moqueur vers le petit bois où il savait le comte de Ligneul.

Or, le succès de son espièglerie était plus grand et plus complet encore qu'il ne l'avait espéré. Le comte, dont un exercice trop violent avait envenimé les blessures, s'était couché sur le gazon et avait suivi de l'œil les manœuvres de M. Louis ainsi que les contre-manœuvres d'Aubinet. Qu'on juge de sa colère en voyant l'inutilité de ses efforts et de ses sacrifices pour expulser un odieux rival! Ses traits étaient décomposés; chaque coup de fusil tiré en sa présence par M. Louis avait retenti dans son âme; et quand il vit enfin le Parisien se retirer tranquillement, il ne put retenir un juron des plus énergiques.

Sa colère retomba sur Aubinet, qui revint quelques moments plus tard, tout haletant, tout en sueur, l'air consterné et l'oreille basse.

— Tonnerre! tu l'as donc laissé partir? s'écria M. de Ligneul avec un accent de rage.

— Monsieur le comte a pu voir par lui-même, répliqua humblement le garde, qu'il n'y avait aucun moyen de le prendre en faute. Sans doute quelqu'un l'aura averti, car il n'a pas posé le pied une seule fois sur les terres du père Antoine. Peut-être même est-ce Antoine qui a manqué à sa parole; le vieux sournois ne se soucie pas de se brouiller avec le maire!

— Eh! que sais-je, moi, si c'est Antoine ou un autre qui a prévenu ce maudit aventurier! Tout le monde me trompe et me trahit... Je viens de constater qu'après seulement quelques jours de chasse, la moitié de mon gibier a disparu, quand je paye, pour le garder, un tas de fainéants qui me grugent... Sans doute on me croit déjà ruiné, et chacun veut avoir sa part du butin... Mais je trouverai encore le temps de vous congédier tous, mauvais serviteurs que vous êtes!

Les gardes écoutaient ces reproches d'un air consterné.

— Que veut donc que je fasse monsieur le comte? reprit Aubinet avec découragement.

— Cela te regarde; ai-je besoin de dire ce qu'il faut faire, quand on dépeuple ainsi les propriétés confiées à ta surveillance? Je finirai par croire que vous vous entendez avec les braconniers qui, soit de jour, soit de nuit, me volent avec tant d'audace.

Ce reproche, bien qu'il fût lancé au hasard et dans un accès d'emportement, ne pouvait manquer d'impressionner Aubinet. Aussi le garde devint-il blême, et il s'écria en levant les yeux et les mains au ciel :

— Seigneur Dieu ! est-ce mon bon maître qui me parle ainsi ? Moi, qui ne néglige rien pour remplir mon devoir et qui ne passe pas dans mon lit une nuit sur trois, par tous les temps et toutes les saisons ! Les gens du pays m'ont en horreur, car je les espionne sans cesse. Je suis toujours par monts et par vaux... Monsieur le comte saura bientôt si j'ai les yeux ouverts ! Il y a des braconniers qu'on ne soupçonne pas... Et quand on connaîtra le rapport que mes camarades et moi nous sommes en train de terminer sur les événements de l'autre nuit dans le parc...

— Allons donc ! interrompit M. de Ligneul avec colère, on sait bien que vous n'avez vu et arrêté personne... Mais je ne prendrai pas le change... Il s'agit pour le moment de « ce monsieur » qui me narguait là, tout à l'heure, avec tant d'audace. Pourquoi ne l'as-tu pas suivi ? une occasion pouvait se présenter...

— Eh ! monsieur le comte, n'avez-vous pas vu qu'il regagnait le grand chemin, comme si sa chasse était finie ?

En ce moment un coup de fusil retentit à quelque distance.

— Tiens ! voilà comme sa chasse est finie ! reprit le comte avec rage, et le coup semble venir du champ des Mauves, qui nous appartient d'après le nouveau bail... Morbleu ! puisque personne ne veut le surveiller, je le surveillerai, moi !

Il essaya de se relever; mais il éprouva une douleur si vive qu'il ne put retenir un cri et retomba sur le gazon.

— Que l'enfer me confonde! dit-il avec un mélange de tristesse et de colère. Cet âne de docteur avait-il raison? Faudra-t-il donc que je me remette au lit et que je renoue connaissance avec les onguents et les emplâtres?

Aubinet sembla prendre son parti tout à coup.

— Inutile de vous fatiguer, monsieur le comte, dit-il d'un ton résolu, je ferai bien seul... Puisque le Parisien est encore en chasse, je vais peut-être avoir ma revanche.

En même temps, il toucha sa casquette galonnée et s'éloigna en courant.

M. Louis, après son innocente mystification à l'encontre du comte et de ses gardes, avait eu en effet l'intention de rentrer à sa demeure par le plus court. Mais il avait compté sans cette passion de chasseur qui s'était aussi réveillée en lui, quoique dans de sages mesures. Comme il suivait le chemin pour regagner la Folie, Phanor, auquel il ne songeait plus, tomba en arrêt devant un chaume voisin, d'où il fit lever une compagnie de perdreaux. Tenté par l'occasion, Louis tira le coup de fusil qui avait attiré l'attention de M. de Ligneul et de ses gens.

Cependant ce coup ayant été tiré de trop loin et ayant été perdu, M. Louis voulut prendre sa revanche; et, comme les perdreaux s'étaient remisés dans une luzerne où il avait droit de chasse, il alla les chercher. Bientôt la compagnie partit de nouveau et, cette fois, il abattit une victime. Satisfait de sa victoire, il allait regagner le chemin, quand un léger bruit lui fit retourner la tête. Aubinet venait d'apparaître tout à coup et s'avançait d'un pas cauteleux, en mettant bien en évidence la plaque argentée qui était l'insigne de ses fonctions.

M. Louis rencontrait si souvent le garde, qui semblait prendre à tâche de le harceler et de mettre sa patience à l'épreuve, qu'il ne se montra ni surpris ni alarmé en le voyant. Il se contenta de sourire avec malice et continua d'avancer. Mais Aubinet ne tarda pas à l'atteindre et ôtant sa casquette, il dit de ce ton patelin et mielleux qu'il savait prendre au besoin :

— Bonjour, monsieur... Monsieur est descendu de bonne heure en plaine aujourd'hui?... Aussi monsieur a fait une jolie chasse, à ce qu'il paraît?

— Oui, oui, pas mauvaise, répliqua Louis en marchant toujours.

Mais le garde, malgré son embonpoint, marchait aussi vite que lui.

— Il n'est pas étonnant que monsieur tue du gibier, poursuivit Aubinet doucereusement; il est si adroit !... Et puis il a un excellent fusil... et un si bon chien !... Seulement, monsieur vient de « mettre au droit » sur un perdreau, là, dans le champ des Mauves qui appartient au père Antoine, mais dont mon maître, M. le comte de Ligneul, a loué la chasse. Monsieur se trouve donc en contravention, et c'est avec beaucoup de regret que je me vois obligé de lui déclarer... PROCÈS-VERBAL !

M. Louis fit un bond comme s'il eût marché sur une vipère et s'arrêta..

— Hein ! que dites-vous donc, bonhomme ? demanda-t-il d'un air stupéfait ; j'ai tué une perdrix dans la luzerne de M. Fortin et je n'ai pas approché du champ des Mauves, je l'affirme de la manière la plus formelle.

Aubinet haussa les épaules en souriant.

— Hum ! tout mauvais cas est niable et monsieur veut se tirer d'affaire... Mais ça ne prendra pas avec un vieux routier tel que moi... J'ai très-bien vu monsieur « peloter » un perdreau dans le champ des Mauves, pendant que j'étais caché là-bas derrière cette touffe d'ajoncs... et je lui déclare procès-verbal.

L'assertion du garde était complétement fausse.

— Comment ! misérable, s'écria M. Louis révolté de cette effronterie, vous osez soutenir...

— Allons ! pas d'injures, interrompit Aubinet d'un ton dur qui contrastait avec ses intonations mielleuses de tout à l'heure ; si vous m'insultez, je serai forcé de le consigner dans mon rapport.

— Tenez, je veux croire encore que vous vous méprenez de bonne foi... Je vous le répète, j'ai tiré là-bas, dans la luzerne, tout près de ce petit chêne ; et il vous est facile de vous assurer...

— A quoi bon ? J'ai vu ce que j'ai vu... Après cela, si vous prétendez autre chose, vous le direz au tribunal et l'on vous croira... si l'on veut.

M. Louis comprit alors clairement que tous ses raisonnements seraient inutiles avec un homme déloyal et qui, selon toute apparence, servait les basses rancunes de son maître.

— Il suffit, reprit-il avec dignité; je ne m'abaisserai pas à discuter davantage... Seulement, croyez-moi, cette drôlerie n'aura de bons résultats ni pour vous, ni pour ceux que vous servez!

En même temps, il tourna le dos au garde qui, nous devons le dire, paraissait fort embarrassé de sa contenance, et il partit.

Quelques instants plus tard, Aubinet rejoignait M. de Ligneul et ses compagnons à la Lande-Rouge. Maintenant il était radieux et triomphant.

— C'est fait, monsieur le comte! s'écria-t-il.

— Qu'y a-t-il donc? demanda M. de Ligneul en se levant avec effort; aurais-tu pris en faute ce damné Parisien?

— Certainement, monsieur le comte, et je viens à l'instant de lui déclarer procès-verbal.

— Tu as fait cela, Aubinet, mon brave Aubinet? s'écria M. de Ligneul transporté de joie; quelle victoire! Tu auras vingt francs de gratification, outre ta part dans l'amende à laquelle sera condamné le braconnier.

Cette promesse ne causa au garde qu'une joie médiocre.

— Monsieur le comte est bien bon, répliqua-t-il d'un ton un peu railleur; mais sans doute cette gratification me sera payée en même temps que mes gages...

— Tu l'auras ce soir, en rentrant à la maison... quand ce serait ma dernière pièce d'or!

XII

LE CONFLIT DE CHASSEURS

Le lendemain, dans la matinée, M. Louis était le prétexte d'une grande agitation à Fontenay. Sans qu'on sût comment, la nouvelle venait de se répandre que, la veille, le garde Aubinet avait « déclaré procès-verbal » au locataire de la Folie, dans un champ appartenant au père Antoine, mais dont M. de Ligneul avait secrètement loué la chasse l'avant-veille. Ainsi l'on ignorait le véritable état des choses ; mais cette circonstance seule que M. Louis n'avait pas été averti de la convention conclue entre Antoine et le comte, révoltait la plupart des habitants du pays, surtout les chasseurs. On disait hautement que le despotisme du propriétaire de la Motte-Blanche et l'insolence de ses gardes devenaient intolérables ; que l'avanie faite à un homme « comme il faut » ami du marquis de Saint-Firmin, était une honte pour tous.

Les partisans peu nombreux de M. de Ligneul

essayaient bien de soutenir qu'il y avait justice à malmener ces « Parisiens » qui venaient à Fontenay « manger le sec et le vert »; mais la majorité de la population n'était pas de cet avis, si bien que les discussions s'échauffaient, les têtes se montaient, et cet événement, d'assez mince importance, prenait des proportions énormes dans le village.

C'était dans un groupe, formé sur la place, non loin de la demeure de Fortin, que se traitaient avec le plus de chaleur les graves questions soulevées par l'acte d'Aubinet. Là se trouvaient divers petits bourgeois et petits propriétaires, les frères Barbizot, qui étaient meuniers, le forgeron, le maître d'école, tous représentant le parti avancé et l'opposition contre le comte de Ligneul. M. Fortin, le maire de la commune, ne tarda pas à s'approcher aussi, avec sa redingote rapée et sa casquette monstrueuse, mais d'un air distrait, préoccupé; il ne disait rien et se contentait d'écouter en haussant parfois les épaules.

Le parti contraire était représenté par un vieux sacristain, avec lequel Aubinet buvait souvent à l'auberge, par un neveu d'Antoine, qui défendait son oncle absent, enfin par Taillefer et Poulinet, dont le nom a été déjà prononcé dans ce récit, et que l'on savait être des braconniers incorrigibles. Personne, du reste, n'eût pu mieux donner d'éclaircissements à ce sujet, qu'un individu qui venait de se joindre au groupe tout à coup. Il paraissait arriver de voyage et portait ses souliers ferrés au bout d'un bâton ainsi qu'un bissac troué qui contenait tout son bagage. A sa taille courte et trapue, à son énorme tête, à sa figure bestiale, on reconnaissait Jean Legoux, surnommé Grain-de-Sel.

— Ah ça! disait-il en affectant une bonhomie grossière, il y a donc toujours grabuge ici à cause de cette maudite chasse? Cette fois on ne pourra pas dire que je suis pour quelque chose dans l'affaire; j'arrive de la Beauce où je suis allé travailler à la moisson. Si je reviens longtemps après les autres, c'est que je suis tombé du haut d'une meule de foin et que j'ai failli me rompre le cou. Je suis resté malade plus de quinze jours chez le fermier et, encore maintenant, mes côtes ne sont pas des plus solides. Enfin me voici et je vais embrasser la mère Legoux... qui n'a pas dû avoir tout roses en mon absence, la pauvre vieille!

Quelques sourires sceptiques accueillirent cette tirade sentimentale; nul n'ignorait que le vaurien n'était pas des plus tendres pour sa mère. Il poursuivit imperturbablement :

— Comme ça M. Aubinet a fait encore un procès-verbal à un bourgeois? Eh bien! je n'y vois pas grand mal, moi; ces bourgeois ont le moyen de payer... M'en a-t-il fait de ces procès-verbaux, M. Aubinet! Je ne lui en veux pas pour cela. Il est malin et il est ferme, mais il est juste.

— Oh! pour juste, il est juste, répéta Poulinet d'un air capable.

— Et puis vraiment, dit Taillefer l'autre affilié de la troupe, ce Parisien détruit tout sur la chasse commune; on n'y trouve déjà plus ni lièvres ni perdreaux.

— C'est que sans doute quelqu'un l'aide à la besogne, dit tout à coup M. Fortin en lançant aux trois amis un regard moqueur. Peut-être Jacquet, le marchand de gibier, nous fournirait-il des renseignements précieux à cet égard.

Grain-de-Sel ne put retenir un mouvement de crainte; cependant il dit à M. Fortin en le saluant avec respect :

— Ah! c'est vous, monsieur le maire? Bonjour et la compagnie... Mais pour Dieu! qu'a donc à voir le voiturier Jacquet dans l'affaire dont il s'agit?

— C'est bon, c'est bon, on le saura plus tard, répliqua Fortin froidement.

En même temps, il se tourna vers l'extrémité de la rue, comme s'il se fût attendu à voir paraître quelqu'un dont le retard commençait à l'inquiéter.

Cette intervention du maire de Fontenay avait un peu intimidé Grain-de-Sel et sa bande; en revanche, le parti contraire relevait la tête.

— Le fait est, reprit l'aîné des frères Barbizot, que cet Aubinet s'imagine être le roi de la commune. Un de ces jours il voudra nous mener à coups de fouet... Croiriez-vous qu'il s'est vanté, hier soir, au cabaret Martin, d'obliger M. Louis à déguerpir avant huit jours?

— Pour le coup c'est trop fort, dit le maréchal-ferrant; nous ne devons pourtant pas laisser molester comme ça les bourgeois qui nous apportent leur argent et font aller le commerce; si l'on vexe M. Louis, il faudra le défendre.

— Oui, dit un autre, car s'il n'y avait plus d'habitants à la Folie-Saint-Firmin ce serait une perte pour le village... On prétend déjà que M. Louis ne veut plus sortir de chez lui.

— En voilà une bourde! s'écria Poulinet; si vous en doutez, père Guillaume, regardez derrière vous.

Tout le monde se retourna; celui dont on parlait, un fusil sur l'épaule et précédé de son chien, traversait tranquillement Fontenay.

M. Louis, en effet, n'avait pas eu un seul moment la pensée d'aller présenter ses excuses au comte, selon l'usage dans les contestations de chasse, et de lui offrir un dédommagement pécuniaire afin d'éviter le scandale d'un procès. Certain de n'avoir commis aucun délit, il était trop fier pour s'humilier devant la haineuse jalousie du maître, pour donner une prime au mensonge cynique du subalterne. Bien plus, voulant s'assurer jusqu'où pouvait aller le système de vexations organisé contre lui, il se rendait encore à la chasse ce jour-là, moins par bravade que par curiosité.

Quand il parut sur la place tous les regards se fixèrent sur lui, quoiqu'on n'osât lui adresser la parole. Il ne se montra pas embarrassé de cet examen pourtant assez indiscret. Après s'être incliné avec une politesse pleine d'aisance devant les notables de Fontenay, il allait passer outre; M. Fortin l'aborda :

— Eh bien, monsieur mon voisin, lui dit-il, vous vous faites donc des affaires avec les gardes de la Motte-Blanche? Heureusement que mon cerveau brûlé de Jules n'est pas ici pour le moment, car il n'eût pas manqué de prendre feu en cette circonstance.

Louis s'était arrêté.

— Quoi! monsieur le maire, demanda-t-il avec gaieté, vous connaissez déjà ce grand événement? Oui, je suis un « délinquant » et bientôt je serai « un repris de justice »... Aussi compté-je prier M. Jules Fortin, qui est avocat, je crois, de se charger de ma cause, car c'est sur vos domaines que j'ai été victime d'un acte monstrueusement arbitraire.

— Que dites-vous là, demanda le maire avec étonnement; n'avez-vous pas été pris en flagrant délit de chasse sur la terre des Mauves? Or la terre des Mauves appartient à ce vieux ladre de père Antoine... qui est subitement devenu invisible ce matin.

— Non, mille fois non, monsieur le maire, répliqua Louis avec plus de chaleur peut-être qu'il n'en voulait montrer; j'affirme, et je suis habitué à être cru, que le délit dont on m'accuse n'est pas réel; je n'ai pas un instant quitté vos terres ou celles des propriétaires qui m'ont obligeamment accordé le droit de chasse.

M. Fortin se tourna vers les notables :

— Entendez-vous cela, vous autres? reprit-il avec ironie; ma foi! il va bien Aubinet... et son maître aussi!... Mais peut-être en font-ils l'un et l'autre pour leur reste.

Et il regarda sa montre avec une impatience visible.

L'affirmation si précise de M. Louis avait redoublé l'effervescence des assistants.

— Voilà qui change diablement la thèse! s'écria

l'aîné des Barbizot ; ce n'est plus d'une ruse honteuse mais légale qu'il s'agit ; c'est d'un...

— C'est d'un *faux!* s'écria résolûment le maître d'école, qui se piquait d'érudition en matière de droit ; et pour un faux on va aux galères, c'est connu... Aubinet se serait mis dans de beaux draps si la chose était prouvée !

— Oui, mais il faut la prouver ! dit Grain-de-Sel.

M. Louis, ne se souciant pas de servir plus longtemps d'objet à ces commérages populaires, allait continuer son chemin quand le petit Jovinet, le polisson qui autrefois lui servait de porte-carnier, accourut tout haletant :

— Eh ! notre maître, demanda-t-il, comptez-vous chasser dans les fonds de la Lande-Rouge, comme d'habitude ?

— Certainement, mon garçon, sinon à la Lande-Rouge, dont je suis exclu, du moins sur les terres des environs.

— C'est que je viens de voir les gardes se couler de ce côté ; et M. de Ligneul, quoique malade, était avec eux. Ils se sont cachés derrière les cépées et Jacques, le fils au garde Bihoreau, m'a dit que si vous approchiez on vous ferait encore un procès-verbal.

— Eh bien ! ma foi, reprit Louis tranquillement, je tenterai l'expérience... Adieu, monsieur Fortin ; adieu, mes braves gens... Votre pays est giboyeux, mais je commence à croire qu'il n'est pas très-hospitalier.

Après son départ, l'irritation des habitants de Fontenay, qui maintenant formaient un rassemblement considérable, ne diminua pas.

— Ça va se gâter, je le crains! s'écria un chasseur; suivons M. Louis et voyons comment les choses marcheront... Si nous ne montrons pas un peu les dents cette fois, rien n'arrêtera plus le comte et ses gardes.

— Oui, oui, il faut qu'ils sachent que nous n'avons pas peur, dit un autre avec exaspération; prenons nos fusils, et si l'on fait une avanie à ce digne monsieur, nous serons là pour le soutenir.

— Allons-y tous! ajouta un troisième; la cause de M. Louis est la nôtre... et puis ce sera curieux à voir!

Les chasseurs rentrèrent donc chez eux pour s'armer de leurs fusils, tandis que les autres saisissaient des fourches et des bâtons.

Grain-de-Sel, se voyant presque seul avec ses deux associés, leur dit à voix basse :

— Je crois qu'il est prudent d'y aller aussi... On fait les bons apôtres et les gens ne se défient pas... Est-ce convenu?

— C'est convenu, répliquèrent ses camarades.

Cependant Grain-de-Sel, avant de partir, s'approcha de Fortin qui, distrait et rêveur, ne semblait ni s'alarmer ni même s'apercevoir de ce qui se passait.

— Véritablement, monsieur le maire, lui dit-il, ça pourra bien tourner mal par là-bas!... Les habitants du pays sont en colère, les gardes n'ont pas froid aux yeux et M. le comte trouvera des amis qui ne boudent pas non plus... Peut-être feriez-vous bien d'y donner un coup d'œil, sauf votre respect.

Fortin sortit de sa rêverie et, toisant dédaigneusement le braconnier, lui dit d'un ton sec :

— Qui te demande tes bons avis, à toi ? Garde-les pour toi-même ; tu en auras peut-être besoin avant peu.

Grain-de-Sel, d'abord déconcerté par cette boutade inattendue, répondit pourtant avec un redoublement d'humilité :

— Ah ça ! monsieur le maire, auriez-vous quelque chose contre moi ? Si cela était, faudrait me le dire, voyez-vous. J'arrive à l'instant même et je suis encore tout malade, rapport à ma chute du haut d'une meule... Je ne sais rien de rien, et je ne puis comprendre...

Comme Fortin ne l'écoutait pas, Grain-de-Sel lui lança un regard furieux et rejoignit ses compagnons.

En effet, toute l'attention du maire venait de se concentrer sur un nouveau groupe de gens qui faisaient en ce moment leur entrée dans le village. Ce groupe se composait d'un homme à cheval et de quatre piétons. Ces individus, en remarquant l'agitation qui régnait dans Fontenay, avaient manifesté quelque inquiétude et s'étaient serrés les uns contre les autres. Mais, comme on passait à côté d'eux sans paraître les voir, ils ne tardèrent pas à se rassurer et à reprendre contenance.

L'homme à cheval était l'huissier Martinaud ; et la qualité du chef une fois reconnue, il n'était pas difficile de deviner quatre recors dans les piétons qui l'escortaient.

— Enfin ! murmura Fortin ; je craignais... A présent « l'autre » peut arriver quand il voudra; il arrivera trop tard.

Il se détourna pour éviter de saluer l'huissier. Toutefois il avait adressé un clignement d'yeux à Martinaud, qui répondit par un imperceptible signe de tête.

Tout ce monde ayant disparu dans la direction de la Motte-Blanche, Fortin dit en se frottant les mains :

— J'ai intérêt maintenant à ce qu'on ne pousse pas les choses à l'extrême avec cet imbécile de comte... Je vais aussi descendre en plaine.

Cependant M. Louis, après avoir quitté Fontenay, s'était mis en chasse, comme à l'ordinaire. Déjà il avait tiré plusieurs pièces de gibier, lorsqu'il lui sembla entendre derrière lui une vague rumeur. S'étant retourné, il aperçut quelques personnes qui l'observaient de loin et semblaient le suivre. Il n'y avait rien là qui dût l'inquiéter ou le surprendre ; mais, à mesure qu'il avançait, des individus isolés ou des groupes se montraient non loin de lui sur tous les points à la fois. Outre que leur voisinage effarouchait le gibier, M. Louis devenait distrait, et s'occupait plus de ces rôdeurs tumultueux que du travail de Phanor, qui pourtant s'acquittait en conscience de ses fonctions habituelles.

Bientôt le chasseur atteignit le sommet d'une éminence d'où l'on découvrait une certaine étendue de pays. Les gens qui le suivaient étaient une trentaine, armés de fusils ou d'instruments de labourage, sans compter bon nombre de curieux sans armes, qui trottaient en arrière et sur les flancs de la bande principale. Mais ce n'était pas tout ; du côté de la Lande-

Rouge, sur la lisière de ce taillis où M. de Ligneul avait établi la veille son quartier général, venait d'apparaître une seconde troupe qui semblait être en observation. Elle était moins nombreuse que la première et se composait tout au plus d'une douzaine de personnes, parmi lesquelles se trouvaient encore le comte et ses gardes ; mais elle avait une attitude fière et se montrait disposée à repousser énergiquement une attaque.

M. Louis ne pouvait croire qu'il fût la cause de ces démonstrations menaçantes. Néanmoins il comprit que la chasse n'était plus de saison et qu'il devait, à tout hasard, éviter une occasion de conflit. Il rappela donc Phanor, qu'il tint en laisse pour plus de sûreté ; puis, désarmant son fusil, il le jeta sur son épaule, et sembla vouloir rentrer chez lui au plus vite.

Or, dans sa précipitation à regagner la route voisine, il ne remarqua pas qu'il traversait un champ appartenant à M. de Ligneul, ou du moins il crut pouvoir le faire sans inconvénient. Aussitôt Aubinet se détacha de la troupe qui était en observation sur la bordure du bois et se dirigea vers lui.

Peut-être le garde avait-il seulement l'intention de montrer du zèle à son maître en gourmandant l'inoffensif chasseur, peut-être aussi ne voulait-il que prouver aux opposants qu'il ne les craignait pas. Quoiqu'il en fût, on s'imagina qu'il allait encore déclarer procès-verbal à M. Louis, et on accourut impétueusement à la défense de l'opprimé.

— C'est une infamie ! s'écria Barbizot, un des plus

fougueux de la bande; M. Louis ne chasse plus; nous sommes tous témoins...

— Il n'y a que le premier faux qui coûte, à ce qu'il paraît! interrompit un autre chasseur; Aubinet va maintenant les empiler quatre à quatre...

— Si on le laisse faire, ajouta un troisième d'un ton menaçant.

Aubinet s'était arrêté; et quoique très-pâle, il répondit en affectant un air de majesté :

— Que me voulez-vous, messieurs? Laissez-moi remplir mon devoir... Savez-vous qu'en vous trouvant ainsi armés sur mon territoire, je serais en droit de vous faire un procès à tous pour délit de chasse?

Une immense huée accueillit ces paroles.

— Eh bien! oui, s'écria l'un des révoltés avec ironie; nous chassons la bête malfaisante... et nous allons tomber sur toi.

— Il faut en finir avec ce fier-à-bras ! dit un autre; il n'est personne ici à qui il n'ait joué un mauvais tour.

— Assommons-le! cassons-lui les reins!

La foule exaspérée allait peut-être accomplir ses menaces, et elle entourait déjà le garde, quand M. Louis, qui s'était arrêté à quelques pas, s'approcha précipitamment.

— Qu'est ceci, mes amis? dit-il avec fermeté ; vous prenez donc fait et cause pour moi? Je n'ai pas désiré votre intervention, je ne l'ai pas demandée... et je vous prie de me laisser le soin de défendre à ma guise mes intérêts et ma dignité contre les gens de

M. de Ligneul; je suffirai seul à cette tâche, je vous le garantis.

Les amis officieux de M. Louis se regardèrent stupéfaits. Ils ne s'attendaient pas à ce que leurs services fussent ainsi repoussés. Barbizot, l'orateur sinon le chef de la troupe, s'écria d'un ton ferme :

— Nous prenons fait et cause pour vous, monsieur; mais nous songeons d'abord à nous-mêmes... Si l'on tolère les vexations de ce misérable Aubinet à votre égard, il ne s'en privera pas non plus contre nous.

— Messieurs, je vous conjure...

— Tenez, vous êtes un homme distingué, un homme d'honneur... Donnez-nous votre parole qu'Aubinet ne vous a pas fait un faux procès-verbal, que vous avez réellement commis hier un délit de chasse, et nous laisserons aller le garde pour cette fois.

— C'est cela! s'écria-t-on de tous côtés; on sait que M. Louis est incapable de mentir.

Louis éprouvait un mortel embarras.

— Messieurs, reprit-il, je ferai connaître à la justice ce qui s'est passé, et seule la justice a le droit de m'en demander compte. En attendant, je vous invite...

— Il n'ose pas dire le contraire, entendez-vous? s'écria Barbizot.

— Eh bien! quand cela serait? reprit Louis résolûment; vous n'avez rien à voir dans tout ceci.

Mais on ne l'écoutait plus et l'attention se concentrait de nouveau sur le garde prévaricateur qui, tout tremblant, avait saisi son fusil par le canon comme pour s'en faire une massue.

— Désarmons-le! arrachons-lui sa plaque! dit une voix.

Les clameurs devenaient de plus en plus menaçantes quand on vit accourir une bande nouvelle, moins nombreuse mais non moins exaltée que la première. Elle se composait de M. de Ligneul, de ses autres gardes et de quelques partisans, parmi lesquels se trouvaient Grain-de-Sel et ses amis. Les gardes et plusieurs fermiers du comte avaient des fusils; et, en cas de lutte, les plus grands malheurs étaient à craindre.

M. de Ligneul lui-même ne paraissait pas bien redoutable. Ses joues étaient caves, ses yeux enfoncés; une fièvre lente le minait et il ne pouvait marcher sans aide. Cependant le mal n'avait pas abattu son énergie morale; son visage était empourpré par la colère aussi bien que par la fièvre; ses yeux étincelaient, et il agitait son fusil en s'écriant :

— Braconniers! scélérats! allez-vous donc assassiner mes gardes? En ce cas, vous m'assassinerez aussi, car je les défendrai, et malheur à qui portera le premier coup!

La présence de M. de Ligneul qui, de tout temps, avait exercé un certain prestige sur les gens du pays, comme descendant des anciens seigneurs de Fontenay, l'altération effrayante de ses traits, son exaspération presque frénétique, imposèrent aux assistants. Tout le monde se tut; les mains qui se levaient déjà s'abaissèrent. Mais cet apaisement ne fut pas de longue durée.

— Monsieur de Ligneul, reprit bientôt une voix

dans la foule, ce chenapan d'Aubinet vous trompe, comme il trompe tout le monde, et il vous vole avec effronterie.

— Il vend du gibier secrètement à Jacquet, le marchand de volaille, ajouta une autre.

— Et il partage avec les braconniers qui dépeuplent tout, affirma une troisième.

— Tu en as menti, toi! s'écria Grain-de-Sel en s'avançant brusquement et en adressant un coup de poing à celui qui venait de parler.

Le coup porta dans le vide, mais au même instant plusieurs voix railleuses demandèrent :

— En quoi cela te regarde-t-il, Grain-de-Sel? Tu t'es trahi, mon vieux, et tu trahis tes amis.

— Vous êtes tous des menteurs!

— Et vous des brigands!

On avait passé des provocations aux voies de fait; quelques horions s'échangeaient déjà, et les armes à feu allaient inévitablement se mettre de la partie.

XIII

L'ACCUSATION

En ce moment M. Fortin apparut sur le théâtre de la lutte. Il avait vu de loin les deux troupes se disposer à en venir aux mains, et il avait ceint rapidement son écharpe de maire. Escorté d'un vieux bonhomme qui remplissait les fonctions de garde-champêtre de la commune, il se jeta entre les deux partis en s'écriant :

— Arrêtez, au nom de la loi! et dispersez-vous... Je vous somme de vous disperser... J'invite tous les honnêtes gens à se joindre à moi et à me prêter mainforte pour faire respecter l'ordre public.

— Au nom de la loi! répeta le garde-champêtre en tirant son sabre rouillé.

La bataille n'était pas assez échauffée pour que cette injonction ne pût être entendue; on échangea bien encore çà et là quelques taloches, qui devaient amener plus tard des querelles particulières, mais les deux bandes se séparèrent aussitôt, et tout danger de conflagration générale parut écarté. En revanche, Fortin fut assailli de plaintes et de récriminations contre Aubinet. Il ne comprenait pas grand'chose à ces criailleries; d'ailleurs, il entrait dans ses convenances de paraître ignorer la cause première de ce désordre. Il se borna donc à faire tous ses efforts pour opérer la dispersion du rassemblement. Connaissant bien tous les assistants, dont la plupart étaient ses obligés, ou même ses débiteurs, il sut trouver l'argument spécial qui pouvait décider chacun d'eux à la retraite. Aussi, les plus turbulents ne tardèrent-ils pas à s'éloigner, par petits groupes encore grondant et agités, mais résignés en apparence à ne plus employer la force pour le redressement de leurs griefs.

Fortin, tout fier de son succès, promena autour de lui un regard de triomphe. Il n'y avait plus là que quelques hommes du parti Ligneul et le comte lui-même qui, incapable de se tenir debout, s'était assis sur un tronc d'arbre renversé. Cependant, il ne cessait d'observer, d'un air haineux et méprisant, le maire de Fontenay qui achevait son œuvre de pacification.

Peut-être Fortin allait-il s'éloigner sans adresser la parole au châtelain, lorsque M. Louis, qui n'avait pas voulu se retirer tant qu'un terrible conflit était à craindre, s'approcha poliment :

— Je vous remercie, monsieur le maire, dit-il, pour votre heureuse intervention. J'aurais été désolé de servir de prétexte à des scènes de violence dans votre commune, et je vous félicite de votre sagesse à les prévenir.

Le fonctionnaire campagnard se rengorgeait en recevant ces éloges dont il appréciait la valeur de la part de M. Louis. Il répondit pourtant, en jetant un regard oblique au comte et à ses gens :

— De votre côté, monsieur, vous avez fait tout ce qui dépendait de vous, je ne l'ignore pas, pour empêcher ces excès déplorables ; mais il faudrait que d'autres personnes sussent de même se renfermer dans les bornes de la modération et de la justice... de la justice surtout, dont certains agents de l'autorité ne paraissent guère se soucier parfois.

Aubinet, d'abord atterré par les accusations et les menaces qui se déchaînaient contre lui, avait peu à peu relevé la tête. Afin de se réhabiliter dans l'esprit de M. de Ligneul, il crut nécessaire de montrer encore de l'arrogance.

— Est-ce pour moi que vous dites cela, monsieur le maire? reprit-il; en ce cas, sachez-le bien : si mon maître est satisfait de mes services, je me soucie peu que d'autres me blâment ou me louent.

— A merveille ; mais votre maître aura raison de s'assurer que vous êtes toujours dans votre droit et que vous observez la loi avec exactitude.

M. de Ligneul se leva impétueusement, malgré ses souffrances.

— Qu'est-ce à dire, maître Fortin? s'écria-t-il ; mêlez-vous des affaires de la commune et non de celles de mes gardes... Eh bien! morbleu, poursuivit-il avec ironie, puisque vous aimez tant à jouer au magistrat, puisque vous êtes si rigoureux sur la justice, vous allez recevoir ma plainte, ici même, au sujet d'un crime commis récemment dans le pays et dont je suis prêt à vous signaler l'auteur.

— Monsieur, répliqua Fortin d'un ton de réserve, le moment est mal choisi pour me présenter une plainte de cette nature ; et d'ailleurs il conviendrait mieux de vous adresser au parquet du procureur général.

— Non, non, répliqua le comte avec une joie farouche, c'est vous qui recevrez ma plainte, et vous aurez à prendre sans retard les mesures ordinaires contre le coupable.. Je connais le scélérat qui a tiré sur moi dans mon parc et qui m'a mis dans le déplorable état où je me trouve.

Grain-de-Sel, en entendant ces paroles, ne put s'empêcher de tressaillir.

— Eh bien, monsieur le comte, répliqua Fortin avec tranquillité, nommez-le moi, en m'indiquant sur quelles preuves vous fondez votre accusation, et je ferai mon devoir.

— Cela est-il bien vrai, monsieur le maire? Vous serez alors aussi grand que ce consul romain qui s'appelait... n'importe son nom ! celui qui condamna son propre fils à la peine capitale... Car l'assassin dont il s'agit, le malfaiteur qui m'a criblé de plombs, pendant que je défendais ma propriété, c'est votre fils Jules Fortin.

La plupart des personnes présentes manifestèrent une surprise profonde en entendant cette incroyable accusation. Quant à Fortin, après être resté un moment interdit par l'étrangeté de la nouvelle, il se mit à rire.

— Allons, monsieur le comte de Ligneul, reprit-il, le souvenir de nos dissentiments personnels ne vous aveugle-t-il pas? Qui pourrait ajouter foi à une inculpation aussi monstrueuse? Quoi! mon fils, un homme honorable, conseiller de préfecture, serait allé la nuit...

Tout à coup il s'arrêta et cessa de rire. Il venait de songer qu'un autre motif que celui de tuer du gibier avait pu attirer Jules dans le parc de la Motte-Blanche, et il se rappelait plusieurs circonstances qui pouvaient donner aux assertions du comte une apparence de vérité. Comme il se taisait, M. de Ligneul reprit avec violence :

— Je ne sais, monsieur, si votre fils est ou non fonctionnaire public et je m'en soucie peu... Mais certainement il se trouvait dans mon parc la nuit de l'attentat. Mes gardes ont fait une enquête dont le résultat est consigné dans un procès-verbal régulier, et ils ont constaté, en divers endroits, des traces qu'on a reconnues positivement pour être celles de votre fils. Moi-même je me suis souvenu plus tard que l'homme que j'ai poursuivi était vêtu de gris, comme la personne dont nous parlons. Enfin tout le monde a remarqué, le lendemain de l'événement, que Jules Fortin avait au col et au visage des égratignures provenant sans doute de la charge de plomb dont je l'ai gratifié; et peut-être pourrait-on les reconnaître encore, si le coupable n'avait disparu depuis deux jours. Je le répète, toutes ces circonstances sont relatées dans un procès-verbal qui appartient à la justice... Et voilà pourquoi, monsieur le maire de Fontenay, ajouta-t-il en enflant sa voix, je porte plainte contre Jules Fortin, coupable d'une tentative d'assassinat sur ma personne, et je vous somme de faire votre devoir, comme vous l'avez promis.

Le maire sentait tout ce qu'il y avait d'absurde dans cette accusation, et il lui semblait que M. de Ligneul devait être en proie au délire de la fièvre pour oser la soutenir. Cependant, comme les assistants chuchotaient avec animation, il voulut couper court à cette scène fâcheuse, qu'il n'avait pas prévue.

— Il suffit, monsieur, reprit-il sèchement ; mais, si modestes que soient mes fonctions, je n'ai pas l'habitude de les exercer en plein champ. Si donc vous insistez sur cette plainte... singulière, je vous inviterai à m'en saisir d'une manière plus légale.

— Voyez-vous, voyez-vous ! s'écria le comte avec une gaieté qui faisait mal ; décidément il ne veut pas jouer le rôle de Brutus !

Fortin, se penchant vers lui, dit d'une voix sourde et pénétrante :

— Prenez garde, monsieur, de jouer vous-même un rôle plus triste encore... Si je ne veux pas en effet condamner mon fils, vous, ne condamnez pas votre fille !

Le comte ouvrit des yeux égarés et un cri rauque s'échappa de sa gorge. Ces quelques mots avaient jeté tout à coup un jour terrible dans son esprit ; la vérité, que ses ardentes préoccupations l'avaient empêché de deviner, lui apparaissait sous les formes les plus irritantes. Il éprouva un tel saisissement qu'il put seulement murmurer en agitant le bras :

— Misérable! misérable! misérable!

Et il retomba anéanti sur le tronc d'arbre qui lui servait de siége.

Fortin fut effrayé lui-même du mal qu'il venait de faire. Il ne savait s'il devait se retirer ou rester, quand un nouvel incident porta au comble le trouble et le désespoir du comte. Une servante du château accourut haletante et dit quelques mots tout bas à M. de Ligneul.

Le pauvre châtelain se redressa encore, comme soulevé par une force subite et irrésistible.

— Les huissiers! une saisie! s'écria-t-il; il ne manquait plus que cela... Mais du moins, ajouta-t-il en fixant sur Fortin un regard étincelant, j'aurai la satisfaction de punir l'auteur de tous mes maux, de toutes mes hontes!

Il mit en joue son fusil qu'il n'avait pas quitté, et tira deux coups sur Fortin.

Heureusement les gardes s'étaient jetés sur le forcené et avaient réussi à détourner l'arme. Les deux coups étaient partis en l'air, et le plomb fit voler les feuilles d'un chêne voisin, sans avoir atteint personne.

M. de Ligneul, exalté par l'inutilité de cette tentative, voulait se précipiter sur son adversaire; mais on le contint, quoiqu'il criât avec rage :

— Drôles! osez-vous porter les mains sur votre maître? Lâchez-moi; je vous renvoie tous... Je veux *le* tuer! Il faut qu'*il* meure!... puis je mourrai content moi-même.

Pendant que le comte se débattait, M. Fortin, tout

pâle du danger qu'il venait de courir, disait en élevant la voix :

— Je prends les personnes présentes à témoin que M. de Ligneul a fait feu sur moi de ses deux coups pendant que j'étais dans l'exercice de mes fonctions de maire, revêtu de mon écharpe, et remplissant une mission d'ordre public... Je les prends à témoin que le crime a manqué seulement par une cause indépendante de la volonté du meurtrier...

— Meurtrier toi-même! s'écria le comte écumant de fureur et en cherchant toujours à se dégager ; oui, tu es le véritable meurtrier, car tu nous as porté le coup de mort à moi et à ma famille... usurier ! calomniateur ! assassin !

M. Louis s'approcha de Fortin, et, le prenant par le bras, lui dit d'un ton suppliant :

— Par pitié, monsieur, éloignez-vous... votre présence le rend frénétique... Venez ; sans doute il se calmera dès qu'il ne vous verra plus.

Fortin ne résista pas, et peut-être n'était-il pas fâché d'avoir un prétexte pour battre en retraite.

— Vous avez raison, répliqua-t-il ; cet homme est complétement fou, et je veux me montrer modéré jusqu'à la fin... D'ailleurs, ajouta-t-il plus bas en clignant des yeux, je *le tiens* maintenant!

Il se laissa donc entraîner par M. Louis, et tous les deux ne tardèrent pas à disparaître derrière un pli du terrain.

Comme on l'avait prévu, aussitôt que le comte n'aperçut plus Fortin et n'entendit plus sa voix, il se calma. Étendu sur le gazon, il demeurait muet, dans un sombre accablement.

Quelques minutes s'écoulèrent ainsi. Les gens de M. de Ligneul le regardaient avec inquiétude et se demandaient ce qu'il fallait faire. Tout à coup la pensée lui revint; il s'agita convulsivement et balbutia :

— Les huissiers! les huissiers!... Je veux retourner à la maison... Que l'enfer les confonde!

Mais vainement essaya-t-il de se relever seul; ses forces étaient épuisées. Quand, avec l'aide des gardes, il fut parvenu à se remettre debout, ses jambes se dérobèrent sous lui et il fût tombé de nouveau si on ne l'eût soutenu.

— Quelle fatalité! dit-il avec une sorte de rage contre lui-même; je ne peux marcher... Infernale blessure!... Il faut pourtant que je retourne au château... Eh bien! ajouta-t-il en s'adressant à ceux qui l'entouraient, portez-moi, vous autres... Il n'y a pas un moment à perdre.

Plusieurs des assistants s'offrirent pour lui rendre ce service. Deux des plus robustes le posèrent sur leurs bras entrelacés, et se dirigèrent à pas lents vers la Motte-Blanche, tandis que les autres suivaient pour les remplacer au besoin.

Le comte paraissait avoir recouvré toute sa connaissance et échangeait de temps en temps quelques mots avec ses porteurs; mais bientôt il retomba dans cette prostration qu'il avait éprouvée déjà. Sa langue s'embarrassa, ses yeux se fermèrent; sa tête ballottait si fort qu'il devint nécessaire de la soutenir. Enfin, il demeura comme évanoui et, dans l'état affreux où il se trouvait, son intervention ne semblait pas devoir être bien efficace pour protéger sa famille et ses biens contre l'huissier Martinaud.

M. Louis et Fortin, qui se rendaient à Fontenay par une autre route, aperçurent de loin ce triste cortége.

— Le comte n'en peut plus, dit le maire tranquillement; les fatigues excessives de la chasse auront envenimé ses blessures; les agitations d'esprit, les colères continuelles ont fait le reste.

— Quant à moi, dit M. Louis d'un ton pensif, je n'éprouve plus pour lui que de la pitié. Lorsque la passion pour la chasse prend ces proportions, elle n'est plus, comme l'avarice et la jalousie dans certains cas, qu'une déplorable manie... Ah ça! monsieur le maire, vous n'allez pas donner suite contre ce pauvre homme à l'acte de colère dont vous avez failli être victime? Évidemment quand il s'y est abandonné, il ne savait plus ce qu'il faisait.

M. Fortin sourit d'une manière équivoque.

— Nous verrons, répliqua-t-il; je vais toujours exposer ces violences dans un rapport que je vous prierai de signer et que signeront de même tous les témoins de cet acte inqualifiable; puis, je ferai de cette pièce tel usage qu'il appartiendra... Vous comprenez, monsieur, ajouta-t-il en voyant son interlocuteur prendre une mine glaciale, que je dois avant tout décharger mon fils de la ridicule accusation portée contre lui; comme il est fonctionnaire public, elle pourrait lui causer du préjudice, nuire à son avenir...

— Un mot de vous a suffi pour faire comprendre

son erreur à ce malheureux père, et il ne saurait maintenant persister dans sa plainte; on pourrait craindre plutôt... Mais, pardon! ajouta M. Louis en s'arrêtant, nous devons nous séparer ici.

Ils étaient arrivés en effet à un endroit où la route se bifurquait. Un embranchement conduisait au village de Fontenay, tandis que l'autre se dirigeait, à travers prés et taillis, sur la Folie-Saint-Firmin. Toutefois, avant de prendre congé du maire, Louis lui dit encore :

— Je pense, monsieur, que votre fils reviendra ce soir de Paris. Annoncez-lui, je vous prie, que je désire le le voir, dès qu'il aura un moment à me donner.

Fortin lui lança un regard interrogateur.

— Vous savez donc où est Jules et ce qu'il est allé faire à Paris? demanda-t-il avec intérêt. En effet, vous êtes devenu depuis peu son confident... Je ne m'en plains pas, car je suis sûr que vous êtes digne de toute sa confiance... Cependant, je désirerais connaître...

— Excusez-moi, monsieur le maire, interrompit Louis, mais le bruit de ces scènes tumultueuses a mis tout le pays en émoi et a pu parvenir jusqu'à ma famille; j'ai hâte de la rassurer... Adieu donc, et n'oubliez pas ma commission.

Il salua précipitamment et partit.

XIV

LA SAISIE

Clotilde et la chanoinesse étaient seules avec les servantes au château de la Motte-Blanche quand Martinaud et ses recors s'y présentèrent. La comtesse Philippine, à la suite d'une de ces crises nerveuses qui devenaient chez elle de plus en plus fréquentes, s'était assoupie sur sa chaise longue, et mademoiselle de Ligneul venait de faire sa promenade forcée dans le parc, où elle n'avait jamais mieux mérité le surnom de « la demoiselle qui pleure ». Une des filles de service annonça « plusieurs messieurs » qui demandaient à voir sur-le-champ M. le comte pour affaires importantes.

Clotilde répondit que son père était à la chasse et qu'il fallait engager ces visiteurs à revenir plus tard.

— C'est qu'ils ne veulent pas s'en aller, mademoiselle, répliqua la servante avec embarras ; ils disent que, si M. le comte est absent, ils feront tout de même. Deux d'entre eux se sont installés dans le salon et se sont mis à écrire.

— Bon Dieu! demanda Clotilde, seraient-ce des huissiers?

— Des huissiers, ma chère? répéta la chanoinesse qui venait de s'éveiller; à quoi penses-tu donc? Tu sais bien que j'ai prêté la main à certains arrangements et qu'une catastrophe n'est plus à craindre... du moins de si tôt.

— Il est vrai, ma tante; mais mon père n'a pas voulu accepter votre sacrifice, et il a sans doute envoyé à M. Dumont des instructions contraires. Peut-être même, comme on nous l'a dit, était-il trop tard...

— Avec votre permission, mademoiselle, ajouta la servante, un de ces messieurs est déjà venu au château, il y a quelques jours.

— C'est Martinaud! s'écria la chanoinesse sérieusement alarmée à son tour; sainte Vierge! serait-il possible!... Eh bien! mon enfant, ajouta-t-elle en se levant avec précipitation, allons trouver ces gens-là... Je leur parlerai.

— Oui, oui, ma tante; hélas! encore des agitations, des inquiétudes pour vous, si faible et si souffrante!... Marinette, poursuivit mademoiselle de Ligneul en s'adressant à la servante, mettez-vous sur-le-champ à la recherche de mon père et dites-lui ce qui se passe.

Marinette s'empressa de sortir pour exécuter cet ordre. Pendant que les deux dames faisaient rapidement quelques préparatifs de toilette, Clotilde dit à la chanoinesse avec amertume :

— Eh bien, ma tante, vous voyez où ont abouti les espérances que vous mettiez en... une personne indigne de notre estime et de notre affection ?

— Qui sait? répliqua la comtesse ; peut-être, mon enfant, ne hais-tu pas et ne méprises-tu pas cette personne autant que tu le crois... Mais, il ne s'agit pas d'elle pour le moment; songeons à écarter le nouveau danger qui nous menace... Grand Dieu ! j'ai si peu de jours à vivre, ne me permettrez-vous pas du moins de les achever dans la vieille maison où je suis née?

Tout en parlant, la bonne dame avait assemblé ses cheveux sous son bonnet de dentelle et enveloppé sa taille frêle dans un cachemire. Puis, elle retira d'une armoire un sac de velours à fermoir d'acier et le dissimula sous son châle. Enfin elle prit le bras de sa nièce et elles descendirent ensemble l'escalier.

Deux ou trois recors, appuyés sur leurs gourdins, gardaient la porte du salon en chuchotant, tandis que l'huissier et son clerc étaient déjà à la besogne dans le salon même. Les hommes qui se tenaient à l'entrée s'inclinèrent d'une manière gauche en voyant les dames et les laissèrent passer. Quant à Martinaud, il cessa de dicter au scribe l'inventaire qu'il avait commencé et vint au-devant d'elles avec des démonstrations exagérées de politesse.

— Ne vous effrayez pas, mesdames, dit-il en s'inclinant; j'espère encore que cette saisie n'est pas sérieuse... une simple formalité sans doute... Du reste, j'ai l'ordre de respecter scrupuleusement tout objet que vous déclarerez être à votre usage personnel ; et cet ordre ne m'eût-il pas été donné, je me ferais un devoir, un plaisir...

— Ainsi, monsieur, demanda la comtesse, c'est une saisie que vous venez opérer chez mon frère?

— Mademoiselle... c'est-à-dire madame, car on vous donne ce titre et je désire vous témoigner tous les égards possibles... j'agis en vertu d'un jugement devenu exécutoire, comme vous pouvez vous en assurer (l'huissier désignait une liasse de papiers qu'il avait déposée sur la table), et je suis obligé de procéder sans retard à la saisie des biens, meubles et immeubles du sieur Charles-Roger, comte de Ligneul...

— Quoi! reprit Philippine avec véhémence, les personnes chargées des intérêts de mon frère n'ont-elles rien tenté, ces derniers temps, pour s'opposer à ces actes rigoureux?

— Je l'ignore, madame ; moi, je suis un humble instrument de la légalité, je dois accomplir strictement et aveuglément ma mission.

— Oh! monsieur, monsieur, dit Clotilde d'un ton suppliant, accordez-nous du moins un délai de quelques jours! Mon père ne peut manquer de trouver...

— Paix! mon enfant, interrompit la chanoinesse ; des supplications ne sauraient remédier à rien en pareille affaire... Il doit y avoir des moyens plus efficaces pour arrêter cette funeste procédure, et je prie monsieur de nous les faire connaître.

— Je n'en vois qu'un, madame.

— Quel est-il?

— C'est de payer à l'instant vingt mille et tant de francs, pour le capital et les frais de la créance dont je poursuis le recouvrement.

— Hélas! je n'ai pas cette somme... Mais, voyons, ne pourrais-je vous proposer certains arrangements?... Nul n'ignore que je suis en droit d'exercer un privilége sur tous les biens de mon frère; ne pourrais-je y renoncer en faveur...

— Ce n'est pas à moi, madame, qu'une semblable proposition doit être faite; adressez-vous à ceux qui m'emploient. En attendant, je suis obligé de remplir mon mandat.

— Mais enfin, si, à défaut d'argent, on vous remettait en nantissement des valeurs considérables, ne consentiriez-vous pas à vous retirer?

— Quelles valeurs? demanda Martinaud avec surprise.

La comtesse exhiba le sac de velours qu'elle avait tenu jusque-là sous son châle et en tira plusieurs écrins qu'elle tendit à l'huissier.

— Vos bijoux, ma tante! s'écria Clotilde.

— Pauvre petite, pardonne-moi, répliqua tristement la chanoinesse; c'est encore à toi qu'ils devaient revenir... Mais il faut sauver ton père!

Pendant ce court dialogue, Martinaud avait ouvert les écrins; ils contenaient des boucles d'oreilles en diamants, une parure de perles et quelques autres objets de prix. Après les avoir examinés d'un air de connaisseur, il les déposa, sur la table, en disant :

— Je n'ai pas qualité pour accepter un nantissement de cette nature... Cependant, je ferai observer à madame la comtesse que ces bijoux ne valent pas vingt mille francs.

— Eh bien! moi, dit Clotilde avec effort, je possède aussi une bague et un bracelet qui proviennent de ma mère...

— Garde-les, mon enfant, répliqua Philippine; tu dois conserver comme de précieuses reliques toutes les choses qui ont appartenu à cette bonne et sainte femme... Mais, puisqu'il le faut, ajouta-t-elle lentement et avec une répugnance douloureuse, il me reste encore ceci.

En même temps, elle présenta d'une main frémissante à l'huissier une petite boîte en chagrin noir qu'il ouvrit avec curiosité. Dans cette boîte se trouvait un portrait en miniature qui représentait un beau jeune homme, revêtu d'un habit de cour et portant le grand cordon d'un ordre étranger. La peinture semblait être d'un maître et avoir une valeur considérable. Le médaillon était entouré de brillants de la plus belle eau.

Pendant que Martinaud examinait ce bijou, la comtesse se cachait le visage dans ses mains longues et diaphanes. Clotilde se pencha vers elle et lui dit avec un mélange de regret et d'admiration :

— Y pensez-vous, ma tante? Ce que vous avez de plus cher au monde... le portrait de Son Altesse !

— Non, non, pas le portrait, répliqua la comtesse en s'abandonnant à un véritable désespoir; je garde le portrait et je l'emporterai avec moi dans la tombe... Le médaillon en diamants seulement... Rien que le médaillon... Qui m'eût dit que je pourrais consentir à m'en séparer jamais !

Et la pauvre dame se laissa tomber mourante sur un siége. Martinaud, après avoir tourné et retourné le joyau entre ses doigts, le déposa sur la table :

— Ces diamants sont superbes, mais je vous répète...

— Des gens du monde, bons connaisseurs en pierres fines, dit la comtesse d'une voix éteinte, assurent que la garniture de ce médaillon n'a pas coûté moins de dix mille francs ; et cette valeur, jointe à celle de mes autres bijoux...

— Eussent-ils une valeur double et triple, répliqua l'huissier d'un ton péremptoire, je ne peux accepter autre chose que de l'argent comptant. Reprenez donc tout cela, madame, et permettez-moi de poursuivre ma tâche.

Puis, il se tourna vers son clerc qui avait de nouveau saisi la plume.

La comtesse laissa tous les autres écrins sur la table, mais elle s'empara avidement de celui qui contenait le portrait de « l'Altesse » et le fit disparaître avec rapidité, tandis que Clotilde disait à Martinaud :

— Oh ! je vous en conjure encore une fois, monsieur, accordez-nous un sursis de quelques jours... Attendez, du moins, que mon père soit rentré.

— Désolé de vous refuser, mademoiselle, mais j'ai mes ordres.

Et Martinaud ajouta tout bas, en s'adressant à son secrétaire :

— Quelle désagréable corvée *ils* m'ont donnée là ! Instrumenter en présence de femmes qui se lamentent... cela casse les bras !

Cependant il se remit à dicter l'inventaire des vieux meubles qui garnissaient le salon.

— Nous n'avons plus rien à faire ici, ma tante, dit Clotilde ; rentrons dans notre chambre... jusqu'à ce que l'on vienne nous en chasser !... Il y a des prières qui humilient, car elles descendent trop bas.

Elle réunit les écrins et les remit dans le sac de velours ; puis, saisissant le bras de la chanoinesse éperdue, elle allait l'entraîner, quand on entendit dans la cour un bruit de voix et de pas.

— Ah ! voici mon frère, s'écria Philippine, il ne sera pas aussi facile de l'effrayer, lui !

— Oui, dit Clotilde à son tour, il trouvera peut-être d'autres armes que les nôtres pour se défendre contre des hommes sans cœur.

L'huissier se leva brusquement, ainsi que son clerc, et fit signe aux recors de se tenir sur la défensive. Au même instant, le comte parut, suivi d'un certain nombre de personnes, parmi lesquelles se trouvaient les gardes armés de leurs fusils.

M. de Ligneul, en approchant du château, s'était senti assez bien pour marcher ; mais lorsqu'il entra dans le salon, il semblait plus faible, plus pâle et plus chancelant que jamais. Il passa pourtant d'un air assez fier devant les recors et s'avança vers Martinaud, dont la contenance n'était rien moins qu'assurée.

— Encore vous ? dit-il en s'efforçant de raffermir sa voix ; mais vous n'êtes qu'un agent subalterne, et je ne veux pas vous rendre responsable de la coquinerie de ceux qui vous emploient... Seulement, hâtez-vous de déguerpir avec votre vilain monde.

L'huissier, qui s'était attendu à quelque acte de violence immédiat, fut surpris de cette modération relative ; sa hardiesse s'accrut d'autant. Il répondit qu'il agissait au nom de la justice, et que sans doute M. de Ligneul y regarderait à deux fois avant de se mettre en rébellion contre elle.

— Il suffit... Partez, partez à l'instant, interrompit le comte.

— Je ne céderai qu'à la force, reprit Martinaud en se redressant ; si, mes hommes et moi, nous sommes l'objet de la moindre insulte, j'invoquerai l'autorité du maire de la commune, je requerrai la gendarmerie de Fontenay...

— Le maire! répliqua M. de Ligneul dont ce nom réveilla toutes les haines ; en effet, vous devez compter sur l'appui de cet abominable Fortin, le machinateur des intrigues sous lesquelles je suis près de succomber... Oui, il sera heureux de venir ici faire étalage de son pouvoir, insulter à ma ruine... Mais qu'il y prenne garde! Tout à l'heure je l'ai manqué de mes deux coups de fusil ; j'aurai ma revanche, dussé-je l'étrangler de mes propres mains!

En apprenant la tentative de meurtre dont le comte s'était rendu coupable envers Fortin, l'huissier recula d'un pas. Clotilde, qui écoutait, ne put se contenir.

— Serait-il vrai, mon père? demanda-t-elle ; vous

seriez-vous laissé entraîner à un pareil acte de violence? Je ne saurais croire...

Elle s'arrêta, terrifiée par le regard ardent que le comte dardait sur elle.

— Ah! est-ce vous, mademoiselle? reprit-il d'une voix basse, mais vibrante et qui s'entendait distinctement au milieu du silence général; vous deviez, en effet, prendre la défense des mortels ennemis de votre famille, vous ne pouviez renier leur cause... qui est aussi la vôtre!

— Mon père, demanda la pauvre enfant, avec un étonnement douloureux, comment ai-je mérité... d'où vous vient cette pensée...

— Roger, dit la chanoinesse en s'approchant avec précipitation, vous n'êtes pas dans votre assiette ordinaire. Ne rendez pas votre fille responsable de malheurs qui ne sont pas son ouvrage.

— En êtes-vous sûre, ma sœur? reprit le comte avec une exaltation effrayante; demandez-lui alors pourquoi elle s'est opposée avec tant de force à ce que j'invoquasse l'intervention de la justice quand on a attenté à mes jours? Demandez-lui encore si, poussée à bout par l'ennui qui la ronge dans cette triste maison, elle n'aurait pas par hasard imaginé, avec un complice, quelque épouvantable complot pour en sortir?

Clotilde semblait pétrifiée; l'œil fixe, le bras tendu, elle ne trouvait aucune parole pour protester contre cette monstrueuse imputation; aucun cri ne pouvait s'échapper de sa gorge.

— Taisez-vous, oh! taisez-vous, Roger, dit la

chanoinesse avec autorité ; vous voyez bien que vous extravaguez, que vous devenez fou!... Il n'a plus conscience de ses actions et de ses paroles, ajouta-t-elle en se tournant vers les assistants. Et tenez, tenez, ajouta-t-elle en désignant le comte qui s'affaissait sur lui-même, il se trouve mal.

En effet, M. de Ligneul était pris d'une nouvelle faiblesse et il chancelait. La comtesse Philippine le saisit dans ses bras pour le soutenir, et Clotilde, à qui sa tendresse filiale faisait oublier les horribles accusations portées contre elle, accourut de même en s'écriant :

— Cher père!... Mon Dieu! êtes-vous si malade?

Le comte essaya de se dégager de ses étreintes, et murmura d'une voix entrecoupée :

— Laissez-moi... odieuse créature ! Ne me touchez pas, fille maudite... PARRICIDE !

Mais ces mots, à peine distincts, ne furent entendus que des deux dames, quoique les gardes et les gens de service se fussent avancés pour secourir le malheureux comte. Tout était désordre et confusion dans la salle.

— Montez-le dans sa chambre, portez-le sur son lit, commanda la chanoinesse, qui, seule, conservait un peu de sang-froid.

On s'empressa d'obéir. Deux hommes prirent encore M. de Ligneul dans leurs bras et gagnèrent l'escalier du premier étage. La comtesse et Clotilde, sans songer davantage à Martinaud et à ses recors, accompagnèrent le malade, que l'on se hâta de débarrasser de son costume de chasse. Comme on s'occu-

12.

pait de ce soin derrière les rideaux de l'alcôve, Clotilde s'approcha de la chanoinesse :

— Que ferons-nous, ma tante? demanda-t-elle avec désespoir; l'état de mon père me paraît des plus alarmants.

— Oui, oui, il est aussi malade de corps que d'esprit... Il faut envoyer sur-le-champ chercher le docteur.

— Le docteur ne voudra pas venir, après l'affront qui lui a été fait.

— Il viendra, Clotilde; envoie-lui Marinette, et qu'elle lui dise l'état des choses... Tournier est bon : malgré ses griefs légitimes, il se laissera toucher, j'en ai la certitude.

Clotilde dépêcha donc à Fontenay la camériste Marinette, espèce d'Atalante villageoise qui avait les jambes aussi lestes que la langue, et lui recommanda de ne pas revenir sans le docteur, puis elle rentra dans la chambre de son père. Le comte avait été mis au lit et, comme il arrive à la suite des crises violentes, semblait fort abattu. La chanoinesse avait congédié toutes les personnes étrangères et était restée seule auprès du malade. Mais Clotilde ayant voulu approcher, M. de Ligneul secoua sa léthargie; ses yeux éteints reprirent leur expression menaçante, et il dit d'une voix saccadée en s'agitant sur sa couche :

— Qu'*elle* sorte! *sa* vue me fait mal!... Je l'ai maudite... Elle veut donc me tuer?

La pauvre Clotilde demeura clouée à sa place.

— Roger, revenez à vous, dit la comtesse d'un

ton caressant; pouvez-vous parler ainsi à votre fille?... Reconnaissez-la donc, c'est votre enfant bien-aimée.

— Je ne suis pas fou, ma sœur, et j'ai toute ma connaissance. C'est à *elle* que je parle, à *elle* qui a mérité mon mépris et ma haine... Mais je n'ai plus la force d'expliquer... Qu'elle me laisse en paix, qu'elle ne se présente plus devant mes yeux... c'est tout ce que je lui demande.

Clotilde s'agenouilla.

— Mon père, dit-elle avec un accent déchirant, que me reprochez-vous? qu'ai-je fait? Je vous conjure de m'apprendre...

— Sortez, sortez! répétait le malade avec des mouvements convulsifs.

— Roger, réfléchissez, je vous prie, combien cette colère est déraisonnable.

— Tonnerre! s'écria le comte en se levant sur son séant par un effort subit, me croit-on déjà mort, et ne puis-je plus obtenir l'obéissance dans ma propre maison?

Philippine fit signe à sa nièce qu'il fallait céder à ce caprice; la pauvre enfant cacha son visage dans ses mains et, sortant de la chambre, alla s'asseoir sur l'escalier où elle donna libre cours à ses pleurs.

Bientôt un grand calme s'établit dans la maison; tous les gens qui l'envahissaient naguère avaient été renvoyés, comme nous l'avons dit, et les recors eux-mêmes stationnaient maintenant dans la cour. Le comte, brisé par tant de secousses, avait fini par s'assoupir. On n'entendait dans la vieille habitation que la voix monotone de l'huissier qui, après avoir achevé l'inventaire du salon, procédait, dans la salle à manger, à la saisie de l'argenterie et de la vaisselle.

Au bout d'une heure environ, une légère agitation se manifesta au rez-de-chaussée, puis quelqu'un monta l'escalier d'un pas pesant, Clotilde s'empressa de se lever et essuya ses yeux. C'était le docteur Tournier qui arrivait, suivi de Marinette. Quand il passa, Clotilde lui prit la main et dit d'un ton égaré :

— Merci d'être venu, mon bon docteur... Oh! sauvez-le, sauvez-le, je vous en conjure!... Vous m'épargnerez une éternelle douleur et... un remords peut-être!

— Je ferai de mon mieux, ma chère demoiselle, répliqua le vieux médecin ; mais je ne puis rien dire avant d'avoir vu le malade.

Et il se dirigea vers la chambre du comte.

— Eh bien ! vous n'entrez pas? demanda-t-il.

Clotilde fit un geste de désespoir et se rassit sur l'escalier.

Cependant elle était attentive et écoutait, en retenant son haleine, les bruits légers qui venaient de la pièce voisine. Ce ne fut d'abord qu'un murmure de voix ; puis, elle entendit deux ou trois faibles cris de douleur, comme en pousse un blessé dont on sonde les blessures. Au bout de quelques instants, on rouvrit la porte et le docteur sortit, accompagné, cette fois, de la comtesse Philippine. Comme l'une et l'autre n'osaient parler si près du malade, dont le sort était en question, Clotilde les fit entrer dans sa chambre.

Le médecin se taisait toujours ; son attitude morne terrifiait la tante et la nièce, car elles savaient que, le cas échéant, il se fût empressé de les rassurer. Enfin, elles demandèrent en même temps et avec une égale anxiété :

— Eh bien, docteur ?

— Eh bien, mes bonnes dames, répliqua Tournier en soupirant, mes plus sinistres prévisions se réalisent... Voilà les conséquences de l'opiniâtreté de M. de Ligneul ! Ses plaies se sont envenimées, et, il faut bien l'avouer, je ne le sauverai pas à moins d'un miracle.

— Mais ce miracle, vous l'accomplirez, mon cher docteur, s'écria Clotilde ; ne me dites pas qu'il pourrait... Mon Dieu ! épargnez-moi une semblable épreuve !

— Enfin, docteur, d'où vous viennent ces appréhensions ? demanda la chanoinesse, qui avait quelques prétentions à l'art de guérir ; les blessures vous avaient paru d'abord très-superficielles ; comment se fait-il qu'en si peu de temps...

Tournier secoua tristement la tête.

— Voyons, poursuivit Philippine en baissant la voix et en respirant à peine, est-ce que la gangrène...

— Ne m'interrogez pas, madame ; je ne suis sûr de rien encore. Je vais retourner chez moi bien vite, pour chercher les remèdes qui, je veux l'espérer, pourront conjurer le péril.

— Mais, docteur, si le mal a pris ce funeste caractère, ne vaudrait-il pas mieux recourir le plus promptement possible à une opération?

— Eh! comment pratiquer une opération dans les enveloppes abdominales? répliqua le médecin d'un air de profond découragement.

Mais, se ravisant aussitôt, il ajouta :

— Je peux me tromper, mesdames, je vous le répète. Sans doute mon affection pour la famille m'exagère la gravité de la situation... Enfin, dans un quart d'heure, je serai de retour et je procéderai à un pansement définitif.

En même temps, il sortit d'un pas leste, comme s'il craignait qu'on ne lui adressât des questions auxquelles il ne pouvait ou ne se souciait pas de répondre.

Les deux dames étaient restées en face l'une de l'autre, sans oser se regarder ni échanger une parole. Enfin Clotilde posa sa tête sur l'épaule de la chanoinesse et murmura :

— Il n'y a pas à se méprendre sur l'opinion du docteur... Il le croit perdu sans ressources.

— Allons donc! sotte enfant, voilà comme tu outres tout... Attends, du moins, que Tournier ait pu se livrer à un examen plus sérieux... Mais il faut que je retourne auprès du malade.

— Et moi, ma tante, ne pourrais-je rentrer aussi ?

— Pas en ce moment, chère petite. A raison de la fièvre qui le dévore, ta vue lui cause une agitation extrême... Pardonne-lui; les malades ont de ces hallucinations inconcevables. Aussitôt qu'il sera mieux, je lui parlerai, je lui ferai entendre raison... Jusque-là prends patience; plus tard il te demandera lui-même pardon de ces fureurs insensées.

Elle déposa un baiser sur le front de sa nièce et rentra dans la chambre du comte.

— Ah! disait la pauvre Clotilde avec accablement, si la haine de mon père contre moi ne provenait que du délire de la fièvre!

Quelques instants se passèrent encore, et mademoiselle de Ligneul s'était replongée dans ses tristes rêveries, quand on sonna à la porte extérieure du château. Elle crut que le docteur Tournier revenait déjà de Fontenay. Elle accourut sur l'escalier pour le recevoir et rencontra la servante Marinette.

— Qu'est-ce donc? demanda-t-elle.

— Une visite, mademoiselle; un monsieur désire voir à l'instant madame la comtesse, pour une affaire qu'il dit très-importante et très-pressée.

— Quelque nouveau malheur, sans doute, quoique la mesure paraisse comblée!... Mais ma tante ne peut recevoir personne; elle doit rester auprès de mon père, puisque moi-même... Et ce visiteur, le connaissez-vous, Marinette?

— C'est ce monsieur de la Folie-Saint-Firmin... vous savez!

— Ah! M. Louis, le chasseur dont les gardes ont fait si grand bruit, le père de ces jolies enfants qui me disent bonjour du haut de la terrasse... Que peut-il vouloir à ma tante?

— Faut-il prévenir madame la comtesse?

— Soit, puisqu'on attend; mais je doute qu'elle consente...

Marinette entra chez M. de Ligneul, et Clotilde put s'assurer qu'elle s'était trompée dans ses prévisions, car sa tante descendit bientôt avec la camériste pour aller recevoir le visiteur.

Comme Clotilde demeurait attentive et l'oreille au guet, deux personnes se présentèrent encore. Cette fois, c'étaient Martinaud et son clerc qui, ayant terminé la saisie en bas, venaient remplir leur ministère au premier étage.

L'huissier s'inclina devant la jeune fille.

— Les devoirs de ma charge, mademoiselle, lui dit-il, m'obligent de vous demander où est la chambre de M. le comte de Ligneul.

— Puis-je savoir, monsieur, pour quel motif...

— Je dois faire dans cette chambre l'inventaire que j'ai fait déjà dans les autres pièces de la maison. Il peut s'y trouver des valeurs, des objets précieux...

— Vous n'y trouverez pas plus d'objets précieux que dans les autres. D'ailleurs, mon père est gravement malade; on attend à chaque instant le médecin qui doit panser ses blessures, et votre présence serait capable de causer au malade une émotion dangereuse... Vous ne pouvez entrer.

— Tout cela est fâcheux, très-fâcheux, mademoiselle; mais la loi n'a pas prévu de pareils obstacles, et, à mon grand regret, je serai forcé de passer outre.

— La loi ne saurait être inhumaine, monsieur! Je vous répète que votre présence pourrait avoir les conséquences les plus funestes... Visitez, si vous voulez, mon appartement ou celui de ma tante, nous ne nous y opposerons pas; mais vous n'entrerez pas chez mon père, dussiez-vous me tuer!

— Voyons, mademoiselle, ne m'obligez pas de recourir à des extrémités pénibles... J'ai l'ordre exprès de ne rien toucher à ce qui vous appartient personnellement. Quant aux objets mobiliers ou aux immeubles appartenant à M. de Ligneul, il ne m'est pas permis...

— Et moi, je vous dis, répliqua Clotilde en élevant la voix dans l'excès de son indignation, que vous ne passerez pas.

Martinaud, qui ne croyait pas avoir grand'chose à craindre d'un pareil adversaire, redoubla d'arrogance.

— Mademoiselle, reprit-il, vous n'avez pas une idée bien nette, j'imagine, du pouvoir dont m'arme la loi dans l'exercice de mes fonctions... Voyons, livrez-moi passage, ou sinon, malgré votre noblesse et vos grands airs...

— Insolent! dit une voix ferme et bien accentuée derrière lui; osez-vous parler sur ce ton à mademoiselle de Ligneul?

L'huissier se retourna brusquement. M. Louis montait l'escalier avec la chanoinesse.

M. Louis ne portait plus le costume simple et négligé sous lequel il parcourait d'ordinaire les campagnes environnantes. Sa taille était serrée dans une élégante redingote noire sur laquelle ressortait sa rosette d'officier de la Légion d'honneur; toute sa personne avait une distinction suprême. Martinaud, qui ne le connaissait pas, le prit pour un magistrat d'un ordre supérieur, et il devint humble tout à coup.

— Monsieur, dit-il, l'obstination de mademoiselle m'a peut-être entraîné trop loin; je regrette....

— Il suffit... Monsieur l'huissier, pour quelle somme opérez-vous une saisie en ce moment?

Les traits de Martinaud exprimèrent une grande stupéfaction.

— Vingt mille francs, répliqua-t-il, plus les intérêts et les frais de justice.

— Vous avez ici toutes les pièces?

— Les voici, dit Martinaud en prenant des mains de son clerc une serviette qui contenait un volumineux dossier.

— C'est bien... Mesdames, poursuivit M. Louis, voudriez-vous nous conduire quelque part où, sans déranger le malade, nous pourrons terminer cette affaire?... Ce ne sera pas long, du reste.

— Par ici, dit Clotilde.

Et elle introduisit tout le monde dans sa chambre dont la porte était restée entr'ouverte. Sur un guéridon de cette chambre virginale, M. Louis jeta une liasse de billets de banque.

— Payez-vous, dit-il sèchement à l'huissier, et donnez reçu.

Clotilde ne put retenir un cri de surprise; quant à Martinaud, il dit avec hésitation :

— Je ne sais, monsieur, à quel titre vous intervenez dans des intérêts qui vous sont étrangers. J'ignore qui vous êtes, et peut-être ne dois-je pas accepter cette intervention.

— Mon nom importe peu... M. de Ligneul étant

malade et empêché, c'est madame la chanoinesse de Ligneul, ici présente, qui, de ses deniers, acquitte la dette de son frère... Ne dis-je pas vrai, madame? poursuivit Louis en se tournant vers la comtesse.

Celle-ci fit un signe d'assentiment.

Martinaud paraissait très-embarrassé.

— Tout cela, dit-il, n'est peut-être pas bien légal, et je m'expose...

— Vous avez, monsieur, des scrupules fort singuliers, interrompit Louis d'un ton sévère; l'intérêt de vos clients n'est-il pas d'être payés, de quelque part que vienne le payement? En vérité, on pourrait croire à votre hésitation que ceux qui vous emploient obéissent à des sentiments de haine et de méchanceté contre une honorable famille!

Martinaud se concerta un moment avec son clerc. La pensée que cet inconnu, qui parlait avec tant d'autorité, devait être un magistrat, ne contribua pas peu sans doute à le décider.

— Soit donc, monsieur, répliqua-t-il; mais, comme je vous l'ai dit, il y a encore les frais de justice, et puis mon déplacement, mes vacations et celles de mes hommes.

— Combien? demanda M. Louis.

L'huissier, après avoir fait rapidement son compte, énonça le total. Aussitôt Louis tira de sa poche de nouveaux billets de banque et un rouleau d'or qu'il posa sur la table. Martinaud exigea jusqu'au dernier centime de la somme indiquée; puis il écrivit la quittance, sous l'œil vigilant du magistrat supposé, et la présenta, ainsi que le dossier, à M. Louis. Celui-ci, après un examen rapide de ces diverses pièces, dit d'un ton ferme :

— C'est bien... Maintenant, monsieur, vous comprendrez sans doute que votre présence ici, dans les circonstances actuelles, peut avoir de nombreux inconvénients.

Martinaud fronça le sourcil, mais n'osa répliquer. Cinq minutes plus tard, il avait quitté le château avec sa bande.

M. Louis, ayant remis en silence à la chanoinesse les paperasses qu'il venait de recevoir, fit mine de se retirer à son tour. Clotilde s'écria tout à coup avec une explosion de reconnaissance :

— Ah! monsieur, quel service vous venez de nous rendre! Comment se fait-il, comment avons-nous mérité...

— Mon enfant, dit Philippine en levant les yeux au ciel, dans notre immense affliction il nous est arrivé un messager de consolation et de paix.

M. Louis sourit finement.

— Prenez garde, madame, répliqua-t-il, de donner de moi une fausse idée à votre charmante nièce. Bien que j'aie toujours éprouvé pour les châtelaines de la Motte-Blanche une respectueuse sympathie, je n'en suis pas moins dans cette maison un ennemi, un mauvais voisin, un aventurier qui se livre au *braconnage* (le mot a été dit), et qui pour ses méfaits va être traduit devant les tribunaux.

— C'est vous qui nous sauvez pourtant! s'écria la comtesse avec émotion.

— Il est impossible, reprit Clotilde, que mon père,

en apprenant quel service vous venez de lui rendre, ne s'empresse pas de donner des ordres...

— Je ne demande aucune grâce, mademoiselle, répliqua Louis en se redressant avec dignité; et pour vous mettre à l'aise, j'avouerai que je n'aurais jamais osé intervenir dans vos affaires, si je n'y eusse été poussé par des instances auxquelles je ne pouvais me refuser. Je ne suis, pour le moment du moins, qu'un instrument placé entre les mains d'un autre, et je n'ai droit pour ma conduite à aucune gratitude, surtout à aucune indulgence, à aucune faveur.

— Et cependant, monsieur, reprit la chanoinesse, vous ne pouvez nous empêcher d'être pénétrées de reconnaissance pour vos bons offices... Mais mon frère voudra sans doute vous voir afin de régler ces graves intérêts, et nous aurons alors occasion, je l'espère, de vous adresser de nouveaux remercîments.

— Attendez du moins, répliqua M. Louis avec son fin sourire, que je les aie mérités par un service plus direct et surtout plus réel.

En même temps il s'inclina et sortit.

Les deux dames, en se retrouvant seules, s'embrassèrent avec effusion.

— C'est un coup du ciel! dit la chanoinesse; mon enfant, serre ces papiers dont la possession nous délivre d'un mortel embarras... Ah! si les autres dangers que je redoute pouvaient être écartés de même!

— Je crois rêver, dit Clotilde; comment supposer que ce voisin si odieux à mon père serait capable...

Mais vous, ma tante, vous savez sans doute la cause de cette intervention miraculeuse; ne pourriez-vous m'expliquer...

— Je ne sais pas grand'chose. En pareille circonstance, on n'a pas le temps de demander des explications; on est trop heureux de se tirer d'affaire... Cependant je te dirai plus tard ce que je soupçonne.

— Pourquoi pas à l'instant, chère tante ? Mon esprit travaille et je suis impatiente...

— Non, non, pas en ce moment; je suis attendue par ton père... Et tiens ! précisément voici le docteur qui revient et il aura besoin de mes services.

En effet le pas lourd du médecin se faisait entendre de nouveau dans l'escalier ; toutes les autres préoccupations de la tante et de la nièce s'effacèrent devant celles que leur causait l'état alarmant du chef de famille.

XV

LE RETOUR

Pendant que ces événements se passaient à la Motte-Blanche, Fortin était retourné en toute hâte à Fontenay. Malgré sa tranquillité apparente, il éprouvait quelque inquiétude à l'égard de l'accusation portée contre son fils par M. de Ligneul, et si absurde qu'elle parût, il avait trop l'expérience des choses de la vie pour la négliger outre mesure. Aussi, en attendant qu'elle fût présentée dans la forme légale, songeait-il déjà à la combattre par une accusation qu'il appelait *reconventionnelle*, dans son langage de vieux chicaneur; pour cela il n'avait qu'à constater l'attentat dont il avait failli être victime à la Lande-Rouge.

Lorsqu'il rentra chez lui, on lui annonça une nouvelle inattendue. Jules était arrivé de Paris beaucoup plus tôt qu'on ne le supposait, et, ne trouvant pas son père à la maison, était ressorti aussitôt, sans même prendre le temps de changer ses vêtements de voyage.

— Où peut-il être allé? se demanda l'ancien notaire avec humeur; chez son ami M. Louis sans doute? que diable ont-ils donc à manigancer ensemble?

Il se mit à son bureau, et commença un rapport sur la tentative d'assassinat dirigée contre lui dans l'exercice de ses fonctions. Il n'était pas mécontent de son travail et se croyait sûr de porter sur le terrain de son adversaire la guerre qu'on lui déclarait, quand il fut brusquement interrompu.

Trois personnes entrèrent dans la salle. C'était d'abord Aubinet, revêtu de sa plus belle livrée, et assisté de son compagnon Bihoreau, qui lui servait d'acolyte dans les grandes circonstances; puis, venait le père Antoine, qui semblait avoir été amené là un peu contre son gré et dont l'air ahuri était des plus comiques.

Fortin, à la vue des deux gardes, devina sans doute de quoi il s'agissait, car il se renversa dans son fauteuil et relevant ses grosses lunettes sur son front, attendit qu'on lui adressât la parole.

Aubinet fit un salut cérémonieux que ses compagnons imitèrent.

— Monsieur le maire, dit-il avec gravité, je viens, en ma qualité de garde assermenté des propriétés de M. de Ligneul, remettre entre vos mains le procès-verbal de l'enquête à laquelle j'ai procédé sur les événements accomplis dans le parc de la Motte-Blanche; et comme cette pièce importante pourrait par hasard s'égarer, j'ai amené deux personnes,

M. Bihoreau, garde assermenté ainsi que moi, et
M. Antoine, propriétaire dans cette commune, afin
de témoigner au besoin que je vous l'ai remise, comme
en effet je vous la remets, pour que vous la fassiez
parvenir, selon la loi, au parquet d'Orléans.

En même temps, il tira de sa poche un cahier de
papier timbré, tout couvert de grossiers hiéroglyphes,
et le tendit à Fortin. Celui-ci le prit tranquillement :

— Sur ma foi! monsieur Aubinet, dit-il d'un ton
moqueur, vous êtes ferré sur la procédure... Tant de
précautions étaient inutiles ; ce papier ne se perdra
pas, je vous le garantis... Mais je pensais qu'en ce
moment on avait à s'occuper au château d'autre chose
que de cette ridicule affaire.

— Oui, oui, monsieur le maire, répliqua le garde
avec un mauvais rire, et vous ne pouvez l'ignorer...
Cependant mon maître, en dépit de sa maladie et de
ses chagrins, m'a expressément recommandé de déposer mon procès-verbal, et de m'assurer que la loi
sera observée.

— Ah ça! je ne sais pas ce qu'il y a dans ce papier,
moi, interrompit le père Antoine d'un air alarmé;
M. Aubinet m'a accosté comme j'allais à notre vigne ;
il m'a prié de servir de témoin, et je suis venu. Mais
si ce papier contient quelque chose qui ne plaît pas à
monsieur le maire, j'en suis innocent comme l'enfant
à la mamelle !

— Oh ! vous, père Antoine, dit Fortin d'un ton sec,
votre affaire est à part. Vous êtes cause, par votre
duplicité, par votre âpreté au gain, des scènes tumultueuses qui ont eu lieu aujourd'hui dans la commune

et qui ont failli m'être si fatales ; nous réglerons cela dans un autre moment... Quant à monsieur Aubinet, un garde si honnête, si diligent, si judicieux, je me demande pourquoi il n'a pas profité de l'occasion pour m'apporter aussi le procès-verbal qu'il a déclaré hier à M. Louis, le locataire de la Folie-Saint-Firmin.

Le garde devint vert en écoutant ces paroles dont il sentait l'ironie. Il répondit avec embarras que le temps lui avait manqué pour rédiger ce procès-verbal, mais qu'il allait s'en occuper dans le plus bref délai.

— A votre aise, reprit Fortin en se levant ; maintenant, messieurs, votre tâche est remplie et vous pouvez vous retirer. Je tiens ce chef-d'œuvre de procédure pour reçu et bien reçu... De mon côté, j'ai aussi des procès-verbaux à rédiger. Laissez-moi donc à ma besogne et allez à la vôtre ; il se pourra que l'une et l'autre finissent par se confondre !

Aubinet savait le maire trop sérieux et trop habile pour menacer en vain. Toutefois il ne fit aucune question et s'empressa de sortir avec Bihoreau. Seul le père Antoine resta un peu en arrière :

— Dites donc, monsieur le maire, reprit-il mystérieusement, faut pas m'en vouloir si j'ai servi de témoin, voyez-vous. Je suis votre ami, moi ; je possède quarante-deux morceaux de terre, et si je n'avais pas eu besoin d'argent comptant...

— C'est bon, interrompit Fortin avec impatience ; je n'ai pas le temps aujourd'hui de m'occuper de vous, père Antoine, mais vous aurez votre tour... Vous étiez introuvable depuis deux jours ; tâchez donc de vous faire oublier encore un peu de temps.

— Voyons, voyons, monsieur le maire, me garderiez-vous rancune parce que...

— Ah ça, allez-vous me laisser tranquille à la fin !

Le vieux paysan effrayé n'osa pas insister et se sauva, après avoir salué humblement.

Fortin, demeuré seul, parcourut avec avidité l'acte qu'on venait de lui remettre, et il en relut plusieurs fois certains passages.

— Hum ! dit-il enfin avec réflexion, ce drôle d'Aubinet ne manque pas d'intelligence pour le mal. Il a profité adroitement de toutes les circonstances afin d'appuyer sa thèse ridicule... Et cet idiot de Ligneul qui ne voit pas que le moyen de défense à invoquer est une intrigue amoureuse avec sa fille ! Sa passion pour la chasse, sa haine contre moi, lui ont tourné la tête... Cependant il importe que je cause avec Jules... Il tarde bien ; que diable fait-il ?... Sans doute il aura appris chez son ami M. Louis la visite de l'huissier au château, et il se lamente de son impuissance !

En ce moment, Martinaud, tout rouge et effaré, se glissa dans la salle.

— Un mot seulement, monsieur Fortin, dit-il avec précipitation, car mes hommes m'attendent pour retourner à la ville... Tout est manqué... On a payé capital et frais, et je me vois obligé de battre en retraite.

En apprenant cette nouvelle, Fortin fit un tel soubresaut qu'il faillit renverser son lourd fauteuil.

— C'est impossible! s'écria-t-il; M. de Ligneul n'avait pas de fonds et n'a pu s'en procurer par aucun moyen... Martinaud, vous vous serez laissé duper.

— Duper, duper! répéta l'huissier d'un ton d'humeur; il me semble, monsieur, que ceci n'est pas une duperie.

Et il exhiba la liasse de billets de banque contenue dans sa serviette.

— Je m'y perds, reprit Fortin consterné, et mes plus belles combinaisons avortent misérablement.

L'huissier raconta comment un inconnu, qu'il supposait être un magistrat, était apparu tout à coup et avait arrêté la saisie.

— Un magistrat! que me chantez-vous là, Martinaud? Il n'y en a pas dans le pays... Voyons, ne serait-ce pas, par hasard, M. Louis, que vous avez vu à la Motte-Blanche? Le fait serait des plus extraordinaires!

— M. Louis! En effet, je crois avoir entendu quelqu'un appeler ainsi ce bailleur de fonds... Mais, qu'est-ce alors que M. Louis?

— Je l'ignore; je sais seulement qu'il n'a pu, avec ses propres ressources... Mais, tonnerre! j'y suis, ajouta Fortin frappé d'une idée; Jules s'est rendu chez lui en toute hâte et, n'osant lui-même se présenter à la Motte-Blanche, il aura envoyé son ami...

— Que dites-vous, monsieur Fortin?

— Rien, rien, monsieur Martinaud, répliqua le maire en se contenant avec effort; enfin, puisque l'affaire est manquée, vous pouvez partir. J'attends quelqu'un qui ne doit pas vous voir... Adieu, monsieur Martinaud; vous savez entre quelles mains vous devez verser cet argent?

— Oui, oui, monsieur Fortin... A une prochaine affaire donc! Si les choses n'ont pas tourné comme vous le souhaitiez, ce n'est pas ma faute, je vous l'assure.

Et l'huissier se hâta de rejoindre ses compagnons.

— L'imbécile! murmurait Fortin, ne pouvait-il trouver moyen de refuser le payement?... Mais le plus coupable dans tout ceci, c'est Jules lui-même, cet enfant ingrat qui se jette à la traverse de mes projets... Il me rendra compte de ses sottises!

Fortin voulut reprendre son travail, mais des idées nouvelles bouillonnaient dans son cerveau et nuisaient à la netteté de sa rédaction. Toutefois sa colère contre son fils ne tarda pas à diminuer. Il avait pour Jules une sorte de déférence qui l'empêchait de se montrer à lui sous certains aspects, et il sentait la nécessité d'employer des ménagements dans l'entrevue qui allait avoir lieu.

Aussi, quand Jules parut enfin, l'air triste et consterné, Fortin lui fit-il un accueil affectueux et paternel, comme à l'ordinaire.

— Méchant garçon, dit-il en l'embrassant, tu n'as pas mis beaucoup d'empressement à me voir en revenant de voyage.

— Excusez-moi, mon père, répondit Jules; ma première pensée a été pour vous; mais ne vous trouvant pas ici, j'ai dû me rendre chez M. Louis, où une affaire pressante m'appelait.

— Hum! je crois savoir, monsieur, quelle est cette pressante affaire.

— Je ne prétends pas en faire un mystère; seulement, comme vous avez bien voulu, depuis que j'ai l'âge d'homme, me laisser la liberté complète de mes actions...

— Oui, elles sont jolies vos actions, parlons-en! Aller exprès à Paris pour emprunter, à des intérêts sans doute usuraires, une forte somme, destinée à payer les dettes de notre plus mortel ennemi!

— Quoi! mon père, on vous a dit déjà...

— Et, pendant que vous faisiez ainsi du dévouement chevaleresque, M. de Ligneul, non content de vous accuser vous-même d'un crime abominable, tirait sur moi deux coups de fusil.

— Mais, grâce au ciel, il ne vous a pas atteint, mon père, et cette action doit être uniquement attribuée à un accès de fièvre chaude.

— Ah! reprit Fortin avec amertume, est-ce ainsi que vous recevez la nouvelle du danger que j'ai couru?

— Je connaissais déjà l'événement et les circonstances dans lesquelles il s'est produit... Mais, ajouta Jules avec un profond soupir, une considération doit nous disposer l'un et l'autre à l'indulgence; le malheureux comte n'attentera plus désormais à la vie de personne, car la sienne ne saurait se prolonger au delà de quelques jours... de quelques heures peut-être.

— Que me dis-tu là? demanda Fortin au comble de l'étonnement.

— La vérité, mon père; j'ai vu tout à l'heure le docteur Tournier qui venait de panser M. de Ligneul; la gangrène s'est mise dans les plaies du blessé et rien au monde désormais ne le sauvera.

Fortin ne pouvait éprouver beaucoup de pitié pour le malheureux gentilhomme; en revanche, il vit d'un coup d'œil les nombreuses conséquences qu'aurait la mort prochaine du comte.

— Voilà, dit-il, qui change singulièrement les situations... mais la tienne n'en devient pas meilleure. Sais-tu, si M. de Ligneul meurt de ses blessures, qui devra répondre de cet accident devant la justice? C'est toi, Jules, toi qui, à ce qu'il paraît, te trouvais dans le parc de la Motte-Blanche, la nuit du meurtre.

— J'ai appris cette accusation, mon père; elle me désole d'autant plus qu'elle a un moment trouvé créance auprès de personnes dont l'estime et l'affection me sont bien précieuses. Mais le moindre examen suffira pour en démontrer l'absurdité.

— La chose n'est pas aussi facile que tu as l'air de le croire... Tiens, lis cette pièce que l'on vient de m'apporter.

Jules parcourut rapidement le procès-verbal des gardes.

— La plupart de ces faits peuvent être vrais, reprit-il, et je ne nie pas que les empreintes trouvées dans le parc ne soient bien les miennes; mais ce que je nie de toute mon énergie, c'est que j'aie été capable de tirer un coup de fusil sur M. de Ligneul.

— Il ne s'agit pas de savoir si tu as tiré ou non, mon garçon, mais d'établir d'une manière juridique que tu n'as pu tirer... Voyons, dis-moi tout ; les circonstances sont assez graves pour que tu te départes avec moi de ta réserve habituelle et que tu me fasses une confidence complète.

Jules n'hésita plus à raconter comment, poussé par le désir ordinaire aux amoureux de se rapprocher de la personne aimée après une longue absence, il s'était introduit dans le parc de la Motte-Blanche pendant plusieurs nuits consécutives. Il exposa son entrevue avec les dames de Ligneul, la poursuite acharnée du comte et sa propre escalade des murs de la Folie Saint-Firmin.

— La preuve, continua-t-il, que je n'ai pu tirer sur M. de Ligneul, c'est que, au moment de l'attentat, je me trouvais déjà sur la terrasse, à côté de M. Louis qui en témoignera au besoin. Or, M. Louis, je le sais aujourd'hui, est, malgré ses allures modestes, un homme éminent, une de nos célébrités contemporaines, et son témoignage sera d'un poids considérable.

— Ah ! ce M. Louis est-il un si grand personnage ? Je ne m'en serais guère douté à voir... Mais revenons à toi. Maintenant, en effet, il devient facile d'établir, soit dans un procès public, soit dans une simple information judiciaire, ton innocence absolue quant à l'attentat dont tu es accusé ; seulement sais-tu ce qu'il résultera de ta justification ? La conduite des dames de Ligneul sera sévèrement interprétée et la petite demoiselle surtout ne peut manquer d'être compromise.

— Et voilà, mon père, dit Jules avec désespoir, le plus poignant de mes chagrins... Pauvre innocente jeune fille! comment a-t-elle mérité la réprobation qui tomberait sur elle?... Aussi, suis-je déterminé à tout souffrir pour que le nom de ma chère Clotilde ne soit pas même prononcé dans cette déplorable affaire. Je vous ai dit à vous toute la vérité ; mais personne au monde ne pourra me faire avouer désormais le motif réel de ma présence à la Motte-Blanche pendant cette nuit funeste. Je soutiendrai plutôt que j'en voulais aux chevreuils du parc, moi qui n'ai touché un fusil de ma vie... Dussé-je être frappé de la plus dure condamnation, je ne prononcerai pas un mot capable de ternir l'honneur sans tache de mademoiselle de Ligneul!

Jules s'était exprimé avec une véhémence extrême et des larmes finirent par jaillir de ses yeux. Fortin attachait sur lui un regard pénétrant.

— Ce n'est donc pas une amourette d'enfant? demanda-t-il d'un air de réflexion ; il s'agit donc d'une passion réelle, sérieuse?

— C'est un amour qui ne finira qu'avec moi... Je me le suis juré à moi-même, j'épouserai Clotilde de Ligneul ou je ne me marierai jamais.

— Ingrat! et tu ne t'inquiètes pas de désoler ton vieux père, de lui désobéir? Tu ne songes déjà plus à ces brillants projets que j'avais formés pour toi?

— Je compte au contraire, mon père, vous rappeler bientôt une parole donnée. Le motif principal de votre opposition à mes vœux est votre désir de me voir avancer rapidement dans la carrière administrative. Eh bien, que diriez-vous si, dans un très-bref délai, j'obtenais ce qui est le but de votre ambition et de la mienne, si j'étais nommé sous-préfet?

— Sous-préfet! s'écria Fortin dont le visage s'épanouit; est-ce possible?

— Hier j'ai vu le ministre qui, sur un mot de M. Louis, son ami particulier, m'a fait l'accueil le plus obligeant. Sa réserve officielle l'empêchait de prendre un engagement positif vis-à-vis de moi; mais il s'est montré beaucoup plus explicite dans une lettre que M. Louis a reçue aujourd'hui et que j'ai vue...

— Ah ça! ton monsieur Louis est donc le diable en personne? Mais sais-tu bien, mon garçon, que tout ceci doit nous faire grandement réfléchir? Si tu étais nommé sous-préfet, si tu épousais la fille d'un comte, tu pourrais plus tard, avec ta fortune et ton mérite personnel, arriver aux plus hautes charges de l'État... Seulement es-tu sûr, là, bien sûr que M. de Ligneul n'en reviendra pas?

— Hélas! mon père, rien ne peut le sauver, je vous le répète; bientôt il sera ravi à sa famille et... à ceux qui l'aiment.

— Ceux-là ne sont pas très-nombreux; mais ne crois pas, mon cher Jules, que je sois son ennemi; ce pauvre de Ligneul, malgré sa morgue à mon égard, m'a toujours inspiré plus de pitié que de haine; et, dans la conviction qu'il se laisserait déchirer en pièces avant de consentir à une alliance avec nous, j'avais imaginé d'autres combinaisons... auxquelles il faut renoncer aujourd'hui.

Fortin se promena quelques instants dans la salle ; ses sourcils froncés, l'animation de son visage, trahissaient le travail de sa pensée. Enfin il s'arrêta devant son fils et lui dit avec un accent de cordialité :

— Embrasse-moi, Jules ; il n'y aura plus de dissentiment entre nous, car aussi bien ce dissentiment était plus apparent que réel. Tu veux épouser mademoiselle de Ligneul et tu l'épouseras ou j'y perdrai mon nom... D'ailleurs, le parti ne sera peut-être pas aussi mauvais qu'il en a l'air. Le comte a sottement gaspillé sa fortune ; mais, d'après mon calcul, on pourrait avec cent mille écus payer toutes les dettes qui grèvent la terre de la Motte-Blanche, et cette terre vaut plus de huit cent mille francs... Allons ! c'est entendu ; me voilà ton allié pour atteindre le but que tu poursuis avec tant de constance.

— Merci, mon excellent père, s'écria Jules en lui rendant avec affection ses étreintes ; si vous le voulez, vous réussirez certainement... Vous êtes si habile, si expérimenté, si ferme dans vos résolutions !

— Ne nous dissimulons pas, mon garçon, que l'écheveau est diablement embrouillé... Tiens, pour commencer, je vais mettre à néant ce rapport que j'étais en train de rédiger. L'effet sera des meilleurs dans le pays, quand on saura que je ne porte pas plainte, et que, malgré nos inimitiés passées, je ne profite pas de mon avantage contre M. de Ligneul.

Il déchira le papier en plusieurs morceaux et le jeta sous la table.

— Maintenant, poursuivit-il, formons notre nouveau plan de campagne et songeons à tourner les grosses difficultés qui se présentent. Le problème à résoudre est celui-ci : te décharger de l'accusation portée contre toi, en dépit d'Aubinet et de son procès-verbal; puis, mettre soigneusement à l'écart mademoiselle de Ligneul, de telle sorte que le nom de la future madame Fortin ne soit pas même prononcé... N'est-ce pas cela?

— Parfaitement, mon père, mais comment arriver à ce double résultat?

— Il n'y a qu'un moyen, c'est de découvrir le braconnier qui s'est introduit dans le parc et qui a tiré sur le comte. Il a reçu lui-même une blessure qui ne saurait encore être guérie, et en cherchant bien parmi les gens mal famés du voisinage, il sera possible... J'ai déjà certains soupçons; mais toi, mon cher Jules, ne peux-tu me fournir quelques indications au sujet de ce vaurien? Tu as dû le voir du haut de la terrasse de la Folie.

— Bien confusément, mon père. Cependant il me semble qu'il avait une blouse grise, comme le costume de coutil que je portais moi-même ce jour-là, ce qui a causé la méprise du comte.

— Une blouse grise! voilà un détail à noter... J'ajouterai, de mon côté, que l'individu en question doit être une connaissance, peut-être un complice d'Aubinet, car le garde semble avoir un intérêt particulier à cacher la vérité... Allons! avec ces renseignements et les indices que je pourrai me procurer d'autre part, je finirai sans doute par trouver ce rusé coquin... Eh bien, mon cher Jules, poursuivit Fortin d'un ton affectueux, tu viens de voyager et tu dois être fatigué. Rentre donc dans ta chambre et tâche de prendre du repos. Quant à moi, je compte bien employer ma soirée, et demain, à ton réveil, j'aurai peut-être à te raconter des choses intéressantes pour toi.

XVI

L'INTERROGATOIRE

Le soir du même jour, deux heures après le coucher du soleil, Grain-de-Sel et sa mère se trouvaient seuls dans leur maisonnette, située, comme nous savons, sur la lisière d'un bois, non loin de Fontenay. Au dehors, la nuit était très-noire et le ciel couvert d'épais nuages; un vent impétueux s'était élevé, et à chaque rafale, les feuilles sèches qui voltigeaient dans les airs, les branches qui craquaient, les grondements et les plaintes sortant des profondeurs du taillis, produisaient un fracas assourdissant.

Grain-de-Sel, à la suite d'un repas grossier, mais copieux, était assis au coin du foyer et fumait une pipe de terre noire et courte qu'il tenait entre ses dents. Une petite lampe de fer brûlait sur la table; à cette lueur incertaine, la taille massive du nain, sa grosse tête hérissée, ses traits brutaux formaient un ensemble d'un caractère farouche. La vieille Legoux, qui ravaudait des hardes auprès de la table, ne semblait pas moins hideuse avec son crâne dénudé, son visage de parchemin et ses vêtements en haillons. Noirot, le chien du braconnier, qui d'ordinaire complétait le personnel du logis, était absent ce soir-là, pour cause de chasse nocturne avec un des associés de son maître.

Depuis un temps assez long, le fils et la mère n'avaient pas échangé une parole; on n'entendait que les mugissements du vent, qui semblait par intervalles vouloir renverser la frêle habitation. La vieille, après avoir essayé sans succès d'enfiler une aiguille, laissa tomber son ouvrage sur ses genoux et dit avec timidité :

— Une vilaine nuit, Jean!... Est-ce que tu comptes sortir ce soir ?

Grain-de-Sel répliqua brusquement :

— Qu'appelles-tu vilaine? Il fait, au contraire, un temps superbe pour nous autres. On ne vous voit pas et on ne vous entend pas marcher... Oui, je sortirai et tu sortiras aussi.

— Moi, sainte Vierge! Et où veux-tu que j'aille? Aussitôt que j'ai fait vingt pas mes pauvres jambes fléchissent sous moi.

— Tu viendras pourtant, afin de m'aider à porter ce gibier qui est là dans le coffre. Jacquet doit passer ce soir à Fontenay avec sa voiture; après avoir pris à l'auberge de la Grande-Pinte le gibier du château, il prendra le nôtre aux Quatre-Chemins.

— Mais je n'aurai jamais la force... L'autre jour, j'ai ramassé un petit fagot dans le Bois-Mandar et il m'a fallu l'abandonner en route, car j'avais peine à me traîner moi-même.

— Ah ça! crois-tu que je veuille te nourrir à rien faire? Tu marcheras, de par le diable!

— Voyons, Jean; ne pourrais-tu porter seul ce sac de gibier? Je t'en ai vu porter de beaucoup plus gros et de plus lourds.

— Et je le ferais encore, vieille fainéante, si je n'avais reçu, là, dans le *chignon du cou*, cette charge de plomb que m'a envoyé le comte de Ligneul. Tu as eu beau m'appliquer des compresses d'eau salée, enlever les grains avec la pointe de tes ciseaux, ça me cuit toujours... Mais assez de bavardages! Tu sais que je ne les aime pas... Mets le gibier dans deux sacs; tu prendras l'un et je prendrai l'autre... Marcheras-tu?

Il poussa si brutalement la misérable vieille qu'elle fût tombée à la renverse si elle ne s'était retenue à un meuble. Elle se mit en devoir d'exécuter, tout en marmottant et en gémissant, l'ordre de son terrible fils, tandis que Legoux lui-même faisait ses préparatifs de départ.

Le fardeau à répartir n'était pas léger en effet. Il se composait d'une douzaine de lapins, de cinq ou six lièvres, sans compter un monceau de perdreaux et de faisans; toutes ces bêtes avaient été prises à la bourse, au collet, ou emprisonnées sous « le drap de mort » pendant les chasses nocturnes. De plus, en se rendant aux Quatre-Chemins, on devait trouver dans une cachette le gibier appartenant en propre à Aubinet et que le garde ne pouvait livrer lui-même au marchaud sans se compromettre. Tout cela constituait une charge énorme, qu'il fallait porter à plus d'une demi-lieue de là, en marchant à travers champs, par cette affreuse nuit.

La vieille enferma dans deux sacs d'inégale grandeur cette masse d'animaux à poils ou à plumes ; et, bien qu'elle se fût naturellement réservé le moins lourd, elle ne put retenir une nouvelle plainte en essayant de le soulever. Jean lui lança un regard furieux ; cependant il prit une bouteille sur la table et dit à sa mère :

— Allons ! une fois n'est pas coutume..... Je vais te verser un verre de *dur* pour te donner des jambes ; si je suis content de toi, tu en auras un autre à ton retour.

Un sourire s'épanouit sur les lèvres flétries de la mère Legoux. Elle absorba le verre d'eau-de-vie avec dextérité et l'on pouvait soupçonner que plus d'une fois, en l'absence de son fils, elle avait fait des emprunts à la bouteille. Un peu réconfortée, elle allait se charger de son sac, et le braconnier soulevait déjà le sien, quand la porte s'ouvrit brusquement, et M. Fortin, le maire de Fontenay, entra dans la maison.

La mère et le fils laissèrent tomber leur fardeau, et, tandis que la vieille se plaçait de manière à cacher les sacs, Grain-de-Sel avança la main vers un maillet de bois appuyé contre un meuble. Peut-être Fortin avait-il vu ce mouvement, mais il n'en témoigna aucune alarme. Il était enveloppé d'un gros paletot et avait rabattu les oreillettes en peau d'agneau de sa célèbre coiffure, afin de se préserver du vent. Ainsi accoutré, on ne voyait guère de son visage que sa large bouche moqueuse, son nez informe et ses yeux brillants de finesse.

— Bonsoir, mes braves gens, dit-il doucement; eh! Jean Legoux, tu ne t'attendais pas à ma visite ce soir?

Grain-de-Sel, en reconnaissant que Fortin était seul, s'était promptement rassuré, car il se sentait assez fort pour venir à bout du magistrat campagnard.

— Le fait est, monsieur le maire, répondit-il, que voilà du nouveau... Il est tard, et, la mère Legoux et moi, nous allions nous mettre au lit.

— Tu devines sans doute ce qui m'amène. Tu as été témoin aujourd'hui de l'acte de violence commis par M. de Ligneul, et je viens te faire signer le procès-verbal que j'ai dressé à ce sujet.

Grain-de-Sel respira quand il sut le motif réel ou supposé de cette visite. Cependant il dit avec humeur :

— Et c'est pour cela, monsieur le maire, que vous venez à l'heure du coucher du pauvre monde?

— Bah! répliqua Fortin en souriant, personne n'ignore que l'on ne se couche pas de bonne heure ici... D'ailleurs, il n'y a pas de temps à perdre, car mon procès-verbal partira demain matin.

— Comment signerai-je? Je ne sais ni lire, ni écrire.

— Tu peux du moins reconnaître la vérité des faits qui se sont passés en ta présence, et tu seras cité comme témoin en temps et lieu.

Tout en parlant, Fortin promenait autour de lui un regard inquisiteur. Il vit ainsi les sacs, dont il n'était pas difficile de deviner le contenu, et les engins de braconnage rangés le long de la muraille. Mais ce qui fixa son attention fut une blouse grise, jetée sur le dossier d'une chaise, et que la mère Legoux était en train de raccommoder quelques minutes auparavant. Fortin la prit, comme pour débarrasser le siége sur lequel il désirait s'asseoir, et la développa avec une apparente indifférence. Cette blouse semblait avoir été récemment lavée; on y voyait, vers la partie postérieure du collet, un certain nombre de petits trous, dont la vieille avait déjà reprisé plusieurs, et qui pouvaient provenir d'une charge de plomb. Toutefois il ne trahit sa découverte par aucun signe; rejetant avec tranquillité le vêtement, il s'assit de sorte qu'on ne pût l'enlever sans sa permission.. Cela s'était fait avec tant de naturel, que Grain-de-Sel et sa mère n'eurent aucune défiance.

— Allons! Jean Legoux, reprit Fortin, en se carrant dans le siége dont il s'était emparé, je laisserai à la justice le soin de t'interroger plus tard au sujet de l'affaire qui m'amène. Mais, puisque je me trouve chez toi, il est de mon devoir, en ma qualité de maire de la commune, de t'adresser quelques questions sur tes moyens d'existence... Tu es charbonnier, et tu ne fais pas de charbon; tu es cultivateur, et on ne te voit jamais travailler à la terre. De quoi vivez-vous donc, ta mère et toi? Il importe de le savoir.

Grain-de-Sel, en voyant la conversation prendre cette tournure inquiétante, jeta sur le maire un regard oblique, et ses larges mains velues se fermèrent d'une manière convulsive. Toutefois, ne croyant pas encore le danger imminent, il répondit d'un ton assez calme :

— On vit comme on peut, monsieur le maire, et il y a souvent de mauvais moments à passer. Je suis arrivé de la Beauce aujourd'hui, et j'ai rapporté quelques sous ; mais la chute que j'ai faite du haut d'une meule de blé va m'empêcher encore pendant quelques jours d'avoir du cœur à la besogne.

— Comment veux-tu que je croie à ta maladie? Tu arrives de voyage, dis-tu, et depuis ce matin on n'a vu que toi dans le pays. Tout à l'heure encore, n'allais-tu pas sortir avec ce gros sac qui est là par terre?... Je ne sais ce qu'il renferme, mais il paraît bien lourd !

En même temps Fortin toucha du pied le sac en question, que la vieille se hâta d'éloigner.

— C'est une commission, répliqua précipitamment Legoux ; ces sacs ne m'appartiennent pas... Ils appartiennent à un ami, qui me les a confiés.

— Et cet ami est le garde Aubinet, sans doute ?

Cette fois Grain-de-Sel se redressa d'un air menaçant.

— Pourquoi me dites-vous cela? demanda-t-il ; Aubinet n'est pas mon ami.

— Dame ! comme les sacs sont pleins de gibier, je pensais qu'un garde seul était capable... Mais soit, n'en parlons plus, et revenons à ta maladie... Te voilà donc dans l'impuissance de travailler pendant quelque temps?

— Je le crois bien, s'empressa de dire la mère Legoux ; j'ai voulu le panser, il y a plus de douze plaies, les unes à côté des autres, que c'est une pitié.

Fortin ne manqua pas de relever cette parole imprudente.

— Douze plaies, ma bonne femme ; comment cela est-il possible ? Votre fils assure être tombé d'une meule de foin, et on ne s'explique guère...

— La meule était si haute ! dit la vieille, qui voulait réparer sa bévue.

Le braconnier lui lança un regard de colère.

— Ne l'écoutez pas, dit-il à Fortin ; elle radote... et elle ferait mieux de se taire.

La mère Legoux alla se cacher dans un coin. Le maire reprit avec une feinte bonhomie :

— Si tu souffres tant, mon garçon, il faut te soigner. Le comte de Ligneul est, à ce qu'on dit, dans le plus grand danger pour avoir négligé une blessure... Et tiens, j'ai quelque expérience en ce genre, veux-tu me montrer où tu souffres ?

Comme il faisait mine de se lever, Grain-de-Sel s'écria brutalement :

— Ne me touchez pas... Il n'y a pas de plaie... Tonnerre ! je n'aime pas qu'on me « manipule ! »

— Ceci est de l'enfantillage ; eh bien ! je t'enverrai demain le docteur Tournier, et il te guérira promptement, quand je devrais payer ses visites.

— Accepte, Jean, dit la vieille, puisque ça ne doit rien te coûter !

— Te tairas-tu? s'écria Legoux en fureur ; ni médecin, ni personne ne me touchera, de par tous les diables ! Qu'on me laisse tranquille.

— Il faudra pourtant que quelqu'un voie la plaie ! dit le maire.

Et, se tournant vers l'étroite fenêtre, il agita la main. Aussitôt la porte s'ouvrit, et le brigadier de la gendarmerie de Fontenay, suivi d'un autre gendarme, entra dans la salle.

Grain-de-Sel, malgré son audace, pâlit à la vue de l'uniforme redouté. Il fit un mouvement, comme pour s'échapper; mais la fuite et la résistance étaient également impossibles. L'œil fixe, les poing serrés, il attendit ce qui allait arriver.

Le brigadier s'approcha de Fortin, et lui dit à demi-voix :

— Eh bien, monsieur le maire?

— Je n'ai plus de doutes, répliqua Fortin d'un ton bref, et les pièces à conviction ne manquent pas... Vous allez d'abord saisir, brigadier, cette blouse grise qui, vous le voyez, est criblée au collet de perforations de plomb, puis ces sacs de gibier prouvant que Jean Legoux se livre au braconnage sur une grande échelle. Il importerait maintenant de découvrir le fusil dont il se sert; mais sans doute ce fusil n'entre jamais à la maison et reste caché dans un tronc d'arbre, selon l'usage des braconniers. Voyez pourtant si vous ne trouverez pas ici quelques munitions de chasse.

Le brigadier, avec l'habileté que donne l'expérience, s'empressa de procéder à une perquisition dans la chambre qui formait tout l'appartement de la famille Legoux. Il n'eut pas de peine à découvrir, au fond d'une armoire, un vieux carnier tout graisseux où se trouvaient une poudrière, un sac à plomb et une boîte de capsules. Après avoir examiné le contenu du sac à plomb, il s'écria d'un ton triomphant :

— Voyez! monsieur le maire ; du numéro 6, comme celui qu'on a trouvé dans les blessures de M. de Ligneul!

Fortin lui fit signe de classer le sac parmi les pièces à conviction ; puis, se tournant vers Grain-de-Sel, il reprit avec sévérité :

— De graves présomptions s'élèvent contre vous, si graves qu'un aveu franc de votre part pourrait seul disposer la justice à l'indulgence... Voyons, consentez-vous à reconnaître que vous avez tiré sur M. de Ligneul dans la nuit du... août dernier?

Grain-de-Sel fit un pas en avant, et, secouant son énorme tête :

— Ah ça! je suis donc accusé? Fallait pas tant lanterner... que me veut-on? On trouve du gibier chez moi; mais il ne m'appartient pas... Du reste, je conviendrai, s'il le faut, que j'ai tendu par-ci par-là un collet dans le passé des lièvres et des lapins. Pour ce qui concerne l'affaire de M. de Ligneul, je nie mordicus... Quand la chose est arrivée, j'étais encore malade en Beauce, et je ne suis revenu ici que ce matin.

— Ainsi vous persistez à soutenir que vous ne vous

trouviez pas dans le pays pendant la nuit dont je parle? Prenez garde, on pourra démontrer le contraire... Mais tenez, Jean Legoux, je veux vous prouver ma bonne volonté à votre égard : laissez-nous examiner la blessure que vous avez à la nuque, et si elle est le résultat d'une chute au lieu d'être due à un coup de fusil, comme je le suppose, vous ne serez pas poursuivi pour tentative de meurtre, je vous en donne ma parole; vous ne serez passible que des peines, relativement légères, édictées contre le braconnage.

Grain-de-Sel hésita; il croyait la guérison de ses plaies assez avancée pour qu'on ne pût reconnaître leur origine, et il se sentit assez disposé à risquer l'expérience. Comme il se taisait, sa mère lui dit tout bas :

— Laisse-les faire, Jean. Il n'y a plus rien... Je le sais bien, moi!

Cette affirmation si précise vainquit ses irrésolutions.

— Regardez donc, dit-il de sa voix dure; et puis vous ne me tourmenterez plus, j'espère.

Il enleva sa blouse, et, écartant le collet de sa chemise, laissa voir sur son cou de taureau plusieurs petites plaies très-rapprochées et pour la plupart déjà cicatrisées. Le gendarme avait saisi la lampe, tandis que Fortin et le brigadier procédaient à un examen minutieux. En dépit des assertions de la mère Legoux, peu expérimentée en pareille affaire, aucun doute n'était possible. Dans les cicatrices imparfaitement formées, le brigadier aperçut des grains de plomb que la pauvre vieille n'avait pu découvrir avec ses yeux affaiblis par l'âge, et il eut l'art d'en extraire deux ou trois avant que Grain-de-Sel eût songé à s'en défendre.

— Du numéro 8! dit-il tout joyeux en les présentant au maire; c'est le numéro qui, d'après le procès-verbal, chargeait le fusil du comte!

Le braconnier, en apprenant le fâcheux résultat de cet examen, se redressa vivement et poussa un horrible blasphème; puis il s'élança, le bras levé, vers la vieille, en s'écriant avec rage :

— Coquine! c'est toi qui m'as perdu!

Mais les gendarmes se tenaient sur leurs gardes; avant que le monstre eût pu atteindre sa mère, ils se jetèrent sur lui et, malgré sa vigueur extraordinaire, ils maîtrisèrent ses mouvements. Une corde solide, que l'un d'eux tira de sa poche et qu'il passa autour des bras et des jambes du braconnier avec dextérité, le réduisirent bientôt à une complète impuissance. Alors il demeura sombre et morne sur un siége, la tête penchée sur sa poitrine, et en apparence tout à fait dompté.

Fortin, heureux du succès de son entreprise, se frottait les mains :

— La besogne est plus qu'à moitié faite, dit-il au brigadier, et nous tenons sûrement l'assassin du comte... On sera indulgent pour lui, en égard à cette circonstance, que le comte a tiré le premier. Cependant il serait important d'avoir le témoignage... Que font donc les autres?

— Il ne peuvent être loin, dit le brigadier en prétant l'oreille à un murmure de voix qui s'élévait du dehors.

En effet, une nouvelle troupe ne tarda pas à pénétrer dans l'étroite demeure de Jean Legoux. C'étaient encore deux gendarmes de Fontenay et le garde champêtre de la commune, puis une espèce de charretier, en guêtres de cuir et en blouse, qui, son fouet passé autour du cou, semblait être sous la surveillance de la force publique. Enfin venait un des frères Barbizot, qui était libre, à la vérité, mais qui avait certainement un autre motif que la simple curiosité pour se présenter si tard chez Grain-de-Sel.

A peine arrivé, le charretier, qui n'était autre que Jacquet, le marchand de volailles, s'approcha de Fortin et lui dit d'un ton de désolation :

— Pour Dieu! monsieur le maire, de quoi suis-je accusé? Je fais tranquillement mon métier, et voilà que la gendarmerie vient de m'arrêter à la Grande-Pinte. J'ai dû laisser ma voiture tout attelée devant l'auberge, et si je tarde une heure de plus je ne pourrai me trouver à Orléans demain matin à l'heure du marché... Mes volailles se gâteront, je serai ruiné du coup... Encore une fois, que me reproche-t-on pour me traiter comme un malfaiteur?

— Allons! Jacquet, reprit le maire, la liberté vous sera rendue sans retard et vous pourrez continuer votre voyage, si vous répondez nettement aux questions que je vais vous adresser. Connaissez-vous Legoux, dit Grain-de-Sel, ici présent?

Jacquet tourna les yeux vers le braconnier; le

voyant garrotté il comprit que la position de son ancien ami n'était pas des meilleures. Cependant il répondit cauteleusement :

— Je ne peux pas dire le contraire, que nous nous sommes rencontrés déjà.

— Très-bien, et vous lui achetez beaucoup de gibier, n'est-ce pas ! Ainsi les deux sacs que voilà devaient vous être livrés ce soir aux Quatre-Chemins, selon l'usage ?

— Si on vous l'a dit, répliqua Jacquet avec embarras, cela doit être... Ensuite, vous sentez bien, monsieur le maire, je ne sais pas, moi, d'où provient la marchandise que l'on me livre. C'est moi qui achète tout le gibier de M. de Ligneul, et l'on assure dans le pays, ajouta-t-il avec un rire forcé, que ce que je lu paye forme le plus clair de son revenu... Quant à m'informer où mes pratiques se procurent les lièvres et les perdreaux que je porte au marché, ce n'est pas mon affaire.

— Vous devriez pourtant vous assurer que « vos pratiques, » comme vous dites, sont légitimes propriétaires de ce qu'elles vous vendent... Mais j'ai une autre question à vous adresser, et songez bien, Jacquet, à votre réponse... A quelle époque Legoux est-il revenu de la Beauce ?

Grain-de-Sel lança un regard significatif au marchand de volailles. Par malheur l'obscurité ne permit pas à Jacquet de s'en apercevoir.

— Attendez, reprit-il d'un air de réflexion ; je crois me souvenir... oui, c'est cela... J'ai vu Legoux deux jours avant l'ouverture de la chasse.

— Ainsi, dit le maire, il est bien avéré que Legoux se trouvait dans le pays la nuit du... août, qui a précédé l'ouverture de la chasse?

— Jacquet se trompe ou il ment, s'écria Grain-de-Sel; à l'époque dont il parle, j'étais encore malade et alité à vingt lieues d'ici.

Le marchand de volaille essaya de revenir sur ses affirmations premières.

— Ce serait bien possible, balbutia-t-il; j'ai si mauvaise mémoire!..... Mettons que je me suis trompé.

— Et moi, j'affirme, dit tout à coup le meunier Barbizot, que vous ne vous trompez pas, et que Legoux était dans le pays au moment dont il s'agit. En voulez-vous la preuve? La veille de l'affaire de la Motte-Blanche, je vous ai vus causer ensemble aux Quatre-Chemins, le soir, à peu près à l'heure où nous sommes. Je revenais à pied de la Ferté et je marchais à l'ombre des arbres, si bien que j'ai passé à côté de vous sans attirer votre attention; mais je vous ai parfaitement reconnus l'un et l'autre. Vous, Jacquet, vous étiez dans votre fourgon, et Legoux, debout à côté de la voiture, disait en riant : « Plus tôt ça commencera, mieux ça vaudra. » Oserez-vous nier le fait? Je vous en défie.

Jacquet et Grain-de-Sel échangèrent un regard de consternation, tandis que Fortin disait à Barbizot :

— Voilà, mon cher, ce que j'avais l'intention de vous faire déclarer en présence de ces deux hommes, quand je vous ai prié de vous rendre ici ce soir... Je sais d'avance ce que répondra Legoux qui nie tout ; mais Jacquet connaît le danger de mentir à la justice, et il confirmera votre dire, n'est-ce pas, Jacquet?

Le marchand de volailles avait bien le désir de sauver Grain-de-Sel, mais il redoutait surtout de se perdre avec lui.

— Hum! hum! répliqua-t-il avec anxiété, peut-être Legoux m'a-t-il dit quelque chose de pareil ; mais je ne sais pas exactement quel jour.

Barbizot se mit alors à lui rappeler tant de circonstances précises, que Jacquet dut finir par reconnaître l'exactitude du témoignage.

La culpabilité de Grain-de-Sel était donc établie, et lui-même paraissait le croire, car il n'essayait pas de la combattre par des dénégations.

— Voyons, Legoux, reprit Fortin, au point où nous en sommes, vos aveux n'ajouteraient pas grand'-chose à notre conviction, car elle est entière. Néanmoins, dans votre propre intérêt, je vous conjure de nous dire si vous vous reconnaissez coupable de la tentative de meurtre et si vous avez des complices?

— Non, répliqua sèchement Legoux.

— Écoute, Grain-de-Sel, dit Barbizot d'un ton railleur, tu as tort de faire le discret à l'égard d'un certain camarade pour lequel tu as distribué aujourd'hui des taloches et des coups de poings, car le camarade en question ne te ménage guère.

Le braconnier releva la tête et ses yeux reflétèrent

une ardente curiosité ; cependant il ne répondit pas.

— De qui voulez-vous parler, Barbizot? demanda Fortin ; qui supposez-vous complice des méfaits de Legoux?

— Ce n'est pas un secret, monsieur le maire; personne n'ignore que le garde Aubinet est l'associé de Grain-de-Sel pour le braconnage... Ainsi s'explique que, depuis longtemps, Grain-de-Sel peut se livrer impunément à ses chasses destructives de jour et de nuit. Aubinet et lui partagent les bénéfices, et si Jacquet voulait parler...

— Moi, je ne sais rien, répliqua Jacquet précipitamment ; je n'ai jamais eu affaire qu'à Legoux seul.

— C'est bon, c'est bon ; mais cet Aubinet, si arrogant avec tout le monde, s'humanise, à ce qu'il paraît, quand il est là-bas, à Viviers, chez la grande Zélie, en face d'une ou deux bouteilles. Alors il ne se gêne plus pour laisser courir sa langue sur ceci et sur cela. Aussi Zélie, à qui il apporte presque tout ce qu'il gagne, sans parler des faisans et des lièvres dont il la régale en toutes saisons, peut-elle en conter de belles à son sujet. Il lui disait donc dernièrement : « Cet imbécile de Grain-de-Sel est la patte du chat qui tire pour moi les marrons du feu. Je le ménage parce qu'il m'est utile ; mais le jour où il deviendra trop compromettant, et ce jour ne tardera guère, je saurai bien me débarrasser de lui. »

— Il a dit cela ! s'écria Grain-de-Sel, en faisant un effort pour se lever ; monsieur Barbizot, à qui Zélie a-t-elle répété ce propos?

— A moi, répliqua le meunier avec un accent de fatuité; et si M. le maire la fait venir devant lui, elle le répétera encore, car j'ai des raisons de penser qu'Aubinet, malgré ses présents, lui est maintenant insupportable.

— J'enverrai chercher cette femme demain, dit le maire.

— C'est inutile, reprit Legoux avec un accent de colère; ah! ce sans-cœur d'Aubinet a voulu me vendre?... Eh bien! ce sera moi qui le vendrai!... Monsieur le maire, j'avoue tout... Oui, j'ai tiré sur M. de Ligneul; oui, je détruis beaucoup de gibier, mais Aubinet en détruit autant que moi; Jacquet, ici présent, nous l'achète; puis, le garde et moi, nous partageons l'argent... Voilà la vérité, et au diable le reste!

— Il faut donner une forme authentique à ces aveux! s'écria Fortin. Messieurs, que personne ne sorte; je vais rédiger à l'instant le procès-verbal de cette enquête... Jean Legoux, persistez-vous dans vos déclarations?

— J'y persiste; et si vous trouvez un moyen d'envoyer Aubinet devant les juges avec moi, tout sera pour le mieux!

— Eh! eh! la chose n'est pas impossible, répliqua le maire, en tirant de sa poche tout ce qu'il fallait pour écrire.

L'acte fut dressé sur-le-champ, et on ne négligea rien pour le rendre inattaquable. Pendant ce temps, le marchand de volailles disait avec un accent d'angoisse :

— Quelle terrible chose que la justice! Je n'arriverai jamais pour l'heure du marché... sans compter que mes deux meilleurs fournisseurs me manquent à la fois! Je suis ruiné; et le cours des perdreaux va hausser à Orléans!

XVII

LA RÉPARATION

Le lendemain, M. Louis, après avoir passé une partie de la matinée avec Jules Fortin, achevait de déjeuner dans l'élégante salle à manger de la Folie. Il s'était montré taciturne et rêveur pendant le repas, et le gentil babillage de ses filles n'avait pu le distraire.

— Eh bien! mon ami, demanda madame Hélène, que faites-vous aujourd'hui? N'allez-vous pas à la chasse, comme d'habitude? Je serais désolée que les tracasseries des gens du voisinage vous fissent renoncer à ce divertissement salutaire.

— Il a eu pour moi des effets bienfaisants, il est vrai; cependant, ma chère, j'éprouve quelque scrupule à m'y livrer, en voyant combien cette passion, que l'on dit innocente, peut avoir de résultats désastreux. Hier même, une moitié des habitants de ce pays, la menace à la bouche, l'œil en feu, n'était-elle pas près de se ruer sur l'autre en ma présence, si bien qu'un miracle seul a pu empêcher une effroyable bataille? D'autre part, que de malheurs, de ruines et de hontes cette passion peut produire chez les particuliers! Là, c'est un maniaque, comme ce comte de Ligneul, qui ne prend aucun souci de sa famille, néglige ses plus chers intérêts, s'impose les plus écrasants sacrifices et compromet sa santé, au risque d'une catastrophe semblable à celle qui menace en ce moment notre malheureux voisin. Plus loin, dans une autre classe, c'est un simple paysan, comme ce Grain-de-Sel, qui, pouvant vivre honnêtement du produit de son travail, aime mieux se livrer au braconnage, s'exposer à mille fatigues, à mille dangers, aux condamnations infamantes, à la prison, au bagne peut-être... Je vous dis, ma chère Hélène, que ce goût, soi-disant frivole, peut mener aussi loin que le vice le plus odieux... Moi-même, ne suis-je pas un exemple des difficultés et des embarras où il jette parfois un galant homme? Vous savez quelle considération j'ai acquise par mes travaux, peut-être aussi par mon caractère; eh bien! pour la vaine satisfaction de tuer quelques pauvres animaux, je me trouve exposé aux vexations d'un ivrogne de garde, valet en livrée qu'on a pourvu d'une autorité exorbitante, et je vais être un de ces matins frappé d'une condamnation judiciaire... Voyons, mon amie, n'y a-t-il pas bien là de quoi donner des hésitations quand on songe à se livrer au plaisir de la chasse sur ses propres terres ou sur celles d'autrui?

Cette boutade humoristique ne fit qu'appeler un sourire sur le doux visage de madame Hélène.

— Allons! Louis, vous exagérez, répondit-elle; ce qui arrive dans ce pays n'est qu'un accident particulier...

— Des faits analogues se produisent dans la plupart des pays giboyeux. Rien ne divise autant les campagnes que cette jalouse passion de la chasse; elle est un ferment continuel de haines et de discordes, et somme toute un homme paisible fait bien d'y regarder à deux fois avant de sortir de chez lui, un fusil sur l'épaule.

— Dois-je conclure de tout cela, mon cher Louis, que vous allez prendre le vôtre et faire un tour dans les champs?

Louis se mit à rire.

— Ma foi! pourquoi pas? répliqua-t-il; la nuit a été fraîche; ce matin les perdreaux *tiendront* dans les luzernes... Mais si je cède à cette fantaisie, que prouvera-t-elle, sinon que la nature humaine est pleine de contradictions?

Il se disposait à endosser son harnais de chasse, quand un domestique apporta une lettre pressée venant « du château, » et Louis se hâta de l'ouvrir. Elle contenait seulement quelques lignes, d'une écriture menue, et était signée « comtesse Philippine de Ligneul. » La chanoinesse priait M. Louis de vouloir bien passer le plus promptement possible à la Motte-Blanche, « pour satisfaire, disait-elle, le dernier vœu d'un mourant. »

Hélène avait lu ce billet par-dessus l'épaule de son mari.

— Eh bien, mon ami, demanda-t-elle, vous rendez-vous à cette invitation?

— Eh! puis-je faire autrement? Je me suis laissé endoctriner hier par Jules Fortin, quand je suis allé remplir la mission de confiance dont il m'a chargé; la visite d'aujourd'hui est la conséquence forcée de ma première démarche.

— Et puis, mon cher Louis, cette pauvre famille, malgré les torts de son chef, vous inspire, convenez-en, une vive sympathie.

— Réellement Jules Fortin m'a dit les choses les plus touchantes au sujet de la fille de ce malheureux fou, « la demoiselle qui pleure » comme l'appellent Zoé et Julie, et je voudrais être utile à cette charmante enfant.

M. Louis entra dans sa chambre et revint bientôt, vêtu du costume noir qu'il portait la veille. Après s'être muni de quelques papiers qui pouvaient lui être nécessaires, il se rendit au Château.

Dès la cour, il reconnut qu'il se passait quelque chose d'extraordinaire dans cette vieille demeure. Les fermiers, les gens de service, les garde-chasse, moins Aubinet, qui était absent, formaient çà et là des groupes où l'on parlait bas et d'un air de tristesse. M. de Ligneul, quand il ne s'agissait pas de chasse, était doux et humain; la certitude de sa fin prochaine affligeait véritablement ceux qui vivaient sous sa dépendance. Tout ce monde salua M. Louis avec un respect qu'on ne lui avait pas montré jusqu'à ce jour, et une servante se détacha de la troupe pour l'introduire dans la maison.

Au haut de l'escalier, sur le palier du premier étage, il trouva encore mademoiselle de Ligneul, et il demeura un moment seul avec elle, pendant que la servante entrait chez le comte pour l'annoncer. Clotilde avait les vêtements et les cheveux en désordre ; ses yeux rouges, gonflés de larmes, faisaient ressortir la pâleur transparente de ses traits. Louis lui adressa quelques mots affectueux, et exprima l'espoir que l'état du malade pourrait s'améliorer.

— Cet espoir nous est interdit, répliqua la jeune fille d'une voix éteinte ; sur la proposition du docteur lui-même, M. le curé de Fontenay a été appelé ce matin... Il sort d'ici et il a réconcilié mon pauvre père avec Dieu, mais non avec...

Les sanglots lui coupèrent la parole.

— Mademoiselle, dit Louis, attendri lui-même, le comte ne peut persister dans les funestes préventions qu'il semble avoir conçues contre vous...

— Et pourtant il refuse toujours de me voir, répliqua Clotilde, en se tordant les mains de douleur ; j'ai passé la nuit à cette porte, pleurant et priant, attendant sans cesse un appel, un signe affectueux, qui ne venait pas... Une fois, je me suis glissée timidement dans cette chambre dont l'entrée m'est interdite. *Il* m'a vue, *il* s'est dressé sur son lit, en poussant un tel cri de colère, que je me suis enfuie épouvantée. Ma tante a voulu dire quelques mots en ma faveur ; mon père lui a imposé rudement silence ; elle a dû se taire pour ne pas accroître ses souffrances et accélérer sa fin.

— Courage! pauvre enfant; rien n'est encore désespéré. Certains événements se sont accomplis depuis hier au soir et vous savez sans doute...

— Je sais seulement, interrompit mademoiselle de de Ligneul avec égarement, que mon père me hait, qu'il m'a maudite, et qu'il va mourir en me laissant chargée du poids de sa haine! Que m'importe le reste? Moi-même je ne survivrai pas à cette douleur, à ce remords... Oh! monsieur, vous qui, je le devine, êtes supérieur à certaines faiblesses, vous qui nous êtes apparu déjà comme un génie bienfaisant, au milieu de nos dangers, ne pourriez-vous intercéder pour moi, déterminer mon père à révoquer cette malédiction qui me tue?

— Je l'essayerai, mademoiselle, je vous le promets, dit Louis, avec effusion; et si M. de Ligneul consent à m'écouter...

En ce moment la servante, qui sans doute avait été retenue dans la chambre pour quelque arrangement indispensable, vint annoncer au visiteur qu'on était prêt à le recevoir. Clotilde salua rapidement de la main et rentra chez elle.

La chambre de M. de Ligneul, dont le mobilier n'avait pas été renouvelé depuis plus de trente ans, avait un aspect suranné; d'épais rideaux n'y laissaient pénétrer qu'un jour affaibli. A côté du lit se tenait, dans un vieux fauteuil, la comtesse Philippine, qui servait à son frère de garde-malade. La pauvre femme, habituellement si faible et si maladive, qui naguère s'évanouissait deux fois en quelques heures, avait trouvé depuis la veille une force inconcevable pour résister aux fatigues et aux émotions. Toute la nuit elle avait été sur pied, puisant dans l'excès même de ses agitations physiques et morales une surexcitation fiévreuse qui la soutenait comme par miracle.

Les traits du comte étaient profondément altérés, et son visage avait la blancheur de l'oreiller sur lequel il reposait. Cependant sa vigoureuse organisation réagissait contre le mal, et il avait encore la voix assez forte quand il dit :

— Merci d'être venu, monsieur... monsieur Louis, je crois. Je craignais que nos rapports passés, très-superficiels du reste, ne vous empêchassent de vous rendre à mon invitation, et c'eût été un vrai chagrin pour moi.

La chanoinesse venait de pousser un fauteuil à côté du sien, devant le lit du malade. Louis prit place, après s'être légèrement incliné. Le comte poursuivit :

— Bien que je ne sache encore comment la chose a pu se faire, vous vous êtes noblement vengé, monsieur, de mes procédés peu délicats à votre égard, et vous avez eu le beau rôle. Que voulez-vous? Vous êtes chasseur, et ce titre, chez un de mes voisins, me tourne la tête et m'exaspère... C'est plus fort que moi!... Cette folie, ajouta-t-il avec un sourire douloureux, m'a causé bien d'autres malheurs, m'a fait commettre bien d'autres fautes, que de me rendre injuste et discourtois envers vous!

— Monsieur le comte, un pareil sujet de conversation dans les circonstances actuelles...

— Je tenais avant tout à reconnaître mes torts... Maintenant je dois vous exprimer ma vive reconnaissance pour le service rendu et en même temps vous offrir toutes les garanties désirables au sujet de la somme que vous avez si obligeamment avancée.

— Quoi! monsieur le comte, ignorez-vous donc que, dans cette affaire, j'ai été seulement le mandataire d'un ancien ami de votre famille?

— En effet, murmura la chanoinesse d'une voix gémissante, je n'ai pas encore osé apprendre la vérité à Roger, de peur d'exciter un de ces accès qui lui sont si funestes.

— Qu'est-ce à dire? demanda M. de Ligneul en regardant tour à tour sa sœur et M. Louis.

— Eh bien! donc, monsieur, reprit le visiteur, je ne saurais usurper votre gratitude... La personne qui m'a chargé hier d'apporter ici vingt mille francs, pour désintéresser un créancier impitoyable, est mon ami, M. Jules Fortin.

M. de Ligneul fit un soubresaut qui lui arracha un cri de douleur.

— Lui! s'écria-t-il; c'est une infâme trahison!... Je ne peux accepter cet argent. Il faut le rendre à l'instant, il faut...

— Roger, mon frère, calmez-vous, dit la chanoinesse en se penchant vers lui avec tendresse; d'ailleurs, vous savez bien que cette restitution est impossible.

— Mon Dieu! c'est vrai! Ah! ma bonne vieille

colombe, vous avez contribué comme les autres à me tromper!... Mais n'importe! ajouta le comte en se ravisant; le sacrifice de... ce monsieur se réduit à rien en réalité, puisque mes propriétés répondent largement de la somme... Seulement, continua-t-il d'un air de réflexion, si le fils a payé la dette, ce n'était donc pas le père qui me poursuivait avec tant de rigueur?

Jules n'avait pas avoué à son ami que son père fût l'auteur des poursuites exercées contre M. de Ligneul, car lui-même conservait des doutes à cet égard. Aussi Louis put-il affirmer de la manière la plus nette qu'à sa connaissance l'auteur unique de ces mesures rigoureuses était le notaire Noblat.

— Allons! reprit le comte, j'ai peut-être trop mal jugé du père. Quant au fils, je ne saurais, malgré cette intervention, douter de sa haine contre moi; et c'est, selon toute apparence, afin de diminuer l'horreur de son crime qu'il a voulu me rendre ce service.

— Monsieur le comte, répliqua Louis avec dignité, j'ai répondu à vos questions, je vous ai fourni les explications que vous étiez en droit d'attendre; ma tâche est finie et je devrais peut-être me retirer. Cependant, permettez-moi d'ajouter quelques mots : vous venez de répéter contre M. Jules Fortin, dont je m'honore d'être l'ami, une odieuse accusation, que vous aviez déjà exprimée hier en ma présence, et qui, par suite de faits nouveaux, est maintenant reconnue fausse et absurde en tous points. Non, ce n'est pas Jules Fortin qui a fait feu sur vous, car le véritable criminel a été arrêté, la nuit dernière, par la gendarmerie locale, dans des circonstances qui ne laissent aucun doute sur sa culpabilité.

— Qui est-ce donc? s'écria le comte en se soulevant, malgré sa faiblesse.

M. Louis nomma le braconnier Grain-de-Sel.

— Je ne peux croire cela ; Grain-de-Sel ne se trouvait pas dans le pays, lors de l'attentat ; et l'enquête si minutieuse de mes gardes...

— Grain-de-Sel a avoué le fait... Quant à vos gardes, l'un d'eux du moins, et le plus actif de tous, ils avaient intérêt à flatter vos rancunes personnelles, à exagérer l'importance de faits insignifiants ou même imaginaires.

— La preuve! s'écria le comte ; croit-on que je pourrai sans preuves ajouter foi à de pareilles assertions?

M. Louis tira un papier de sa poche.

— Voici! dit-il, la copie de l'acte qui a été dressé, la nuit dernière, par le maire et le brigadier de gendarmerie de Fontenay, en présence de nombreux témoins, et qui a été envoyé ce matin au parquet d'Orléans.

— Lisez, monsieur, je vous en conjure.

On comprendra facilement la vive impression que cette lecture produisit sur M. de Ligneul et sur la chanoinesse elle-même. A chaque révélation nouvelle, le comte tressaillait et se faisait répéter le passage qui la contenait. Mais la trahison d'Aubinet le frappa plus que tout le reste.

— C'est impossible, disait-il ; je n'ai pu être assez

stupide pour me laisser duper ainsi... Que l'on fasse venir ce misérable. Je veux le voir à l'instant, entendre sa justification... et s'il ne parvient à établir son innocence, j'aurai de terribles comptes à lui demander !

La chanoinesse s'empressa de donner des ordres ; mais vainement se mit-on à la recherche d'Aubinet : il avait disparu et nul ne savait ce qu'il était devenu depuis la veille.

— Votre garde a des amis nombreux, dit M. Louis en souriant, il aura été averti de ce qui le menaçait.

— Oui, mais il reviendra... il faudra bien qu'il revienne ! et il n'échappera pas à ma vengeance... si Dieu, ajouta le comte avec mélancolie, me laisse le temps de me venger.

Il demeura un moment silencieux.

— Mais alors, reprit-il tout à coup, j'ai été injuste et cruel envers cette pauvre Clotilde !... J'étais aveugle, j'étais insensé !... Où est-elle donc ?... Pourquoi ne vient-elle pas ?

Sans doute Clotilde n'était pas loin, car elle apparut aussitôt sur le seuil de la porte. Cependant elle n'osait avancer.

— Entre donc ! s'écria la chanoinesse, qui s'était levée toute rayonnante.

Clotilde hésitait encore, quand elle vit le comte lui ouvrir les bras. Elle s'y précipita en s'écriant :

— Mon père, mon excellent père, vous m'avez donc pardonné ?

— C'est à moi de te demander pardon, chère petite, répliqua M. de Ligneul attendri ; moi qui, après t'avoir laissée si longtemps dans la tristesse et l'abandon, ai pu te croire complice d'un crime horrible... Heureusement, je reconnais mes torts, et s'il me faut bientôt quitter ce monde, je ne le quitterai pas avec une pensée de haine et de colère contre toi.

Pendant que le père et la fille se livraient à leurs transports réciproques, M. Louis s'était détourné avec discrétion.

Bientôt mademoiselle de Ligneul reprit, en se dégageant doucement des étreintes du malade :

— Comment cet heureux changement a-t-il pu se produire d'une manière si prompte?... Ah! monsieur, poursuivit-elle avec un accent de reconnaissance, en s'adressant à M. Louis, c'est là sans doute encore votre ouvrage, c'est là l'effet de cette influence bienfaisante que vous exercez sur tout ce qui vous approche.

— Cette influence, mademoiselle, est plutôt celle des événements, et je la subis moi-même.

Clotilde apprit alors que le véritable meurtrier de son père, le braconnier Jean Legoux, avait été arrêté la nuit précédente, après avoir avoué son crime. Ces faits semblèrent causer une vive préoccupation à la jeune fille; elle resta un moment pensive, puis s'agenouillant devant le comte, elle lui dit d'une voix étouffée :

— Mon père, je ne veux pas surprendre votre pardon, et j'éprouverais un remords éternel si je ne vous faisais à mon tour les aveux les plus complets. Vous ne savez pas tout encore... La nuit dont il s'agit, j'ai vu M. Jules Fortin.

— Comment! malheureuse enfant, vous avez osé...

— Roger, s'écria la chanoinesse avec chaleur, cette pauvre petite, dans l'excès de ses scrupules, ne songe qu'à s'accuser elle-même; et pourtant, s'il y a quelqu'un de coupable dans cette affaire, c'est moi, moi seule! Pendant cette funeste soirée, nous avions aperçu de ma fenêtre M. Jules Fortin qui s'était introduit dans le jardin, je ne sais comment. Ce fut moi qui déterminai ma nièce à descendre lui parler... Oh! rassurez-vous, Roger; je descendis avec elle et mon bras n'a pas quitté le sien d'un seul instant. Nous voulions prier ce jeune homme, notre ami à tous, de nous soustraire aux poursuites de l'huissier qui, le jour même, avait fait ici sa première apparition. Il nous le promit et vous avez vu hier l'effet de sa proméssse... Voilà tout, mon frère, tout, je vous l'affirme, et si votre colère doit retomber sur quelqu'un, ce n'est pas sur Clotilde, mais sur moi.

— Je demanderai la permission d'ajouter, reprit M. Louis, que peu d'instants après cette entrevue, elle m'a été racontée exactement de la même manière par M. Jules Fortin. Je n'ai pas voulu jusqu'ici divulguer cette circonstance...

— Et vous avez eu raison, monsieur, je vous en remercie, répliqua le comte; car l'imprudence de ces deux femmes n'eût pas manqué d'éveiller la malignité des gens du pays... Voilà donc comment s'expliquent les traces de « bottes fines », dont parlait le procès-verbal de ce scélérat d'Aubinet!

M. de Ligneul paraissait épuisé et il se tut.

— Mon père, demanda Clotilde, après un moment

de silence, vous savez tout maintenant... Pouvez-vous encore m'absoudre?

Le comte lui tendit la main.

— Chère enfant, reprit-il avec tristesse, n'était-ce pas pour moi que tu voulais invoquer l'appui de ce jeune homme? Et puisque ton protecteur naturel te faisait défaut, n'étais-tu pas excusable de chercher ailleurs une protection plus efficace?

Clotilde déposa d'ardents baisers sur cette main qu'on ne retirait pas :

— Eh bien, et moi, Roger, dit timidement la chanoinesse, ne m'absoudrez-vous pas aussi?

— Vous, ma « vieille colombe », grande enfant romanesque, qui pourrait vous en vouloir de toutes les folles idées dont votre tête est remplie? Mais ce qui vient de se passer m'impose des devoirs nouveaux, et comme je n'ai pas beaucoup de temps pour accomplir mes desseins, il me faut prendre un peu précipitamment une grande résolution.

Il se tut de nouveau et sembla réfléchir. M. Louis s'étant levé pour se retirer, le comte se ranima tout à coup.

— Monsieur, dit-il avec effort, pour me punir sans doute de mes procédés envers vous, Dieu a voulu faire de vous le confident de mes plus intimes secrets, vous donner une action tutélaire sur ma destinée et sur celle de tous les miens; mais cette punition ne coûte qu'à ma fierté, et le père doit expier les fautes du chasseur... Recevez, encore une fois, l'expression de ma gratitude, que peut-être je n'aurai plus l'occasion de vous exprimer, et mettez le comble à vos bontés en prévenant messieurs Fortin père et fils que je désire les voir dans le plus bref délai.

Louis s'inclina.

— N'avez-vous pas dit « père et fils, » Roger? demanda la chanoinesse, avec une surprise mêlée de ravissement; mais alors vous ne conservez plus ni haine ni colère contre eux; vos griefs sont oubliés, et l'on peut espérer...

— Réellement, ma sœur, je leur dois, comme à vous, comme à ma pauvre Clotilde elle-même, une réparation pour mes injustices passées. Je désire donc me réconcilier avec eux, et, de ma part, cette réconciliation sera aussi complète que possible... Seulement qu'ils se hâtent de venir, car chaque minute est précieuse, je le sens.

Deux heures plus tard, M. Fortin et son fils, à la profonde stupéfaction des habitants de Fontenay, venaient solennellement faire visite à M. de Ligneul, au château de la Motte-Blanche. Louis, sur leur demande instante, consentit encore à les accompagner; mais il ne monta pas d'abord à la chambre du comte; il s'arrêta dans le salon, où attendaient de même le curé et le médecin, et où Clotilde ne tarda pas à venir les joindre. Seule, la chanoinesse fut présente à l'entrevue de son frère avec les deux Fortin.

Que s'y passa-t-il? Ce qui suivit le fera comprendre sans peine. L'entretien terminé, la comtesse Philippine vint chercher sa nièce, et, après lui avoir parlé bas avec chaleur, l'engagea, ainsi que les autres assistants, à se rendre auprès du malade.

Quand on entra, les deux Fortin étaient assis au

chevet de M. de Ligneul. Jules avait les yeux rouges de larmes; le père Fortin lui-même cachait, dans un beau chapeau de soie tout neuf qu'il avait pris pour la circonstance, un ample mouchoir auquel il avait souvent recours. Le comte, soutenu sur son séant par des coussins, fit signe à sa fille d'approcher :

— Mon enfant, dit-il avec douceur, j'ai reconnu mes torts envers de bons voisins, d'anciens amis, dont certains malentendus nous ont longtemps séparés; il n'existe plus entre eux et moi le moindre nuage. M. Fortin père, qui a tant d'expérience, m'a promis de vous protéger, ma sœur et toi, quand... quand je ne serai plus là. Comme il possède une connaissance parfaite de mes affaires, ajouta le comte avec une légère expression de malice, il croit notre position de fortune infiniment moins désespérée que je ne la croyais moi-même. Vous suivrez donc ses conseils, et son habileté ne peut manquer de réparer mes sottises... Quant à Jules Fortin, ajouta-t-il en jetant un regard affectueux sur le jeune homme, je n'aurais pas dû oublier qu'il a vécu longtemps sur le pied d'une véritable intimité avec nous et que la défunte comtesse l'aimait comme un fils. Mais il s'en est souvenu, lui, et malgré mes injustices, mes violences, il nous a conservé une amitié constante et désintéressée... Si donc il persiste dans certains projets, ma fille et ma sœur sauront que ces projets ont à présent mon entière approbation.

— Monsieur le comte, répliqua Jules avec feu, tout à l'heure encore j'ai osé vous dire que mon vœu le plus ardent et celui de mon père était...

— En ce cas, qu'en pense Clotilde ? demanda le comte.

Mademoiselle de Ligneul rougit et pâlit tour à tour. Puis, se cachant le visage dans ses mains, elle balbutia :

— Mon père, je vous en conjure, n'exigez pas en ce moment...

— Eh ! mon enfant, si tu fais attendre ta décision, quand donc voudras-tu que je l'apprenne ?

Clotilde, éperdue, ne pouvait parler. Enfin elle reprit d'une voix étouffée :

— Moi aussi, monsieur Jules, j'ai été bien injuste et bien dure envers vous. Un moment j'ai pu vous croire capable...

— Les apparences s'élevaient contre moi, mademoiselle ; et si vous regrettez d'avoir été injuste à mon égard, n'est-ce pas un motif pour m'accorder maintenant une éclatante réparation ?

Mademoiselle de Ligneul, toute frémissante et en détournant les yeux, lui tendit sa main.

— Que Dieu vous protége, mes enfants ! dit le comte avec émotion, et plus tard, quand vous serez tous heureux, ne vous montrez pas trop sévères pour la mémoire de ce chasseur opiniâtre et extravagant qui a si douloureusement troublé votre vie... Surtout, aimez bien ma pauvre sœur, la bonne vieille colombe, dont l'existence n'a été que tendresse et dévouement.

Les deux jeunes gens embrassèrent avec effusion la digne chanoinesse qui pleurait.

M. de Ligneul paraissait fatigué, et le docteur

Tournier témoigna aux assistants que le repos était absolument nécessaire au malade. Comme tout le monde se levait pour se retirer, le comte reprit d'une voix faible :

— Un mot encore, mes enfants, mes amis... Je désire que personne ne soit poursuivi en justice à mon sujet; les actes dressés par mes gardes seront anéantis... Si des fautes ont été commises, c'est que le premier j'en ai donné le déplorable exemple. Je pardonne à tous ceux qui ont eu des torts envers moi...

— Quoi! monsieur le comte, demanda Fortin, même à ce bas et hypocrite Aubinet, cause principale de vos malheurs?

— Même à Aublnet, répliqua le malade avec effort; qu'on se contente de le congédier et de l'éloigner du pays... Seulement, mon cher abbé, poursuivit-il en s'adressant au curé du village, si vous voulez que je meure en bon chrétien, défendez que l'on prononce désormais le nom de cet homme en ma présence.

Toutes les personnes étrangères à la maison vinrent l'une après l'autre saluer M. de Ligneul. Quand ce fut le tour de Louis, le comte lui retint un moment la main dans les siennes.

— On assure, monsieur, reprit-il, que vous êtes un homme d'intelligence supérieure, et j'aurais dû le reconnaître à la noblesse, à l'élévation de vos procédés. Ce goût pour la chasse, qui était chez moi une passion étroite, aveugle, désastreuse dans ses conséquences, n'est pour vous qu'un délassement salutaire à la suite d'illustres travaux. Puisque je n'ai aucun autre moyen de reconnaître vos services, acceptez mon invitation de chasser sur mes terres.

Il sembla que ces paroles eussent coûté à M. de Ligneul un effort inouï, car il s'arrêta, comme épouvanté lui-même de ce qu'il venait de dire. Mais presque aussitôt il reprit avec une exaltation croissante :

— Oui, oui, je le permets... je vous en prie. Vous êtes mon ami, mon bienfaiteur !... Chassez partout, dans les réserves, dans le parc... oui, dans le parc, pourquoi pas? Et tirez sur les chevreuils, si l'envie vous en prend... Tirez sur les brocards, et sur les faons... et sur les chevrettes... Je vous autorise, je prétends...

Ce furent les dernières paroles distinctes qu'il prononça. Sa langue s'embarrassa, ses idées devinrent confuses, et la fièvre ne lui laissa plus l'usage de sa raison jusqu'au dernier moment.

En sortant du château, Fortin disait à M. Louis :

— Quel miracle ! Je n'aurais jamais cru le pauvre M. de Ligneul capable d'accorder à personne la faveur qu'il vient de vous accorder avec tant d'empressement... Mais je doute qu'il eût consenti à un pareil sacrifice, s'il croyait avoir vingt-quatre heures à vivre !

Toutefois le comte vécut encore trois jours, pendant lesquels des soins affectueux lui furent prodigués non-seulement par sa fille et sa sœur, mais encore par les deux Fortin et par madame Hélène, qui avait voulu aussi assister les deux pauvres dames.

Cette maison, autrefois si solitaire et si lugubrement close, était devenue le rendez-vous de tous les habitants honorables du voisinage ; et lorsque M. de Ligneul expira, victime de sa funeste passion, il était entouré de parents et d'amis.

CONCLUSION

Un mois plus tard, par une belle journée d'automne, il y avait de grandes réjouissances à Fontenay. La nomination de Jules Fortin à un poste de sous-préfet était au *Moniteur*, et le vieux Fortin avait voulu célébrer par une fête cet événement qui réalisait ses vœux les plus chers. Plusieurs hauts fonctionnaires du département étaient venus du chef-lieu, et la population du village n'avait rien négligé pour les recevoir avec solennité. Les pompiers, dans leur uniforme traditionnel, prirent les armes, et leur tambour battit toute la journée avec enthousiasme ; il y eut messe en musique à l'église paroissiale ; un mai fut planté sur la grande place. Les fonctionnaires, et surtout le nouveau sous-préfet, furent cérémonieusement escortés, adulés, complimentés ; et quand les hôtes éminents de M. le maire retournèrent le soir à la ville, ils durent reconnaître qu'on avait épuisé pour eux tous les honneurs et tous les hommages.

Cependant, après leur départ, la fête n'était pas finie; d'officielle qu'elle avait été, elle devint populaire, et la gaieté n'y perdit rien. La maison Fortin fut illuminée du haut en bas, et, dans une vaste tente qui occupait une partie du jardin, un somptueux souper réunit tous les habitants notables de la commune et des communes voisines.

Le banquet, naturellement, était présidé par les deux Fortin : le père, en habit noir et en écharpe, le fils sous le frac brodé d'argent de sa dignité nouvelle. Jules avait paru quelque peu distrait pendant la journée précédente; mais le soir, il se montra souriant et radieux. On pouvait raisonnablement attribuer ce changement à une visite assez longue qu'il avait faite au château de la Motte-Blanche, aussitôt après le départ des personnages officiels; et si leur deuil récent empêchait les châtelaines de paraître à la fête, il est probable qu'elles avaient témoigné prendre une assez vive part à l'élévation du nouveau sous-préfet pour qu'il se montrât tout heureux et tout fier.

Les convives étaient nombreux, comme nous l'avons dit, et quelques riches bourgeois, quelques gentillâtres des alentours se trouvaient confondus avec de simples cultivateurs, membres du conseil municipal de Fontenay. M. Louis, qu'on eût bien souhaité voir à cette réunion, et dont le nom était dans toutes les bouches, avait quitté la Folie, avec sa jolie famille, depuis plus de quinze jours, et on disait que de hauts intérêts le retenaient en ce moment à Paris. En revanche, le marquis de Saint-Firmin était venu passer quelques heures dans sa propriété et n'avait pas voulu décliner l'invitation de la famille Fortin.

Le marquis était un vieillard caustique et spirituel, mais chez lequel la causticité n'excluait pas la bonhomie. Homme du monde, fort riche, et appartenant à une des premières familles de la province, il jouissait d'une grande popularité ; aussi avait-il son franc-parler avec tous les habitants de Fontenay, quels que fussent leur condition et leur état de fortune.

Au moment où nous pénétrons dans la salle du banquet, M. de Saint-Firmin résumait son opinion sur la passion de la chasse :

— Voyez-vous, mes amis, disait-il avec sa rondeur habituelle, il faut bien être en garde contre cette manie funeste, qui peut devenir essentiellement tyrannique... Quand un galant homme s'y abandonne sans réserve, il n'est bientôt plus ni galant homme, ni même parfois honnête homme, il n'est que chasseur ! La chose est indubitable, et M. Louis lui-même m'a avoué qu'il s'était surtout hâté de partir afin de se soustraire à cette sotte passion qui le gagnait.

Le père Antoine, assis au bas bout de la table, avait dressé les oreilles en entendant nommer M. Louis.

— Ouin! monsieur le marquis, demanda-t-il de son ton cauteleux, serait-ce point un effet de votre complaisance de nous dire, à la fin des fins, ce que c'est que M. Louis?

Il se fit un profond silence. Tous les regards se tournèrent vers M. de Saint-Firmin, comme si l'on eût attendu de lui le mot longtemps cherché d'une énigme difficile.

Le marquis souriait malicieusement, et ne se hâtait pas de répondre, quand Jules Fortin dit avec chaleur :

— C'est l'intelligence la plus haute, le caractère le plus noble, l'ami le plus dévoué du monde.

Cette réponse n'apprenait pas grand'chose à la plupart des assistants; cependant quelques-uns voulurent avoir l'air de comprendre.

— Alors donc, reprit le père Antoine, c'est un sournois qui nous a tous « mis dedans... » Je gagerais qu'il a des fermes et peut-être un château quelque part!

— Ou de l'argent et des valeurs de portefeuille, dit un convive.

— Ou de la rente, ajouta un autre; il est clair que c'est un homme « de conséquence. »

— Eh bien! c'est ce qui vous trompe tous, reprit M. de Saint-Firmin de sa voix moqueuse; il n'a ni terres, ni fermes, ni capitaux, ni rentes... Il est pourtant tout ce qu'a dit M. Jules Fortin et plus encore.

Les assistants commençaient à croire qu'on voulait se moquer d'eux.

— Mais enfin qu'est-il donc? répéta l'opiniâtre père Antoine.

Le marquis lâcha la bride à sa verve humoriste :

— Eh! quand je vous l'aurai dit, Solognots que vous êtes, s'écria-t-il, en serez-vous plus avancés? Grâce à l'ignorance crasse où vous vivez, vous ne savez rien de l'état présent de votre pays, rien de ses progrès, rien de ses grandeurs. Vous croyez que l'on est au monde uniquement pour vendre ceci ou pour acheter cela, et en définitive pour gagner de l'argent. Je pourrais parler pendant plusieurs heures sur ce sujet, mais j'aurai la charité de m'arrêter là... Quant à M. Louis, ce « Parisien », cet « aventurier », ce « braconnier », que sais-je les sottes qualifications dont vous l'avez gratifié! cet homme qui n'a ni capitaux, ni terres, ni titres de rente, et qui par conséquent est absolument dénué de mérite à vos yeux, c'est tout bonnement une des gloires actuelles de la France ; c'est un de ces savants dont les travaux honorent plus la patrie que les conquêtes de tel général renommé... C'est enfin M. Louis X***, membre de l'Institut, commandeur de la Légion d'honneur et de toutes sortes d'ordres étrangers, M. Louis X*** dont le nom est célèbre dans le monde entier, et à qui le souverain va probablement confier un portefeuille de ministre, au prochain renouvellement du cabinet.

Le marquis de Saint-Firmin s'interrompit, s'attendant peut-être à une explosion de sentiments enthousiastes, maintenant que ses auditeurs connaissaient le personnage éminent qui avait vécu au milieu d'eux pendant quelques mois. Mais ils se regardèrent d'un air hébété et en silence, comme si ce nom, alors justement célèbre, n'eût rien dit à leur intelligence.

Le marquis, révolté, allait de nouveau donner carrière à son indignation, quand Jules Fortin lui dit bas d'un ton triste :

— Laissez, monsieur le marquis, c'est inutile... Vous voyez l'effet de l'ignorance grossière, des préoccupations exclusivement matérielles où vivent nos campagnards... Et ce n'est pas seulement à Fontenay que vous trouverez cette indifférence stupide, cette ingratitude envers les hommes supérieurs de ce pays et de ce temps !... Les hommes supérieurs doivent en prendre leur parti.

— Vous avez, parbleu! raison, répliqua M. de Saint-Firmin en se contenant avec effort, et je m'attendais moi-même à ce résultat... N'importe! quels idiots! quels butors! quels...

Pour renfoncer les épithètes malsonnantes qui montaient à ses lèvres, il avala un grand verre d'un délicieux clos-vougeot.

Bientôt on quitta la table. Le marquis semblait

avoir oublié sa colère et l'ineptie des habitants de Fontenay. Toutefois il ne se gênait pas pour décocher encore à droite et à gauche quelques traits acérés, quand le père Antoine s'approcha timidement de lui :

— Pardon, excuse, monsieur le marquis, reprit-il; c'est donc pour vous dire que si votre M. Louis revient par ici, il pourra chasser chez moi, comme par le passé, et je ne lui demande rien pour ça... Oui! maintenant que le pauvre comte a tourné de l'œil, votre ami le Parisien sera libre de braconner sur mes quarante-deux morceaux de terre si... si je les ai encore! ajouta le vieux paysan avec un soupir.

M. de Saint-Firmin cligna des yeux.

— Tenez, père Antoine, demanda-t-il, ce ne peut être sans de bonnes raisons que vous vous montrez si magnanime... Je gage que vous avez quelque faveur à solliciter de... du « Parisien »?

— C'est bien vrai, répliqua naïvement Antoine; il est au mieux avec M. le maire, qui m'envoie l'huissier à cause de quelques méchants milliers de francs en retard, et s'il voulait bien dire à M. Fortin un tout petit mot pour moi...

— J'en étais sûr! Mais il est n'est pas nécessaire de recourir à M. Louis pour une semblable bagatelle... Qu'en pense Fortin?

Il se retourna brusquement vers le maire, qui, debout à quelques pas, feignait de ne pas entendre, mais ne perdait pas un mot de la conversation.

— Bah! monsieur le marquis, répondit Fortin en souriant, ne vous inquiétez pas des lamentations de ce vieux fou... Je suis plus son ami que je n'en ai l'air. Au lieu de quarante-deux morceaux de terre, il n'en aura que trente-six peut-être, mais ils seront bien à lui et ne devront rien à personne!... Qu'il se rassure donc; je me contenterai de lui enlever quelques plumes... Il mérite une leçon, parce qu'il aime trop la terre.

Et il entraîna M. de Saint-Firmin pour causer d'autre chose, tandis que le père Antoine grommelait à l'écart :

— Hum! si j'aime trop la terre, tu aimes trop l'argent, toi... et on ne te donne pas de leçons pour ça!

Cependant Fortin disait bas au vieux gentilhomme :

— Vous n'ignorez pas, monsieur le marquis, que Jean Legoux, dit Grain-de-Sel, va passer en jugement. La famille de Ligneul, suivant le désir formellement exprimé par le comte défunt, ne s'est pas portée partie civile dans le procès, mais elle n'a pu empêcher la loi d'avoir cours. Vous, dont le crédit est si grand, ne pourriez-vous l'employer en faveur de ce malheureux, qui sait bien des choses après tout, et qu'il serait sage de ne pas abandonner complètement?... D'autre part, voilà sa mère qui tombe à la charge de la commune, et quoique la vieille Legoux ne vaille pas grand'chose, ce n'est pas une raison pour la laisser mourir de faim.

— Allons! je parlerai à M. Louis, qui ne peut manquer de se montrer indulgent pour « un confrère en braconnage », et il voudra bien sans doute écrire quelques lignes à qui de droit... Quant à la vieille femme, vous avez raison, monsieur le maire, elle ne doit pas mourir de faim. Si donc votre bureau de bienfaisance se trouve au dépourvu, vous savez que vous pouvez toujours vous adresser à moi.

— Je le sais, monsieur le marquis, et les indigents de la commune le savent aussi... Eh bien! j'invoquerai encore votre bonté pour un pauvre diable repentant que j'ai vu ici ces jours derniers... Vous n'avez pas oublié que je suis chargé de liquider la succession du feu comte de Ligneul?

— Oui, et vous faites des merveilles, m'a-t-on dit.

— Je ne suis pas trop mécontent de moi. Réellement, le comte avait plus de dettes criardes que de grosses dettes; aussi, en rognant les ongles aux uns, en écartant les injustes prétentions des autres...

— Je vois, monsieur le maire, interrompit le marquis de son ton caustique, que vous avez dû faire de l'abnégation personnelle.

— Bon! vous tirez sur moi à présent! répliqua Fortin un peu confus; si j'ai eu des torts, personne n'ignore qu'ils n'étaient pas sans excuse... Mais permettez-moi d'achever... En ma qualité de liquidateur, j'ai donc été chargé de payer les gages arriérés des gens du château, et j'ai reçu récemment la visite de l'ancien garde Aubinet. Il a singulièrement rabattu de son insolence, et c'est presque à genoux qu'il m'a demandé pardon. Il m'a remontré que, pendant plus de deux années, il n'avait pas touché un sou de ses appointements, ce qui l'avait mis, pour vivre, dans la nécessité de s'entendre avec les braconniers ; les exigences tyranniques de son maître ont achevé de lui tourner la tête... Toujours est-il qu'il se trouve aujourd'hui sans place, et qu'il sollicite un modeste emploi.

— Eh bien ! M. Jules Fortin sera bientôt seigneur de la Motte-Blanche ; pourquoi ne reprendrait-il pas Aubinet ?

— Aubinet... le malheureux ! Il serait lapidé avant vingt-quatre heures par les gens du pays. D'ailleurs, mon fils conserve contre lui certaines préventions...

— Véritablement, mon cher Fortin, j'aime encore mieux ce sauvage de Grain-de-Sel que votre froid et venimeux Aubinet... Mais soit ; je le recommanderai au duc de C***, qui a des bois immenses où, de mémoire d'homme, on n'a vu une pièce de gibier ; de cette façon, votre protégé ne pourra recommencer ses manœuvres de braconnage.

Comme Fortin remerciait le marquis de sa condescendance, Jules s'approcha, accompagné du docteur Tournier et du curé de Fontenay.

— Ah çà! mon cher sous-préfet, reprit le vieux gentilhomme d'un ton amical, je retourne demain matin à Paris; mais je reviendrai quand il faudra, suivant nos conventions... et c'est à vous de me dire quand je dois revenir.

— Mille grâces, monsieur le marquis, je compte en effet sur vous et sur mon illustre protecteur M. Louis X*** pour être les témoins de mon mariage.

— C'est entendu... Mais l'époque? N'y a-t-il encore rien de fixé?

— Justement, répliqua Jules en souriant, voici le docteur et M. le curé qui forment le conseil privé des dames de Ligneul, et ils vous diront, comme moi, qu'une décision a été prise aujourd'hui même. Mademoiselle Clotilde, à cause de la mort récente de son père, voulait ajourner la cérémonie. Mais les instances de sa tante, celles de ses amis, les miennes peut-être, ont fini par triompher de ses scrupules... Dans quinze jours donc, mademoiselle de Ligneul deviendra madame Fortin.

— A la bonne heure; eh bien! dans quinze jours je serai à la Folie, et j'amènerai notre excellent X***, à moins... à moins qu'il ne soit ministre.

— Ne parlez pas ainsi, monsieur le marquis; vous nous feriez souhaiter qu'il ne le fût pas.

— Bah! il est des accommodements avec les gouvernements comme avec le ciel... Les choses étant si avancées, mon cher Jules, vous avez pris déjà sans doute vos arrangements pour l'avenir?

— Aussitôt après notre mariage, nous partirons pour ma sous-préfecture, tandis que mon excellent père s'occupera de faire reconstruire le château qui tombe en ruines et de tout remettre sur un bon pied à a Motte-Blanche. Chaque année, nous espérons venir y passer quelques semaines.

— Et moi aussi, je l'espère, dit Fortin dont le visage s'assombrit à la pensée de quitter son fils.

— Mais que ferez-vous de la pauvre chanoinesse, « la vieille colombe, » comme l'appelait son frère ?

— Nous l'avons déterminée à nous suivre. Vous le savez, nous allons dans le Midi, sous le plus beau climat de la France; le docteur Tournier croit possible que la comtesse, quand on la soustraira aux lugubres souvenirs qui la tuent dans cette sombre maison, quand on la transportera dans un pays nouveau, où elle n'aura sous les yeux que des images riantes, où les soins et l'affection ne lui manqueront pas, pourra revenir à la santé...

— Ou du moins, ajouta le docteur avec réserve, que ses amis pourront la conserver quelques années encore.

— Tout est donc pour le mieux, reprit M. de Saint-Firmin; et Ligneul aurait bien dû arranger les choses de son vivant comme elles s'arrangent après sa mort... Il y eût aussi trouvé son compte... Eh bien! ma foi, demain, avant de partir, je prendrai un moment pour présenter mes hommages aux châtelaines de la Motte-Blanche, car je me souviens à présent d'une commission dont je suis chargé au sujet de mademoiselle Clotilde.

— Une commission, monsieur le marquis! Et de qui donc?

— De mes deux petites amies, Zoé et Julie X***, répliqua le vieux gentilhomme avec gaieté ; elles m'ont chargé de m'assurer si « la demoiselle qui pleure » ne se dispose pas enfin à devenir « la jeune femme qui rit ? »

FIN

TABLE

—

I. — La tournée de M. le comte	1
II. — La famille du chasseur	18
III. — A travers champs	38
IV. — Le parc de la Motthe-Blanche	54
V. — La poursuite	68
VI. — La confidence	77
VII. — La passion de la terre	90
VIII. — La maison du charbonnier	160
IX. — La visite	122
X. — La médecine sans médecin	139
XI. — Le piége	156
XII. — Le conflit de chasseurs	173
XIII. — L'accusation	188
XIV. — La saisie	198
XV. — Le retour	223
XVI. — L'interrogatoire	238
XVII. — La réparation	257
Conclusion	277

PARIS. — IMPRIMERIE L. POUPART-DAVYL, RUE DU BAC, 30.

ŒUVRES
DES
GRANDS AUTEURS FRANÇAIS
CONTEMPORAINS

Victor Hugo. — Les Misérables. 10 beaux vol. in-8 . . . . 60 fr.
  Le même ouvrage. 10 vol. in-18 . . . . 35 fr.
  Édition illustrée de 200 dessins par Brion. 1 vol. in-4. 10 fr.
— William Shakespeare. 1 beau vol. in-8 . . . . 7 fr. 50
— Les Chansons des rues et des bois. 1 beau vol. in-8. . 7 fr. 50
— Les Travailleurs de la mer. 15e édit. 3 beaux vol. in-8. . . 18 fr.
Alphonse de Lamartine. — La France parlementaire (1834-1851).
  Œuvres oratoires et écrits politiques, précédés d'une étude sur la vie et les œuvres de Lamartine, par L. Ulbach. 6 vol. in-8. 36 fr.
— Shakspeare et son œuvre. 1 vol. in-8 . . . . 5 fr.
— Portraits et Biographies (W. Pitt. — Lord Chatham. — Mme Roland. — Ch. Corday). 1 vol. in-8 . . . . 5 fr.
— Les Hommes de la Révolution (Mirabeau. — Danton. — Vergniaud). 1 vol. in-8 . . . . 5 fr.
— Les Grands Hommes de l'Orient. (Mahomet. — Tamerlan. — Zizim). 1 vol. in-8. . . . . 5 fr.
— Civilisateurs et Conquérants (Solon. — Périclès. — Michel-Ange. — Pierre le Grand. — Catherine II. — Murat. — Fables de l'Inde). 2 vol. in-8 . . . . 10 fr.
Jules Simon. — L'École. 1 beau vol. in-8 . . . . 6 fr.
  Le même ouvrage, 1 vol. in-18 . . . . 3 fr. 50
— Le Travail. 1 beau vol. in-8, 6 fr. — Edit. in-18 . . . 3 fr. 50
J. Michelet. — La Sorcière. 1 vol. in-18 . . . . 3 fr. 50
Eugène Pelletan. — La Famille. I. La Mère. 1 vol. in-8 . . . 5 fr.
  II. Le Père. 1 vol. in-8 . . 5 fr.
  III. L'Enfant. 1 vol. in-8 . . 5 fr.
Edgar Quinet. — La Révolution. 4e édit. 2 vol. in-8 . . . 15 fr.
Louis Blanc. — Lettres sur l'Angleterre. 2e édit. 2 vol. in-8. 12 fr.
— 2e série. 2 vol. in-8 . . . . 12 fr.
George Sand. — Flavie. 3e édit. 1 vol . . . . 3 fr.
— Les Amours de l'âge d'or. 1 vol. . . . . 3 fr.
— Les Dames vertes. 3e édit. 1 vol . . . . 3 fr.
— Les Beaux Messieurs de Bois-Doré. 2 vol. . . . . 6 fr.
— Promenade autour d'un village. 1 vol. . . . . 3 fr.
— Souvenirs et Impressions littéraires. 1 vol . . . . 3 fr.
— Autour de la table. 1 vol. . . . . 3 fr.
— Théâtre complet. 3 vol. . . . . 9 fr.
Alexandre Dumas. — Les Crimes célèbres. 4 vol. in-18. . . 8 fr.
Lamennais. — Œuvres. 2 vol. gr. in-8, à deux colonnes. . . 32 fr.
Eugène Sue. — Œuvres. 37 vol. gr. in-18. Le vol. . . . . . 1 fr.
Frédéric Soulié. — Œuvres. 54 vol. in-18. Le vol. . . . . 50 cent.

Librairie Internationale, 15, Boulevard Montmartre, à Paris.

COLLECTION

GRANDS HISTORIENS CONTEMPORAINS

ÉTRANGERS

Format in-8 à 5 francs le volume

Bancroft (George). — Histoire des États-Unis depuis la découverte du continent américain. Traduit de l'anglais par Mlle Isabelle Gatti de Gamond. 9 vol. in-8. . . . . 45 fr.
Buckle (Henry-Thomas). — Histoire de la civilisation en Angleterre. Traduit de l'anglais par A. Baillot. 5 vol. in-8. . 25 fr.
Duncker (M.). — Histoire de l'antiquité. 8 vol. in-8. (En préparation.)
Gervinus (G.-G.). — Introduction à l'Histoire du XIXe siècle. Traduit de l'allemand par François Van Meenen. 1 vol. in-8. . 3 fr.
— Histoire du XIXe siècle depuis les Traités de Vienne. Traduit de l'allemand par J.-F. Minssen. 15 vol. in-8. . . . 75 fr.
(L'ouvrage formera 18 à 20 volumes.)
Grote (G.). — Histoire de la Grèce depuis les temps les plus reculés jusqu'à la fin de la génération contemporaine d'Alexandre le Grand. Traduit de l'anglais par A.-L. de Sadous. 19 vol. avec cartes et plans et table des matières. . . . . 95 fr
Herder (J.-G.). — Philosophie de l'histoire de l'humanité. Traduction de l'allemand par Émile Tandel. 3 vol. in-8. . . . . 15 fr.
Irving (Washington). — Histoire de la conquête de Grenade. Traduction nouvelle de l'anglais, précédée d'une étude sur les ouvrages de W. Irving, par Xavier Eyma. 2 vol. in-8. . 10 fr.
— Vie et voyages de Christophe Colomb. Traduit de l'anglais par G. Renson. 3 vol. in-8. . . . . 15 fr.
— Vie de Mahomet. Traduit de l'anglais par H. Georges. 1 vol. in-8. . . . . 5 fr.
Kirk (John Foster). — Histoire de Charles le Téméraire, duc de Bourgogne. Traduction de l'anglais par Ch. Flor O'Squarr. 3 vol. in-8. . . . . 15 fr.
Merivale (Charles). — Histoire des Romains sous l'Empire. Traduit de l'anglais par Fr. Hennebert. 1 à 4 vol. in-8. . . . 20 fr.
(L'ouvrage formera 9 vol.)

Librairie Internationale, 15, Boulevard Montmartre, à Paris.

Motley (John-Lotrop). — La Révolution des Pays-Bas au XVIe siècle. Histoire de la fondation de la République des Provinces-Unies. Traduit de l'anglais par Gustave Jottrand et Albert Lacroix. 4 vol. in-8. . . . . 20 fr.

Prescott (William-Hickling). — Œuvres complètes. 17 volumes comprenant les ouvrages suivants :

— Histoire du règne de Philippe II. Traduit de l'anglais par G. Renson et P. Ithier. 5 vol. in-8. . . . . 25 fr.

— Histoire du règne de Ferdinand et d'Isabelle. Traduit de l'anglais par G. Renson. 4 vol. in-8. . . . . 20 fr.

— Histoire de la conquête du Pérou, précédée d'un tableau de la civilisation des Incas. Traduit de l'anglais par H. Poret.. 3 v. in-8. . . . . 15 fr.

— Histoire de la conquête du Mexique, avec un tableau préliminaire de l'ancienne civilisation mexicaine et la vie de Fernand Cortez. Publiée en français par Amédée Pichot. Nouvelle édition précédée d'une notice biographique sur l'auteur. 3 vol. in-8 avec 43 gravures et une carte. . . . . 15 fr.

— Essais de biographie et de critique. Trad. de l'anglais. 2 v. in-8. 10 fr.

« La *Collection des historiens contemporains étrangers*, publiée, » dit la *Revue de Paris*, « avec un zèle qui ne se dément pas, a une importance capitale et répond chez nous à un véritable besoin. Les Français, en général, connaissent peu la littérature étrangère contemporaine; et si le théâtre, le roman ou la poésie trouvent grâce devant quelques lecteurs, on peut dire que les œuvres historiques sont tout à fait ignorées.

« Cette collection comprend les ouvrages des quatre grands historiens américains de notre époque : BANCROFT, MOTLEY, PRESCOTT, WASHINGTON IRVING.

« Parmi les Allemands, nous citerons : GERVINUS, HERDER, DUNCKER.

« La série des historiens anglais s'ouvre par l'*Histoire de la Grèce* de G. GROTE; elle contient également des œuvres de BUCKLE, de KIRK et de MERIVALE.

« Un soin tout particulier est donné tant au choix des ouvrages qui entreront dans cette collection importante qu'à la traduction et à l'exécution matérielle des volumes.

« Plusieurs ouvrages sont en préparation.

« Les historiens dont la réputation est consacrée, et dont les œuvres offrent un intérêt général, figureront seuls dans cette grande collection.

« Ainsi se continuera cette série de grandes œuvres historiques les plus remarquables, sans contredit, de ce siècle, publiées soit en Angleterre, soit en Allemagne, soit en Amérique, et qui, sans ces traductions, fussent restées longtemps encore ignorées des lecteurs français.

« Une semblable collection doit avoir sa place d'honneur dans toutes les bibliothèques. »

HISTOIRE

Adair (Sir R.) — Mémoires historiques relatifs à une mission à la cour de Vienne en 1806. 1 vol. in-8............ 3 fr.
Altmeyer (J.-J.). — Précis de l'Histoire du Brabant. 1 vol. in-8. 3 fr.
— Résumé de l'Histoire moderne. 1 vol. in-18......... 1 fr.
— Les Gueux de mer et la prise de la Brille (1568-1572). 1 v. in-18. 2 fr.
Apologie de Guillaume de Nassau, prince d'Orange, précédée d'une introduction par A. Lacroix. 1 vol. in-18 cartonné... 5 fr.
Arrivabene (Comte Jean). — D'une époque de ma vie (1820-1822). Mes Mémoires, documents sur la Révolution en Italie, suivis de six lettres inédites de Silvio Pellico. Traduit sur le manuscrit original par Salvador Morhange. 1 v. Charpentier.... 3 50
Avenel (G.). — Anacharsis Cloots, l'Orateur du genre humain.. 2 vol. in-8................................ 12 fr.
Bancroft (G.) — Éloge funèbre du président Abraham Lincoln, prononcé en séance solennelle du Congrès des États-Unis d'Amérique. Traduit de l'anglais par G. Jottrand. In-8.... 1 fr.
Belliard (le général). — Mémoires écrits par lui-même. 3 v. in-18. 3 fr.
Bianchi Giovini (A.). — Biographie de fra Paolo Sarpi, théologien et consulteur d'État de la république de Venise; traduite sur la seconde édition, par L. Van Nieuwkerke. 2 vol. in-18.. 7 fr.
Bonnemère (E.).—La France sous Louis XIV (1643-1715). 2 v. in-8. 12 fr.
— La Vendée en 1793. 1 vol. in-18............. 3 50
Borgnet (Adolphe). — Histoire des Belges à la fin du XVIIIe siècle. 2 vol. in-8, 2e édition, revue et augmentée...... 10 fr.
Brissot de Warville. — Mémoires sur la Révolution française. 3 vol. in-18.................................. 3 fr.
Cérémonie funèbre en mémoire du frère Léopold de Saxe-Cobourg, premier roi des Belges, protecteur de la franc-maçonnerie nationale. In-8................................. 1 fr.
Chassin (C.-L.). — Le Génie de la Révolution. 1re partie, les Cahiers de 1789. En vente : le tome I, les Élections de 1789; le tome II, la Liberté individuelle, la Liberté religieuse. Éd. in-8, le vol. 3 50
Le même ouvrage, édition in-18, le volume........ 3 fr.
Chateaubriand (de). — Congrès de Vérone. — Guerre d'Espagne 2 vol. in-18............................. 2 fr.
— Études, ou Discours historiques sur la chute de l'Empire romain, la naissance et les progrès du christianisme, et l'invasion des barbares, suivis d'une analyse raisonnée de l'histoire de France. 4 vol. in-18............................. 4 fr.
— Vie de Rancé. 1 vol. in-18................ 1 fr.
— Essai sur les révolutions. 2 vol. in-32......... 1 fr.
— Mélanges politiques. 2 vol. in-32........... 1 fr.
— Opinions et Discours. 1 vol. in-32........... 1 fr.
— Polémique. 1 vol...................... 1 fr.
Chauffour-Kestner (Victor). — M. Thiers historien. Notes sur l'Histoire du Consulat et de l'Empire. Brochure in-8... 1 fr. 50

Librairie Internationale, 15, Boulevard Montmartre, à Paris.

HISTOIRE

Dargaud (J.-M.). — Histoire d'Élisabeth d'Angleterre. 1 v. in-8. 6 fr.
Delepierre. — La Belgique illustrée par les sciences, les arts et les lettres. 1 vol. in-8.. . . . . 4 fr.
— Coup d'œil sur l'histoire de la législation des céréales en Angleterre. 1 vol. in-18. . . . . 1 fr.
Delepierre (J.-O.) et **Perneel** (J.). — Histoire du règne de Charles le Bon. 1 vol. in-8. . . . . 5 fr.
Dumouriez (le g^{al}). — Mémoires et correspondance inéd. 2 v. in-18. 2 fr.
Eyma (Xavier). — La République américaine; ses institutions, ses hommes. 2 vol. in-8. . . . . 12 fr.
— Les Trente-Quatre étoiles de l'Union américaine. Histoire des États et des Territoires. 2 vol. in-8. . . . . 12 fr.
— Légendes du nouveau monde. 2 vol. in-18. . . . . 7 fr.
Figuier (Louis). — Vies des Savants illustres depuis l'antiquité jusqu'au XIXe siècle, avec l'appréciation sommaire de leurs travaux.
   Vol. I. — **Savants de l'antiquité** : Thalès. — Pythagore. — Platon. — Aristote. — Hippocrate. — Théophraste. — Archimède. — Euclide. — Apollonius. — Hipparque. — Pline. — Dioscoride. — Galien. — Ptolémée et l'École d'Alexandrie. 1 fort vol. grand in-8, illustré de 38 belles gravures en dehors du texte, sur papier blanc; broché : 10 fr., et 14 fr. avec une superbe reliure.
   Vol. II. — **Savants du moyen age** : Géber. — Mesué. — Rhasès. — Avicenne. — Averrhoès. — Abulcasis. — Albert le Grand. — Thomas d'Aquin. — Roger Bacon. — Vincent de Beauvais. — Arnauld de Villeneuve. — Raymond Lulle. — Guy de Chauliac. — Guttenberg. — Fust et Schœffer. — Christophe Colomb. — Améric Vespuce. 1 fort vol. grand in-8, illustré de 36 grandes gravures en dehors du texte, sur papier blanc; broché : 10 fr., et 14 fr. relié avec luxe. — Il a été tiré un nombre d'exemplaires de ces 2 vol. avec gravures sur papier teinté.
Findel (J.-G.). — Histoire de la Franc-Maçonnerie depuis son origine jusqu'à nos jours. Trad. de l'allem. par E. Tandel. 2 v. in-8. 12 fr.
Gachard. — Documents concernant les troubles de la Belgique sous l'empereur Charles VI. 2 vol. in-8. . . . . 10 fr.
Garrido (F.). — L'Espagne contemporaine. 1 vol. in-8. . . . . 7 50
Goblet d'Alviella (lieutenant général, comte). — Des cinq grandes puissances de l'Europe dans leurs rapports politiques et militaires avec la Belgique. 1 vol. in-8. . . . . 5 fr.
— Mémoires historiques. Dix-huit mois de politique et de négociations se rattachant à la première atteinte portée aux traités de 1815. 2 vol. in-8. . . . . 12 fr.
Goldsmith (le D^r). — Abrégé de l'histoire romaine. Traduit de l'anglais. 8e édit. 1 vol. grand in-18. . . . . 1 fr.
Hamel (E.). — Histoire de Robespierre, d'après des papiers de famille, les sources originales et des documents entièrement inédits. 3 vol. in-8. . . . . 22 fr 50.

Librairie Internationale, 15, Boulevard Montmartre, à Paris.

HISTOIRE

Histoire de la Néerlande. 1 vol. in-32 illustré. . . . . 1 fr.
Hugo (Mme Victor). — Victor Hugo raconté par un témoin de sa vie (Mémoires). 6ᵉ édit. 2 vol. in-8. . . . . 15 fr.
Juste (Théodore) — Les Pays-Bas au xvıᵉ siècle ; le comte d'Egmont et le comte de Horne. 1 beau vol. in-8. . . . . 7 fr. 50
— Les Pays-Bas au xvıᵉ siècle. Vie de Marnix de Sainte-Aldegonde, tirée des papiers d'État et de documents inéd. 1 v. in-8. 4 fr.
— Histoire du Congrès national de Belgique ou de la Fondation de la monarchie belge. 2 beaux et forts vol. Charpentier. Nouvelle édition soigneusement revue . . . . 7 fr.
— Les Pays-Bas sous Charles-Quint. La vie de Marie de Hongrie, tirée des papiers d'État. 2ᵉ édit. 1 vol. Charpentier. 3 fr. 50
— Christine de Lalaing, princesse d'Épinoy. 1 vol. in-12. . 1 fr.
— Souvenirs diplomatiques du xvıııᵉ siècle. Le comte de Mercy-Argenteau. 1 vol. Charpentier. 3 50
— Histoire du règne de l'empereur Joseph II et de la révolution belge de 1790. 3 vol. in-12. . . . . 9 fr.
— Histoire populaire de la Révolution française. 1 vol. in-18. 1 fr.
— Hist. populaire du Consulat, de l'Empire et de la Restauration. 1 vol. in-18. . . . . 1 fr.
— Le Premier roi des Belges. Biographie populaire. In-18. . 75 c.
Klencke — Vie d'Alexandre de Humboldt. Traduit de l'allemand par Burgkly. 1 vol. Charpentier. . . . . 3 fr. 50
Koch (De) — Histoire abrégée des traités de paix entre les puissances de l'Europe, depuis la paix de Westphalie, augmentée et continuée jusqu'au congrès de Vienne et aux traités de Paris de 1815, par F. Schœll. 4 vol. grand in-8 à 2 col. . . . . 48 fr.
Labarre (L.) — Éphémérides nationales. 1 vol. in-18. . . . . 2 fr.
Labot (A.). — Convocation des états généraux et législation électorale de 1789. Cahiers, procès-verbaux, opérations électorales des assemblées du clergé, de la noblesse et du tiers état du Nivernois et Donziois, réunis à Nevers et à St-Pierre-le-Moûtier, en 1789. Extraits des documents officiels. 1 fort vol. in-18. . 4 fr. 50
Lacroix (A.) et **Van Meenen** (Fr.). — Notices historique et bibliographique sur Philippe de Marnix, avec portrait. 1 v. in-8. 1 fr. 60
La Fayette. — Mémoires. 2 vol. grand in-8 à 2 col. . . . . . 10 fr.
Lamarque (le général). — Mémoires et Souvenirs. 2 vol. in-18. 2 fr.
Lamartine (A. de). — Portraits et Biographies. (W. Pitt. — Lord Chatham. — Mme Roland. — Ch. Corday). 1 vol. in-8. . . 5 fr.
— Les Hommes de la Révolution (Mirabeau. — Danton. — Vergniaud). 1 vol. in-8. . . . . 5 fr.
— Les Grands hommes de l'Orient. (Mahomet. — Tamerlan. — Zizim.) 1 vol. in-8. 5 fr.
— Civilisateurs et conquérants (Solon. — Périclès. — Michel-Ange. — Pierre le Grand. — Catherine II. — Murat. — Fables de l'Inde). 2 vol. in-8 . . . . 10 fr.

HISTOIRE

Laurent (Fr.). — Études sur l'histoire de l'humanité. Histoire du droit des gens et des relations internationales. Chaque vol., format in-8° . . . . 7 fr. 50

Tome	I. L'Orient (2ᵉ édit.).	Tome VII. L'Église et la Féodalité.
—	II. La Grèce (2ᵉ édit.).	— VIII. La Réforme.
—	III. Rome (2ᵉ édit.).	— IX. Les Guerres de religion.
—	IV. Le Christianisme (2ᵉ éd.).	— X. Les Nationalités.
—	V. Les Barbares et le Catholicisme (2ᵉ édit.).	— XI. La Politique royale.
—	VI. L'Empire et la Papauté.	— XII. La Philosophie du 18ᵉ siècle et le Christianisme.

Laurent (Fr.). L'Église et l'État. 2 forts vol. in-8° . . . . . . 15 fr.
  Vol. I. Le Moyen âge. — La Réforme (2ᵉ édit.).
  — II. La Révolution.
— Le même ouvrage. 2 vol. in-18 . . . . 7 fr.
— Van Espen. Étude historique sur l'Église et l'État en Belgique. 1 vol. in-18 . . . . 3 fr. 50 c.
Lenfant (le P.), confesseur de Louis XVI. — Mémoires. 2 v. in-18. 2 fr.
Loeb (le docteur Henri). — Catéchisme israélite, à l'usage des écoles du culte israélite. 1 vol. in-12 . . . . 2 fr.
— Histoire sainte, ou histoire des israélites depuis la création jusqu'à la destruction de Jérusalem. 1 vol. in-8 . . . . 5 fr.
— Le même ouvrage. 1 vol. in-12 . . . . 2 fr.
Louis XVIII. — Sa correspondance privée et inédite, pendant son séjour en Angleterre. 1 vol. in-8 . . . . 2 fr.
— Mémoires, publiés et recueillis par le duc D.... 12 v. in-18. 18 fr.
Marnix (Philippe de). — Le Tableau des différends de la religion. 4 vol. in-8 . . . . 16 fr.
— De Bijenkorf (La ruche à miel de l'Église romaine). 2 v. in-8. 7 fr.
— Les Écrits politiques et historiques. 1 v. in-8 . . . . 4 fr.
— La Correspondance et les Mélanges. 1 vol. in-8 . . . . . 5 fr.
Ney (maréchal). — Mémoires, publiés par sa famille. 2 v. in-18. 2 fr.
Pasquini (J.-N.). — Histoire de la ville d'Ostende et du port, précédée d'une notice des révolutions physiques de la côte de Flandre, tirée de M. Belpaire. 1 v. in-8 . . . . . . 7 fr. 50
Peel (Robert). — Mémoires trad. par E. de Laveleye. 2 vol. in-8. 10 fr.
Petruccelli della Gattina (Fr.). — Histoire diplomatique des conclaves, depuis Martin V jusqu'à Pie IX. 4 vol. in-8. 24 fr.
Potter (De). — Vie de Scipion de Ricci, évêque de Pistoie et Prato, réformateur du catholicisme en Toscane, composée sur le manuscrit autographe de ce prélat. 3 vol. in-18 . . . . . 6 fr.
Potvin (Ch.). — Albert et Isabelle. Fragments sur leur règne. 1 vol. in-8 . . . . 3 fr. 50
Quinet (Edgar). — La Révolution (4ᵉ édit.). 2 vol. in-8 . . . 15 fr.
Reumont (A. de). — La Jeunesse de Catherine de Médicis. Traduit de l'allemand. 1 vol. in-18, avec portrait . . . . 2 fr. 50
Rittiez (F.) — Histoire du Gouvernement provisoire de 1848, pour faire suite à l'histoire du règne de Louis-Philippe Iᵉʳ. 2 v. in-8 10 fr.

HISTOIRE

Rodenbach (C.). — Épisodes de la révolution dans les Flandres. 1 vol. in-18. . . . . 1 fr.
Roland (Mme). — Lettres autographes adressées à Bancal des Issarts. 1 vol. in-18. . . . . 1 fr.
Schayes (A.-G.-B.). — Les Pays-Bas avant et durant la domination romaine. 2 vol. in-8. . . . . 10 fr.
Sosset (J.). — Biographies à l'usage des écoles moyennes. Première partie destinée à la 1re année d'études. 2e édit. 1 vol. in-12. 1 fr.
— Deuxième partie, 2e édit., destinée à la 2e année d'études. 1 fr.
Steenackers (F.). — Histoire des Ordres de chevalerie et des distinctions honorifiques en France. 1 vol. in-4, avec planches. . . 15 fr.
Vandervynct. — Histoire des troubles des Pays-Bas sous Philippe II. 4 vol. in-8. 10 fr.
Van Halen (Don Juan). — Mémoires. 2 vol. in-8. . . . . . . 6 fr.
— Pour faire suite à ces mémoires : Les quatre journées de Bruxelles. 1 vol. in-8. . . . . 1 fr.
Véron (le docteur L.). — Nouveaux mémoires d'un bourgeois de Paris, depuis le 10 décembre 1848 jusqu'aux élections générales de 1863. Le second empire. 2e édit. 1 vol. in-8. . . . . 6 fr.
Villiaumé (N.). — Histoire de la Révolution française (1789), nouvelle édit. revue et augmentée de documents inédits et inconnus. 3 vol. in-8. . . . . 15 fr.
— Histoire de Jeanne Darc et réfutation des diverses erreurs publiées jusqu'aujourd'hui. 3e édit. 1 vol. in-8. . . . . 7 fr. 50
Weber (Georges). — Histoire universelle. Traduit de l'allemand sur la 9e édit. par Jules Guillaume. 9 vol. in-18 . . . . . . 30 fr.

I. Peuples orientaux. 1 v. 2 fr.	VI. Histoire moderne. 1. La Renaissance et la Réforme. 3 fr. 50
II. Histoire grecque. 1 v. 3 fr. 50	
III. Histoire romaine. 1 v. 3 fr. 50	VII. Hist. moderne. 2. De Louis XIV à Frédéric II. . . . 3 fr. 50
IV. Histoire du moyen âge. 1. 3 fr. 50	
V. D° 2. 3 fr. 50	VIII. Histoire moderne. 3. La Révolution. L'Empire français. 3 fr. 50

L'ouvrage formera 9 vol.

White (Charles). — Révolution belge de 1830. 3 vol. in-18 . . 3 fr.
Wouters. — Histoire chronologique de la République et de l'Empire (1789 à 1815), suivie des annales napoléoniennes depuis 1815. 1 vol. in-8, cartes et plans. . . . . 10 fr.

PHILOSOPHIE & RELIGION

Beauregard (O.). — Les Divinités égyptiennes. Leur origine, leur culte et son expansion dans le monde. A propos de la collection archéologique de feu le docteur Ernest Godard. 1 beau vol. in-8 de 610 pages. . . . . 10 fr.
Brigham (Amariah). — Remarques sur l'influence de la culture de l'esprit et de l'excitation mentale sur la santé. 1 vol. in-18. 1 fr.
Brougham (lord Henri). — Discours sur la théologie naturelle, indiquant la nature de son évidence et les avantages de son étude. Traduit de l'anglais. 1 vol. in-18. . . . . 1 fr.
Brück (R.). — L'humanité, son développement et sa durée. Étude d'histoire, de politique et de religioso-philosophie rationnelles. Lois physiques et morales, primordiales et éternelles qui régissent l'univers, la terre et la race humaine qui l'habite. 2 forts vol. in-8. . . . . 20 fr.
Dollfus (Ch.). — Le Dix-Neuvième Siècle. 1 vol. in-8. . . . . 5 fr.
Duprat (P.). — Les Encyclopédistes, leurs travaux, leurs doctrines et leur influence. 1 vol. in-18. . . . . 2 fr.
Feuerbach. — La Religion (Mort. — Immortalité. — Religion). Traduction de Joseph Roy. . . . . 5 fr.
— Essence du christianisme. Traduction de Joseph Roy. . 5 fr.
Gioberti (Vincent). — Essai sur le beau, ou éléments de philosophie esthétique. Traduit de l'italien par Joseph Bertinatti, docteur en droit. 1 vol. in-8. . . . . 7 fr.
— Lettres sur les doctrines philosophiques et politiques de M. de Lamennais. 1 vol. in-18. . . . . 1 fr. 50
Gruyer (L.-A.). — De la Liberté physique et morale. In-8. . 2 fr.
— Tablettes philosophiques. 1 vol. in-18. . . . . 1 fr.
D'Héricourt (Mme Jenny-P.). — La Femme affranchie, réponse à MM. Michelet, Proudhon, E. de Girardin, A. Comte et autres novateurs modernes. 2 vol. Charpentier. . . . . 7 fr.
Lamennais (J. de). — Le Livre du Peuple. In-32. . . . . . 1 fr.
— Les Paroles d'un croyant. In-32 . . . . 1 fr.
— Amschaspands et Darvands. 1 vol. in-18. . . . . 1 fr.
— De l'Absolutisme et de la Liberté (Dialoghetti). 1 vol. in-32. 50 c.
— Affaires de Rome. 1 vol. in-18. . . . . 1 fr.
— De l'Esclavage moderne. 1 vol. in-18. . . . . 1 fr.
— Œuvres complètes. 2 vol. grand in-8. . . . . 32 fr.

Librairie Internationale, 15, Boulevard Montmartre, à Paris.

PHILOSOPHIE ET RELIGION

Larroque (Patrice). — Examen critique des doctrines de la religion chrétienne. 2ᵉ édit. 2 vol. in-8. . . . . 15 fr.
— Le même ouvrage. 3ᵉ édit. 2 vol. in-8 (sans annotations).. 10 fr.
— — 4ᵉ édit. 2 vol. in-18. . . . . 7 fr.
— Rénovation religieuse. 2ᵉ édit. augmentée. 1 vol. in-8. . 7 fr.
— Le même ouvrage 3ᵉ édit. in-8 (sans annotations) . . . . 5 fr.
— — 4ᵉ édit. 1 vol. in-18. . . . . 3 fr. 50
— De l'Esclavage chez les nations chrétiennes. 2ᵉ édition. 1 vol. in-18.. . . . . 2 fr. 50
Lecanu (A.). — Lettre sur l'instruction publique. In-18. . . 1 fr.
Monnard et Gence. — Méditations religieuses, en forme de discours, pour toutes les circonstances et situations de la vie, d'après l'ouvrage allemand intitulé : « Stunden der Andacht. » 6 v. in-8. 45 fr.
Pelletan (Eugène). — La Famille. In-8.
    Vol. I. La Mère, 3ᵉ édit. . . . . 5 fr.
    II. Le Père . . . . 5 fr.
    III. L'Enfant. . . . . 5 fr.
Potter (A. de). — De l'instruction obligatoire comme remède aux maux sociaux. Mémoire soumis à l'examen de l'Académie royale de Belgique. Avec les rapports de MM. E. Ducpétiaux et P. Devaux, et leur réfutation. 1 vol. in-18. . . . . 2 fr. 50
Renand (P.) — Christianisme et Paganisme. Identité de leurs origines, ou nouvelle symbolique. 1 vol. in-8. . . . . 6 fr.
Saint-Simon (C.-H. de). — Œuvres choisies, précédées d'un essai sur sa doctrine, avec portrait. 3 vol. Charpentier. . . . 10 fr. 50
Simon (Jules). — L'École. 5ᵉ édit. 1 vol. in-8. . . . . 6 fr.
Le même ouvrage. 7ᵉ édit. in-18. . . . . 3 fr. 50
Stap (A.). — Études historiques et critiques sur les origines du christianisme. 2ᵉ édit. corrigée et augmentée. 1 vol. in-18. . 3 fr. 50
Strauss (David-Frédéric). — Nouvelle vie de Jésus, traduite de l'allemand par A. Nefftzer et Ch. Dollfus. 2ᵉ édit. 2 vol. in-8. 12 fr.
Tempels (R.). — L'Instruction du peuple. 1 vol. in-8. . . . . 4 fr.
Tiberghien (G.). — La logique. Science de la connaissance. 2 vol. in-8. . . . . 15 fr.
Voituron (Paul). — Recherches philosophiques sur les principes de la science du beau. Ouvrage couronné. 2 forts vol. in-8. . 12 fr.
— Études philosophiques et littéraires sur les Misérables. 1 vol. in-12. . . . . 2 fr.

VOYAGES

Bædeker. — Paris. Guide pratique du voyageur, accompagné d'un plan général de Paris et de 6 cartes. 1 vol. de 240 pages in-18, élégamment cartonné. . . . . 4 fr.

Barth (Docteur H.). — Voyages et découvertes dans l'Afrique septentrionale et centrale. Traduit de l'allemand, par Paul Ithier. 4 beaux et forts vol. in-8, avec cartes et gravures. . . . 24 fr.

Du Bosch (A.-J.). — La Chine contemporaine, d'après les travaux les plus récents. Traduit de l'allemand. 2 vol. in-18. . . . 7 fr.

Bussy (Comte E.-H. de). — Indiscrétions d'un Touriste, causeries et anecdotes sur les villes d'eaux d'Allemagne. 1 vol. in-18. 5 fr.

Clot-Bey (A.-B.). — Aperçu général sur l'Égypte. 2 vol. in-18. Ornés d'un portrait et de plusieurs cartes et plans coloriés. . 3 fr.

Considérant (N.). — Souvenirs de voyage. Un Couronnement à Kœnigsberg. 1. vol. in-12. . . . . 1 fr. 50

Duvergier de Hauranne (Ernest). — Huit mois en Amérique. Lettres et notes de voyage. 1864-1865. 2 forts vol. in-18. . . 8 fr.

Frœbel (Julius). — A travers l'Amérique. Traduit de l'allemand par Émile Tandel. 3 beaux vol. Charpentier. . . . . . 10 fr. 50

Guide-Guerber. — Indicateur international universel. Itinéraire et guide postal de tous les services maritimes à vapeur desservant les ports des cinq parties du monde, 2ᵉ année. 1 v. in-8. 4 fr.

Heine (W.). — Voyage autour du monde. Le Japon. Expédition du Commodore Perry pendant les années 1853, 1854 et 1855, faite d'après les ordres du gouvernement des États-Unis. Traduit de l'allemand par A. Rolland. Illustré de 11 vues, dessinées d'après nature par l'auteur. 1 vol. in-8. . . . . 6 fr.

Hivers de Nice (Les). — Impressions et souvenirs. In-18. . . 1 fr.

Lisboa (Consilheiro). — Relaçao de uma viagem a Venezuela, Nova Granada, Equador. 1 fort vol. in-8, avec une carte. . 15 fr.

Lubanski (Dʳ). — Guide aux stations d'hiver du littoral méditerranéen. Nice, Hyères, Cannes, Menton, Monaco. 1 fort vol. in-18, avec cartes et vues, 6 fr. Cartonné. . . . . 7 fr.

Paris. — Guide rédigé par les principaux littérateurs et savants français. Illustré par les artistes les plus éminents. 1 beau vol. in-18 colombier, paraissant en avril 1867. (Voir le prospectus détaillé p. 39 à 41.)

Parc des buttes Saint-Chaumont. Guide du promeneur donnant la description pittoresque du parc et des différents panoramas qui l'entourent, ou vingt lieues de pays à vol d'oiseau, suivi de curieuses chroniques sur les buttes Saint-Chaumont, Montfaucon, Pantin, Montmartre, Saint-Denis, etc.; par L. D., ancien magistrat. In-18. 1 fr.

Passmore. — Guide à Londres. — A trip to London. — Guide du voyageur à Londres. — Sous forme de manuel de conversation anglaise et française, servant en même temps à apprendre la langue anglaise. 1 vol. in-32 avec plan de Londres. . . 5 fr.

Simonin (L.). — L'Étrurie et les Étrusques. Souvenirs de voyage. Arezzo, le val de Chiana et les ruines de Chiuzi. In-8. . 1 fr.

Siret (Ad.). — Manuel du touriste et du curieux. — La ville de Gand. 1 vol. in-12, avec plan. . . . . 2 fr. 50

Verhaeghe (L.).—Autour de la Sicile. 1861-1863. 1 vol. in-18. 2 fr.
— Voyage en Orient. 1862-1863. 1 vol. in-18. . . . . . 3 fr. 50

VOYAGES ET DÉCOUVERTES

DANS

L'AFRIQUE

SEPTENTRIONALE ET CENTRALE

PENDANT LES ANNÉES 1849 A 1855

Par le Docteur

HENRI BARTH

Traduit de l'allemand par PAUL ITHIER

4 beaux vol. in-8°, enrichis de gravures, de chromo-lithographies d'une belle carte et du portrait de l'auteur.

PRIX : 24 FRANCS

Librairie Internationale, 15, Boulevard Montmartre, à Paris.

POLITIQUE, DROIT

ÉCONOMIE POLITIQUE ET SCIENCES

Addison. — Épisodes des cours d'assises. 1 vol. in-18. . . . . 1 fr.
Ancillon. — Du Juste-milieu, ou des rapprochements des extrêmes dans les opinions. 2 vol. in-18. . . . . 2 fr.
Animaux domestiques. — Traduit de l'anglais. 1 vol. in-18, orné de gravures. . . . . 1 fr.
Animaux sauvages. — Traduit de l'anglais. 1 vol. in-18, orné de gravures. . . . . 1 fr.
Audiganne (A). L'Économie de la paix et la richesse des peuples. 1 v. in-18. . . . . 3 fr.
Belgique (La) jugée par l'Angleterre, extrait de la « Quarterly Review. » Traduction autorisée. 1 vol. in-12. . . . . . 75 c.
Bibliothèque du peuple et des écoles. Notions élémentaires d'astronomie. Brochure in-18. . . . . 30 c.
— Notions préliminaires à l'étude des sciences. . . . . . 30 c.
Blanc (Louis). — Lettres sur l'Angleterre. 2ᵉ édit. 2 vol. in-8. 12 fr.
— — — 2ᵉ série, 2 vol. in-8. 12 fr.
— L'État et la commune. In-8. . . . . 1 fr.
Boetie (De la). — De la Servitude volontaire (1548). Préface de F. de Lamennais. 1 vol. in-32. . . . . 1 fr.
Boichot — Petit traité de connaissances à l'usage de tous. 1 vol. in-12. avec de nombreuses gravures sur bois. . . . . 3 fr.
— Instruction populaire. Notions sur l'astronomie. 1 vol. in-12, avec figures. 1 fr. 25
Brasseur (H.). — Manuel d'économie politique. 2 vol. gr. in-8. 15 fr.
Bruck (Le capitaine). — Manifeste du magnétisme du globe et de l'humanité, ou résumé succinct du magnétisme terrestre et de son influence sur les destinées humaines. In-8. . . . . . . 4 fr.
Burggraeve (Dʳ Ad.). — Études sur André Vésale. 1 vol. in-8. 6 fr.
— A la mer, ou conseils pour la santé. 1 vol. in-8, avec quatre vues photographiques. . . . . 6 fr
Carey (C.-H.). — Lettres critiques à Michel Chevalier. Traduites de l'anglais, précédées d'une étude sur l'économie politique et sur son introduction dans l'enseignement secondaire, par H. Humbert. In-8. . . . . 1 fr. 50
Cauchy (P.-F.). — Principes généraux de chimie inorganique. 1 vol. in 8. . . . . 3 fr.
Cernuschi (H.). — Mécanique de l'échange. 2ᵉ édit. 1 vol. in-8. 3 fr. 50
— Illusions des sociétés coopératives. In-18. . . . . . . 2 fr.
— Contre le billet de banque. Déposition et notes. In-18. . 2 fr. 50
Clark (James). — Traité de la consomption pulmonaire, comprenant des recherches sur les causes, la nature et le traitement des maladies tuberculeuses et scrofuleuses en général. 1 vol. in-8. . . 2 fr.

Librairie Internationale, 15, Boulevard Montmartre, à Paris.

POLITIQUE, DROIT

Collection d'autographes et de fac-similé de personnages de la Révolution française, suivis d'autographes de quelques célébrités de la révolution brabançonne. 1 vol. in-8 contenant 100 autographes environ. 6 fr.

Combe (George). — Traité complet de phrénologie. Traduit de l'anglais par le docteur Lebeau, médecin du roi. 2 vol. in-8, avec gravures sur bois et lithographies. . . . . 8 fr.

— Nouveau Manuel de phrénologie. 1 vol. in-18 avec planches. 1 fr.

Compte rendu des Séances du corps législatif. Session de 1865. Du 15 février au 4 juillet 1865. 3 forts vol. in-8. . . . . 15 fr.

Considérant (N.). — Du Travail des enfants dans les manufactures et dans les ateliers de la petite industrie. 1 vol. in-8. . . 1 fr.

Cruysmans (Fl.). — Des Droits et des Obligations des armateurs vis-à-vis des assureurs sur corps. 1 vol. in-8. . . . . . . 2 fr. 50

— Des Risques de guerre au point de vue de la police d'assurance maritime et des usages d'Anvers. 1 vol. in-8. . . . . 2 fr.

Cuvier (Georges). — Histoire des progrès des sciences naturelles depuis 1789 jusqu'à ce jour. 2 vol. in-8. . . . . 3 fr.

— Leçons d'anatomie comparée, recueillies et publiées par Duméril. 3 vol. gr. in-8. . . . . 8 fr.

— Le Règne animal distribué d'après son organisation, pour servir de base à l'histoire naturelle des animaux, et introduction à l'anatomie comparée. 3 vol. gr. in-8, avec fig. . . . . . . 10 fr.

Deroyer (F.-J.). — Économie à l'usage de tout le monde. 1 volume in-12. . . . . 2 fr. 50

Ducpétiaux (Ed.). — De la Condition physique et morale des jeunes ouvriers et des moyens de l'améliorer. 2 vol. in-8. . . . 6 fr.

— De l'État de l'instruction primaire et populaire en Belgique, comparé avec celui de l'instruction en Allemagne, en Prusse, en Suisse, en France, en Hollande et aux États-Unis. 2 vol. in-18. 2 fr.

— Des Progrès et de l'état actuel de la réforme pénitentiaire et des institutions préventives aux États-Unis, en France, en Suisse, en Angleterre et en Belgique. 3 vol. in-18 avec planches. 6 fr.

Enayrdna. — La guerre et le Luxembourg. In-8. . . . . . 1 fr.

Expilly (Ch.). — La traite, l'émigration et la colonisation au Brésil. 1 vol. in-8. . . . . 7 fr. 50

Eyma (X.). — De la Circulation libre des coupons à revenu fixe. In-8. . . . . 1 fr.

Favrot (Le docteur). — L'Eau et la Santé publique. In-18. . . 2 fr.

— Mahomet, la Science chez les Arabes. In-18. . . . . . . 1 fr.

— Nouveau cimetière de Paris. In-18. . . . . 50 c.

Finances de l'Autriche (Les) et le budget de 1866. In-8. . 1 fr.

Fisco (E.) et **Van der Straeten** (J.). — Institutions et taxes locales du royaume uni de la Grande-Bretagne et d'Irlande. 2e édition, revue, augmentée et mise au courant jusqu'au 1er octobre 1862. 1 vol. in-8. . . . . 7 fr. 50

ÉCONOMIE POLITIQUE ET SCIENCES

Gachard. — Précis du régime municipal en Belgique avant 1794. 1 vol. in-8.. 2 fr.
Giron (A.). — Essai sur le droit communal de la Belgique. 1 volume in-8.. 4 fr.
Honsebrouck (Van). — Traitement des maladies par l'eau froide. 1 vol. in-18.. 1 fr.
Hübner (Otto). — Petit Manuel populaire d'économie politique. Traduit de l'allemand avec l'autorisation de l'auteur, par Ch. L.-Hardy de Beaulieu, économiste. 2ᵉ édit. in-18...... 1 fr.
Humboldt (A. de). — Résumé du Cosmos. 1 vol. in-18.... 75 c.
Ignotus (Dʳ). — Petit traité de la machine humaine. 1 vol. Charpentier, avec figures................... 3 fr. 50
Jésuites (les) et l'affaire Debuck. 6ᵉ édit., augmentée du testament de De Boey. In-18................... 75 c.
Lalande (Jérôme de). — Tables de Logarithmes, étendues à 7 décimales par F.-C. Marie, précédées de plusieurs tables contenant les bases des calculs les plus usuels, par Ch.-E. Guillery. 1 vol. in-18.. 3 fr.
Lamartine (A. de). — La France parlementaire (1834-1851). Œuvres oratoires et écrits politiques, précédés d'une Étude sur la vie et les œuvres de Lamartine, par L. Ulbach. 6 beaux vol. in-8. 36 fr.
Larroque (Patrice). — De la guerre et des armées permanentes. 1 vol. in-8.. 5 fr.
— Le même ouvrage. 2ᵉ édit. in-18.......... 3 fr. 50
Laveleye (Émile de). — Questions contemporaines. 1 v. gr. in-18. 3 fr. 50
— Essai sur l'économie rurale de la Belgique. 2ᵉ édition. 1 volume in-18.. 3 fr. 50
— Études d'économie rurale. La Néerlande. 1 vol. in-18. 3 fr. 50
— L'Enseignement obligatoire. In-12.......... 75 c.
Le Hardy de Beaulieu (Ch.). — Traité élémentaire d'économie politique. 2ᵉ édit. 1 vol. in-18............... 4 fr.
— Considérations sur les relations commerciales entre la Belgique et l'Espagne dans le présent et dans l'avenir. 1 vol. in-8. 1 fr. 50
— Du Salaire. Exposé des lois économiques qui régissent la rémunération du travail et des causes qui modifient l'action de cet lois. 1 vol. in-18................... 2 fr. 50
— Le Catéchisme de la mère. 1 volume in-18 avec de nombreuses figures.. 2 fr. 50
— Causeries agricoles. Applications de l'économie politique, de la géologie et de la chimie à l'agriculture. 1 vol. in-18. 3 fr. 50
Le Hon. — Périodicité des grands déluges, résultant du mouvement graduel de la ligne des apsides de la terre, théorie prouvée par les faits géologiques. 1 vol. in-8, 2ᵉ édit., revue, augmentée et enrichie de deux cartes................. 3 fr.
Lestgarens (J.). — La Situation économique et industrielle de l'Espagne en 1860. 1 vol. in-8................. 1 fr. 25

Lindley (John). — Esquisses des premiers principes d'horticulture. Ouvrage traduit de l'anglais et augmenté par Ch. Morren. 1 vol. in-18. . . . . 2 fr.
Ludwigh (Jean). — La Hongrie politique et religieuse. 1 v. in-18. 3 fr. 50
— Nouvelle page de l'histoire des Habsbourg. In-18. . . . 75 c.
— La Hongrie et la germanisation autrichienne. In-18. . . . 1 fr.
— La Liberté religieuse et le protestantisme en Hongrie. In-18. 1 fr. 25
— La Hongrie devant l'Europe : les institutions nationales et constitutionnelles de la Hongrie et leur violation. In-18. . . . . 2 fr.
— La Hongrie et les Slaves. . . . . 1 fr. 25
— François-Joseph, empereur d'Autriche, peut-il être couronné roi de Hongrie? In-18. . . . . 1 fr.
— Qui payera les dettes de l'Autriche? In-18. . . . . . . 1 fr. 50
— La Diète de Hongrie et l'empire d'Autriche, contenant l'adresse de M. Deak. In-18. . . . . 2 fr.
— L'Autriche despotique et la Hongrie constitutionnelle, avec l'ultimatum de la diète de Hongrie. . . . . 2 fr.
— Des Lois sur la responsabilité du pouvoir exécutif en Hongrie. In-18. . . . . 1 fr.
Macnish (Robert). — Introduction à l'étude de la phrénologie, par demandes et par réponses. 1 vol. in-18. . . . . 1 fr.
Malaise (L.). — Clinique homœopathique. 1 vol. in-8. . . . . 2 fr.
Maynz (Ch.). — Éléments de droit romain. 2 vol. in-8. . . . 16 fr.
— Traité des obligations en droit romain. 1 vol. in-8. . . . 9 fr.
Minssen (J.-F.) — Étude sur l'instruction secondaire et supérieure en Allemagne. In-8 . . . . 2 fr.
Mitscherlich. — Éléments de chimie. Traduit de l'allemand par Valérius. 3 vol. in-8. . . . . 9 fr.
Molinari (G. de). — Questions d'économie politique et de droit public. 2 beaux vol. in-8. . . . . 10 fr.
— Lettres sur la Russie. 1 v. format Charpentier de 418 pages. 4 fr.
— Cours d'économie politique, professé au musée royal de l'industrie belge, 2ᵉ édit. 2 forts vol. in-8 . . . . 15 fr.
Monckhoven. — Traité général de photographie, contenant tous les procédés connus jusqu'à ce jour, suivi de la théorie de la photographie et de son application aux sciences d'observation. 4 édit., entièrement refondue avec 253 fig. intercalées dans le texte. 1 vol. in-8. 10 fr.
Omalius d'Halloy (J.-J. d'). — Abrégé de géologie. Nouvelle édit. in-8 avec nombreuses fig. dans le texte. . . . . 10 fr.
Pagès du Port (A.). — Le Crédit de l'État et le crédit industriel. In-8. . . . . 1 fr.
Pessard (H.) et **Duvernoy** (C.). — L'Année parlementaire. 1863-1864. 1 vol. in-18 contenant un résumé historique des actes du Sénat et du Corps législatif français. . . . . 3 fr. 50

Librairie Internationale, 15, Boulevard Montmartre, à Paris.

ÉCONOMIE POLITIQUE ET SCIENCES

Philips (Ch.). — Amputation dans la contiguïté des membres. 1 vol. in-8, avec 16 planches. . . . . 3 fr.
— Du Strabisme. 1 vol. in-18. . . . . 50 c.
Procès (le) des treize en appel. 1 vol. in-8. . . . . 1 fr. 50
Proudhon (P.-J.). — Théorie de la propriété. Appendice : Projet d'exposition perpétuelle. 2ᵉ éd. 1 v. in-18. (Œuvre posthume). 3 fr. 50
Rau (Ch.-H.). — Traité d'économie nationale. Traduit de l'allemand par Fréd. de Kemmeter. 1 vol. in-8. . . . . 8 fr.
Reyntiens (N.). — L'Enseignement primaire et professionnel en Angleterre et en Irlande. 1 vol. in-8. . . . . 6 fr.
— Débats de l'assemblée de Francfort sur les questions de l'Église et de l'Instruction publique. 1 vol. grand in-8. . . . . . . 4 fr.
Rodenbach (Alex.). — Coup d'œil d'un aveugle sur les sourds-muets. 1 vol. in-8. . . . . 2 fr.
Say (Jean-Baptiste). — Catéchisme d'économie politique. 1 v. in-18. 2 fr.
— Cours complet d'économie politique, augmenté des mélanges et correspondance d'économie politique, de la bibliographie raisonnée de l'économie politique, par A. Blanqui, précédé d'une notice historique sur la vie et les ouvrages de J.-B. Say, par Charles Comte. 1 gros vol. grand in-8, à 2 colonnes. . . . . 12 fr.
Seinguerlet (E.). — Organisation du Crédit populaire. Les Banques du peuple en Allemagne. 1 vol. in-18. . . . . 3 fr. 50
Sève (Ed.). — Le Nord industriel et commercial. 3 vol. in-8. . 15 fr.
Simon (Jules). — Le Travail. 3ᵉ édit. 1 vol. in-8. . . . . . 6 fr.
— Discours sur la loi des coalitions (29 avril 1864). In-32. . 10 c.
— Discours sur la situation des instituteurs et des institutrices (19 mai 1864). In-32. . . . . 10 c.
Strauss (L.). — Les dollars ou les valeurs américaines. In-8. . 1 fr.
Tempels (P.). — La Poste aux lettres. In-18. . . . . 1 fr.
Thielens (A.). — Flore médicale belge. 1 vol. in-12 . . . . 5 fr.
Université libre de Bruxelles (L'). — Statuts, discours, rapports, documents divers, programme des études, liste des professeurs, biographie, bibliographie. 1 fort vol. de 500 p. in-12. . 5 fr.
Van Bruyssel (Ernest) — Histoire du commerce et de la marine en Belgique. 2 vol. in-8. . . . . 18 fr.
— Histoire politique de l'Escaut. 1 vol. Charpentier. . . 2 fr. 50
Van den Broeck. — Hygiène des mineurs et des ouvriers d'usines métallurgiques, suivie de l'exposé des moyens propres à les secourir en cas d'accident. 1 vol. in-8. . . . . 5 fr.
Villiaumé (N.). — Nouveau traité d'économie politique. 2ᵉ édit. très-augmentée. 2 vol. in-8. . . . . 15 fr.
— L'Esprit de la guerre. Principes nouveaux du droit des gens, de la science militaire et des guerres civiles. 3ᵉ édit. 1 beau vol. in-8. 7 fr. 50
Waelbroeck (C.-F., professeur à l'université, avocat à la cour d'appel de Gand). — Cours de droit industriel. 3 vol. in-8. . . 18 fr.

Librairie Internationale, 15, Boulevard Montmartre, à Paris.

LITTÉRATURE ET BEAUX-ARTS

Abbé*** (l'). — Le Maudit. 11ᵉ édit. 3 vol. in-8.. . . . . 15 fr.
— La Religieuse. 11ᵉ édit. 2 vol. in-8. . . . . 10 fr.
— Le Jésuite. 7ᵉ édit. 2 vol. in-8. . . . . 10 fr.
— Le Moine. 4ᵉ édit. 1 vol. in-8. . . . . 5 fr.
Ainsworth (Harrison). — Guy Fawkes, ou la Conspiration des poudres. 2 vol. . . . . 1 fr.
Alarcon (A.-P. de). — Le Finale de Norma. Nouvelle traduite de l'espagnol par Charles Yriarte. 1 vol. in-18.. . . . . . . 3 fr.
Alby (Ernest). — La Captivité du trompette Escoffier. 2 vol. in-18. 1 fr.
Almanach de Mathieu de la Nièvre. Indicateur du temps pour 1867. Indispensable à tout le monde. Rédigé par les principaux savants, écrivains et tous autres gens de bonne volonté. Orné de vignettes par les premiers artistes. In-32. . . . . 50 c.
Amour et controverse. 1 vol. in-8. . . . . 5 fr.
Andrieux. — Poésies. 1 vol. . . . . 1 fr. 50
— Épître au pape. 1 vol. . . . . 30 c.
Aubertin (G.-H.). — Grammaire moderne des écrivains français. 1 vol. in-8 compacte.. . . . . 6 fr.
— Petite Grammaire moderne, ou les Huit Espèces de mots. 1 vol. in-12.. . . . . 1 fr.
Auerbach (Berthold). — Au village et à la cour. Roman traduit de l'allemand, par Mˡˡᵉ Mina Round. 2 vol. in-18. . . . . 6 fr.
Bancel (D.). — Harangues et Commentaires littéraires et philosophiques sur la littérature française. 3 vol. in-8. . . . . 15 fr.
Baron (A.). — Caius Julius Cæsar, ad optimas editiones recensitus, cum commentario integro Jer. Jac. Oberlini, et selectis Oudendorpii, Achainterii variorumque notis. 2 vol. in-8. . . 3 fr.
— La Mosaïque belge. 1 vol. in-18.. . . . . 1 fr.
— Poésies militaires de l'antiquité, ou Callinus et Tyrtée; ouvrage trad. en vers français, avec notices, commentaires et traductions en vers latins, anglais, italiens, allemands et hollandais. 1 vol. in-8. . . . . 2 fr.
— Résumé de l'histoire de la littérature française. 1 vol. in-18. 1 fr.
Bécart (A.-J.). — Précis d'un cours complet de rhétorique française. 1 vol. in-8.. . . . . 2 fr.
Belmontet (L.). — Poésie des larmes. 1 vol. in-18.. . . . . . . 3 fr.
Berend (Michel). — La Quarantaine. 1 vol. in-18. . . . . . . 3 50

LITTÉRATURE ET BEAUX-ARTS

Berthet (Elie). — La peine de mort ou la route du mal. Roman. 1 vol. in-18. . . . . 3 fr.
Biagio Miraglia. — Cinq Nouvelles calabraises. 1 vol. · 3 fr. 50
Blum (Ernest). — Entre Bicêtre et Charenton. Avec une préface de M. Henri Rochefort. 1 vol. in-18. . . . . 3 fr.
Bonau (Filip). — Les Vengeurs, roman-drame en vers, précédé d'une lettre de M. A. de Lamartine. 1 vol. in-8. . . . . . . 6 fr.
Breteh (Mme de). — Gabrielle. Les Pervenches. 1 vol. in-18. . 3 fr.
Castelnau (A.). — Zanzara, ou la Renaissance en Italie, roman historique. 2 vol. Charpentier. . . . . 7 fr.
Catalan (E.). — Rime et Raison, ou Proverbes, apophthegmes, épigrammes et moralités proverbiales. Choisis et mis en vers. 1 vol. élégant in-32. 2 fr.
Chassin (C.-L.) — Le Poëte de la Révolution hongroise, Alexandre Petœfi. 1 fort vol. Charpentier. . . . . 3 fr. 50
Chateaubriand (De). — Atala. — Réné. 1 vol. in-18. . . . . 1 fr.
— Essai sur la littérature anglaise. 2 vol. in-18. . . . . . . 2 fr.
— Moïse. Tragédie. 1 vol. in-18. . . . . 50 c.
— Le Paradis perdu de Milton. 2 vol. in-18. . . . . 2 fr.
— Mélanges littéraires. 1 vol. in-32. . . . . 50 c.
— Les Natchez. 2 vol. in-32. . . . . 1 fr.
Chavée. — Essai d'étymologie, ou Recherches sur l'origine et les variations des mots qui expriment les actes intellectuels et moraux. 1 vol. in-8. 2 fr.
Chénier (Marie-Joseph). — Poésies. 1 vol. . . . . 2 fr.
Claude (F.). — Le Roman de l'Amour. 2e édit. 1 vol. in-18. . . 3 fr.
— Les Psaumes. Traduction nouvelle. 1 vol. in-18. . . . . 3 fr.
Contes de la sœur Marie. — Traduits de l'anglais. 1 vol. in-18, orné de vignettes. 1 fr.
Constant (Benjamin). — Mélanges de littérature et de politique. 1 vol. in-18. . . . . 1 fr.
Conversations d'un père avec ses enfants. — Traduit de l'anglais. 2 vol. in-18, ornés de gravures. . . . . 2 fr
Curtis (G.-W.). — Rêveries d'un Homme marié. 2 vol. in-32. 2 fr. 50
Damoclès. — Le Dernier Misérable. 2 vol. in-8. . . . . . . 12 fr.
Dérisoud (Ch.-J). — Les Petits Crimes. 1 vol. in-18. . . . . 3 fr.
Désaugiers. — Chansons et Poésies. 1 vol. . . . . 3 fr.
Desbarolles (A.) — Le caractère allemand expliqué par la physiologie. 1 vol. in-18. . . . . 3 fr.
Dialogues extravagants. 1 vol. in-18. . . . . 2 fr.
Dœring (H.). — Mozart, sa biographie et ses œuvres. 1 v. in-18. 1 f. 25
Dollfus (C.). — Mardoche. La revanche du hasard. La Villa. 1 vol. in-18. . . . . 3 fr.
Dora d'Istria (Mme la princesse). — Des Femmes, par une femme. 2 beaux vol. in-8. . . . . 10 fr.
Ducondut (A.). — Juvenilia virilia. Poésies. 1 vol. in-18. . . 3 fr.

Librairie Internationale, 15, Boulevard Montmartre, à Paris.

LITTÉRATURE ET BEAUX-ARTS

Dumas (Alexandre). — Les Crimes célèbres. Nouvelle édition. 4 vol. in-18. . . . . 8 fr.
— Les Borgia. — La Marquise de Ganges. — Les Cenci. 1 vol. in-18. . . . . 2 fr.
— Marie Stuart. — Karl Ludwig Sand. — Murat. 1 vol. in-18. 2 fr.
— Massacres du Midi. — Urbain Grandier. 1 vol. in-18. . . 2 fr.
— La Marquise de Brinvilliers. — La Comtesse de Saint-Géran. — Jeanne de Naples. — Vaninka. 1 vol. in-18. . . . . . 2 fr.

Ellerman (Charles-F.). — L'Amnistie, ou le Duc d'Albe dans les Flandres. Traduit de l'anglais. 2 vol. in-12. . . . . 2 fr.

Emerson (R.-W.). — Les Représentants de l'humanité. Traduit de l'anglais. par P. de Boulogne. 1 vol. in-18. . . . . . 3 fr. 50
— Les Lois de la vie. Traduit par Xavier Eyma. 1 v. in-18.. 3 fr. 50
— Essai sur la nature. Avec une étude sur la vie et les œuvres d'Emerson. Traduit de l'anglais par X. Eyma. 1 v. in-18. 3 50

Ferrier. — La Russie. 1 vol. in-18. . . . . 1 fr.

Fétis. — La musique mise à la portée de tout le monde. Exposé succinct de tout ce qui est nécessaire pour juger de cet art et pour en parler sans l'avoir étudié. Dernière édition, augmentée de plusieurs chapitres et suivie d'un dictionnaire des termes de musique et d'une biographie de la musique. 1 vol. in-18 de 448 pages. . . . . 2 fr.

Fould (fils). — L'Enfer des Femmes. 1 vol. in-12. . . . . . . 3 50

Galerie des femmes de George Sand, ornée de 21 magnifiques portraits sur acier gravés par H. Robinson, d'après les tableaux de Mme Geefs, MM. Charpentier, Lepaulle, Gros-Claude, Giraldon, Lepoitevin, Biard, etc., avec un texte, par le bibliophile Jacob, illustré de vignettes dessinées par MM. Français, Nanteuil, Morel-Fala, et gravées par Chevin. 1 vol. in-4. . . . 20 fr.

Garcin (Mme Eugène). — Léonie, essai d'éducation par le roman, précédé d'une lettre de M. A. de Lamartine. 3e édit. 1 vol. Charpentier. . . . . 3 fr.
— Charlotte. 1 vol. in-12. . . . . 3 fr. 50

Gatti de Gamond (Mme). — Des Devoirs des femmes et des moyens propres à assurer leur bonheur. 1 vol. in-18. . . . . . 1 fr.
— Esquisses sur les femmes. 2 vol. in-18. . . . . 1 fr.
— Réalisation d'une commune sociétaire, d'après la théorie de Charles Fourier. 1 vol. in-8. . . . . 6 fr.

Genlis (Mme de). — Mademoiselle de Clermont. — Cléomir. 1 vol. 30 c.
— Laurette et Julia. 1 vol. . . . . 50 c.

Gomzé (C.). — L'Écriture raconte son histoire. In-18. . . . . 30 c.
— Si j'étais roi. In-18. . . . . 30 c.

Goncourt (Edmond et Jules de). — Idées et Sensations. 1 beau vol. grand in-8. . . . . 5 fr.

Gœthe. — Faust, tragédie. 1 vol. in-18. . . . . 3 fr.

Grattan (Thomas Colley). — L'Héritière de Bruges. 3 vol. . . 3 fr.

Librairie Internationale, 15, Boulevard Montmartre, à Paris.

LITTÉRATURE ET BEAUX-ARTS

Guénot-Lecointe. — Le Cadet de Bourgogne. 1 vol. . . . . . 1 fr.
— La Dernière Croisade. 1 vol. . . . . 1 fr.
Hédouin (A.). — Gœthe. Sa vie, ses œuvres et ses contemporains. 1 vol. in-18. . . . . 3 fr. 50
Heller (Robert). — Un Tremblement de terre. 2 vol. in-32. . . 3 fr.
Hope. — Histoire de l'architecture. Traduit de l'anglais par A. Baron. 2ᵉ édit. 1 très-beau vol. in-8, accompagné d'un atlas de 90 planches gravées. . . . . 12 fr.
Hugo (Victor). — Les Misérables. 10 vol. in-8, édit. de luxe. 60 fr.
— Le même ouvrage, en 10 vol. in-12. . . . . 35 fr.
— Le même ouvrage. Édit. illustrée de 200 dessins de Brion. 1 vol. in-4. . . . . 10 fr.
— William Shakespeare. 1 beau et fort vol. in-8. . . . 7 fr. 50
— Les Chansons des rues et des bois. 1 beau vol. in-8. . 7 fr. 50
— Les Travailleurs de la mer. 15ᵉ édit. 3 vol. in-8. . . . . 18 fr.
Humboldt (A. de). — Correspondance avec Varnhagen von Ense et autres contemporains célèbres. Traduit par Max Sulzberger 1 beau et fort vol. in-12 . . . . 5 fr.
Joliet (Ch.) — L'Envers d'une campagne. Italie, 1859. 1 vol. in-18. 3 fr.
Kennedy (Miss Grace). — Décision. 1 vol. in-18. . . . . 1 fr.
— Jessy Allan la boiteuse. 1 vol. in-18. . . . . 50 c.
— Nouvelles protestantes. 2 vol. in-18. . . . . 2 fr.
— La Parole de Dieu. 1 vol. in-18. . . . . 50 c.
— Visite d'Andrew Campbell à ses cousins d'Irlande. 1 vol. in-18. 50 c.
Labarre (Louis). — Satires et élégies. 1 vol. . . . . 1 fr.
Lacroix (Albert). — Histoire de l'influence de Shakespeare sur le théâtre français, jusqu'à nos jours. 1 vol. grand in-8 . . . . . 5 fr.
Lamartine (Alphonse de). — Shakspeare et son œuvre. 1 beau vol. in-8 de 450 pages. . . . . 5 fr.
La Véguay. — Inès de Montéja. 1 vol. . . . . 1 fr.
Leclercq (E.). — Histoire de deux armurières. 1 vol. in-18. 3 fr. 50
— Gabrielle Hauzy. 1 vol. in-18. . . . . 3 fr. 50
— Contes vraisemblables pour les Enfants. 1 beau vol. in-8 avec 10 grandes illustrations par Césare dell'Acqua. Broché, 6 fr. — Relié, 9 fr.
Léo (André). — Un Divorce. 1 beau vol. in-8. . . . . 5 fr.
Lerchy (Mᵐᵉ de). — Elvire Nanteuil. 1 vol. in-18. . . . . 1 fr. 25
Les Rivaux, imité de l'anglais. 3 vol. in-18. . . . . . . 3 fr. 75
Liedtz (Frédéric). — Après le couvre-feu. 2 vol. . . . . 2 fr.
Ligne (Prince de). — Œuvres, précédées d'une introduction, par Albert Lacroix. 4 beaux et forts vol. in-18. . . . . 14 fr.
— Mémoires, suivis de pensées et précédés d'une introduction. 1 vol. in-18. . . . . 3 fr. 50
Livre d'or des familles (Le), ou la Terre sainte, illustré de 58 pl. rehaussées, dessinées par Haghe. 1 beau vol. in-8, orné de lettrines, de culs-de-lampe et d'une carte de la Palestine. 15 fr.

Librairie Internationale. 15. Boulevard Montmartre, à Paris.

LITTÉRATURE ET BEAUX-ARTS

Lœbel. — Lettres sur la Belgique. Trad. de l'allemand. 1 v. in-18. 1 fr.
Logé. — Dictionnaire de morale, Choix de pensées et de maximes extraites des meilleurs auteurs modernes. 1 vol. in-12. . 3 fr.
Longfellow. — Hypérion et Kavanagh. 2 vol. in-12. . . . . . 5 fr.
Lucas (H.). — Histoire philosophique et littéraire du théâtre français depuis son origine jusqu'à nos jours. 2ᵉ édit. revue et augmentée. 3 vol. in-18. . . . . 10 fr. 50
Lussy (M.). — Réforme dans l'enseignement du piano. 1ʳᵉ partie : Exercices de piano dans tous les tons majeurs et mineurs, à composer et à écrire par l'élève ; précédés de la théorie des gammes, des modulations, du doigté, de la gamme harmonique, etc., et de nombreux exercices théoriques. In-8. . . . . 4 fr.
Mayne Reid. — La Fête des Chasseurs, scènes du bivac. Traduit de l'anglais par O'Squarr Flor. 2 forts vol. in-32. . . . 2 fr. 50
Michelet (J.). — La Sorcière. Nouv. édition. 1 vol. in-18. . 3 fr. 50
Michiels (Alfred). — Névillac. 1 vol. . . . . 1 fr.
— Histoire de la Peinture flamande depuis ses débuts jusqu'en 1864. 2ᵉ édit. 6 vol. in-8. . . . . 30 fr.
Millevoye. — Poëmes et poésies. . . . . 2 fr.
Moke (H.-G.). — Du Sort de la femme dans les temps anciens et modernes. 1 vol. in-12. . . . . 2 fr.
Moreau de la Meltière (Mᵐᵉ Charlotte). — Contes variés et tableaux de mœurs. 2 vol. . . . . 2 fr.
Palais Pompéien (Le). — Études sur la maison gréco-romaine, ancienne résidence du Prince Napoléon, par Théophile Gautier, Arsène Houssaye et Charles Coligny. Grand in-8 avec une belle gravure (in-4) d'après Boulanger. . . . . 1 fr.
Pecchio. — Causeries d'un exilé sur l'Angleterre. Traduit de l'italien. 1 vol. in-18. 1 fr.
Pécontal (Simon). — La Divine Odyssée. Poésies. 1 vol. in-8. . 5 fr.
Pellico (Silvio). — Mes Prisons. Mémoires, précédés d'une introduction biographique de Pietro Maroncelli. Traduction par Léger Noël. 1 vol. in-18 avec cartes et *fac-simile*. . . . . 1 fr.
Pétrarque. — Rimes, traduites en vers, avec le texte en regard, par J. Poulenc. 4 vol. in-18 jésus. . . . . 12 fr.
Pfau (Louis). — Études sur l'Art. 1 vol. in-8. . . . . 5 fr.
Pfyffer de Neueck. — Esquisses de l'île de Java et de ses divers habitants. 1 vol. in-18. . . . . 1 fr.
Potvin (C.). — La Belgique, poëme. 1 vol. in-12. . . . . . . 1 fr.
Poupart de Wilde (A.). — Anacréon et Sapho, suivis d'autres poésies grecques et latines, traduites en vers. 1 v. gr. in-18. 1 fr. 25
Prévost-Paradol. — Discours de réception prononcé à l'Académie française, le 8 mars 1866. Grand in-8. . . . . , 1 fr.
Rambaud (L.). — L'Age de bronze. Poésies. 1 vol. in-18. . . . 2 fr.
Rastoul de Mongeot. — Pétrarque et son siècle. 2 vol. . . . 2 fr.
Reade (Ch.). — L'Argent fatal, roman. Trad. de l'anglais. 2 v. in-18. 7 fr.

Librairie Internationale, 15, Boulevard Montmartre, à Paris.

LITTÉRATURE ET BEAUX-ARTS

Reiffenberg (De). — Histoire de l'ordre de la Toison d'or, depuis son origine jusqu'à la cessation des chapitres généraux. 1 vol. petit in-folio, orné de planches coloriées. . . . . 25 fr.
— Résumé de l'histoire des Pays-Bas. 2 vol. in-18. . . . . . 3 fr.
— Le Dimanche, récits de Marsilius Brunck. 1 vol. in-18. . . 1 fr.
— Le Lundi. Nouveaux récits de Marsilius Brunck. 1 v. in-18. 50 c.
Richard (J.). — Un Péché de vieillesse. Roman. 1 vol. in-18. . 3 fr.
— La Galère conjugale. Roman. 1 vol. in-18. . . . . 3 fr.
Romances historicos por um Brasileiro. Nova edição correcta, augmentada e seguida de algumas poesias soltas. 1 vol. in-18. 7 fr. 50
Saint-Génois (Jules de). — La Cour du duc Jean IV. . . . . 2 fr.
— Hembyse. 3 vol. . . . . 3 fr.
— Histoire des avoueries en Belgique. 1 vol. in-8. . . . . . 1 fr.
Sand (Maurice). — Le Coq aux Cheveux d'or. Récit des temps fabuleux. 1 vol. in-18. . . . . 3 fr.
Santo-Domingo. — Tablettes romaines. 2 vol. . . . . . . 2 fr.
Schlegel (A.-W.). — Cours de littérature dramatique. Traduit de l'allemand par Mme Necker de Saussure. 2 vol. in-18. . . . 7 fr.
Sémenow. — Un Homme de cœur. 2 vol. in-32. . . . . . 2 fr. 50
Serret (E.). — Les heures perdues. Poésies. 1 vol. in-18. . . . 3 fr.
Siret (Adolphe). — Dictionnaire historique des peintres de toutes les écoles, depuis l'origine de la peinture jusqu'à nos jours. 2e édit. revue et augmentée. 1 vol. in-8 à 2 col. . . . . 30 fr.
— Gloires et misères. 2 vol. . . . . 2 fr.
Soulié (Frédéric). — Œuvres. 54 vol. in-18 à 50 c. le vol.

Au jour le jour. 2 vol.	Homme de lettres (l'). 3 vol.
Bananier (le). 3 vol.	Huit jours au château. 3 vol.
Chambrière (la). 1 vol.	Il était temps. 1 vol.
Château des Pyrénées (le). 3 vol.	Maître d'école (le). 1 vol.
Comte de Foix (le). 1 vol.	Marguerite. 2 vol.
Comtesse de Monrion (la). 3 vol.	Olivier Duhamel. 2 vol.
Deux séjours. 2 vol.	Prétendus (les). 1 vol.
Drames inconnus (les). 6 vol.	Quatre sœurs (les). 2 vol.
Duc de Guise (le). 2 vol.	Romans historiques du Languedoc. 2 v.
Été à Meudon (un). 2 vol.	Sathaniel. 2 vol.
Eulalie Pontois. 1 vol.	Serpent (le). 2 vol.
Forgerons (les). 1 vol.	Veau d'or. 6 vol.

Staël (Mme de). — De l'Allemagne. 3 vol. in-18. . . . . . . 3 fr.
— Le même ouvrage. 4 vol. in-32. . . . . 1 fr.
— Considérations sur les principaux événements de la Révolution française. 3 vol. in-8. . . . . 6 fr.
— Le même ouvrage. 3 vol. in-18. . . . . 3 fr.
— Dix années d'exil. 1 vol. in-8. . . . . 2 fr.
— Le même ouvrage in-18. . . . . 1 fr.
— Essais dramatiques. 1 vol. in-8. . . . . 2 fr.
— Le même ouvrage in-18. . . . . 1 fr.
— Littérature. 1 vol. in-8. . . . . 2 fr.

LITTÉRATURE ET BEAUX-ARTS

Staël (Mme de) Mélanges. 1 vol. in-8 . . . . 2 fr.
— Morceaux divers. 1 vol. in-8. . . . . 2 fr.
— Le même ouvrage in-18. . . . . 1 fr.
— Notice sur le caractère et les écrits de Mme de Staël. — Lettres sur J.-J. Rousseau. 1 vol. in-8. . . . . 2 fr.

Sue (Eugène). — Œuvres. 37 vol. in-18. Chaque vol. 1 fr.

Plik et Plok. Atar-Gull. 1 vol. in-18.	Thérèse Dunoyer. 1 vol. in-18.
La Salamandre. 1 vol. in-18.	Le Juif Errant. 4 vol. in-18.
La Coucaratcha. 1 vol. in-18.	Miss Mary. 1 vol. in-18.
L'Envie. 1 vol. in-18.	Mathilde. 4 vol. in-18.
La Colère, la Luxure. 1 vol. in-18.	Deux Histoires. 1 vol. in-18.
La Paresse, la Gourmandise, l'Avarice. 1 vol. in-18.	Arthur. 2 vol. in-18.
	La Famille Jouffroy. 3 vol. in-18.
L'Orgueil. 2 vol. in-18.	Le Morne-au-Diable. 1 vol. in-18.
Les Mystères de Paris. 4 vol. in-18.	La Vigie de Koat-Ven. 2 vol. in-18.
Paula Monti. 1 vol. in-18.	Les Enfants de l'Amour. 1 v. in-18.
Latréaumont. 1 vol. in-18.	Les Mémoires d'un mari. 2 vol. in-18.
Le Commandeur de Malte. 1 v. in-18.	

Sue (Eugène). — Mademoiselle de Plouernel. 1 vol. in-18 . . . 2 fr.
— Jeanne Darc, la Pucelle d'Orléans. 1 vol. in-18. . . . . 2 fr.
— La Clochette d'Airain. — Le Collier de fer. 1 volume in-18 . . . . 2 fr.
— L'Alouette du Casque, ou Victoria, la Mère des Camps. 1 volume in-18. . . . . 2 fr.
— La Faucille d'or. — La Croix d'argent. 1 vol. in-18. . . 2 fr.
— Deleytar. 2 vol. in-18. . . . . 1 fr.
— Fanatiques (les) des Cévennes. 3 vol. in-18. . . . . . . 1 fr. 50
— Marquise (la) Cornélia d'Alfi. 1 vol. in-18 . . . . 50 c.
— Martin l'enfant trouvé. 8 vol. in-18. . . . . 4 fr.
— Les Mystères de Paris. 4 vol. gr. in-18, format anglais, illustrés de 48 vignettes gravées sur bois. . . . . 10 fr.
— Thérèse Dunoyer. 2 vol. in-18. . . . . 1 fr.

Tennant (Emerson). — Notes d'un voyageur anglais sur la Belgique 2 vol. in-18. . . . . 1 fr.

Thyes (Félix). — Marc Bruno. Avec une notice sur l'auteur, par Eugène Van Bemmel. 1 vol. in-18. . . . . 50 c.

Trollope (Antony). — La petite maison d'Allington. Traduit de l'anglais par E. Marcel. 2 vol. in-18. . . . . 7 fr.

Van Bemmel (Eug.). — De la Langue et de la poésie Provençales. 1 vol. in-12. . . . . 2 fr.
— L'Harmonie des passions humaines, fronton du théâtre de la Monnaie, à Bruxelles, par E. Simonis. Notice avec grav. . . 75 c.

Vie de Rossini. 1 vol. in-18. . . . . 1 fr.

Vincent (Ch.) et **Didier** (E.). — Enclume ou Marteau. Roman contemporain. 1 vol. in-18, avec 16 illustrations de Valentin, tirées hors texte. . . . . 3 fr. 50

Librairie Internationale, 15, Boulevard Montmartre, à Paris.

Vinet (A.). — Chrestomathie française, ou choix de morceaux tirés des meilleurs écrivains français. 3 vol. petit in-8 . . . . . 13 fr.
    Chaque volume se vend séparément :
       I. Littérature de l'enfance. . . . . 4 fr.
       II. Littérature de l'adolescence. . . . . 4 fr.
       III. Littérature de la jeunesse et de l'âge mûr. . . 5 fr.
Wieland (C.-M.). — Musarion, ou la Philosophie des Grâces. Traduit de l'allemand par Poupart de Wilde. 1 vol. in-18. . . 1 fr. 25
Wiertz (A.). — Peinture mate. Procédé nouveau. 1 vol. in-8. 1 fr.
Zola (E.). — La Confession de Claude. 1 vol. in-18. . . . . . 3 fr.
Zschokke (Henri). — Lettres d'Islande. Traduit de l'allemand, par Émile Tandel. 1 vol. in-18. . . . . 1 fr.

OUVRAGES D'ART

Études photographiques. Par Ildefonse Rousset — Renseignements pour les artistes. Modèles pour les amateurs de dessins. (Paysages. — Sujets, — Plantes, — Fleurs, — Études de neige, — Effets de soleil. — Nuages, etc.). Avec Introduction et notes par Louis Jourdan. 1 magnifique vol. in-4, contenant 40 photographies. Prix du volume, relié et doré. . . . . 75 fr.
Le Bois de Vincennes. — Décrit et photographié par Émile de la Bédollière et Ildefonse Rousset. 1 vol. in-4, orné de 25 magnifiques photographies et d'un plan du bois de Vincennes. Broché : 33 fr. Relié et richement doré. . . . . 40 fr.
Le Tour de Marne. — Décrit et photographié par Émile de la Bédollière et Ildefonse Rousset. 1 vol. in-4, orné de 30 magnifiques photographies et d'un plan topographique du Tour de Marne. Relié et doré. . . . . 50 fr.
  — Le même ouvrage, format in-18, orné de 10 photographies et d'un plan du Tour de Marne. Broché, 8 fr.; relié. . . . . 10 fr.
Les photographies contenues dans ces volumes, ainsi qu'une série d'épreuves photographiques se vendent séparément :
    Celles in-4. . . 1 fr. 50. — Celles in-18. . . . . 75 c.
Chez Victor Hugo, par un passant. 1 vol. in-8 orné de 12 eaux-fortes, gravées par Maxime Lalanne. . . . . 6 fr.
Photographies des Misérables de Victor Hugo, d'après les dessins de G. Brion. Collection complète, 25 sujets in-8 à 1 fr. 25
    La même collection in-18, le sujet.. . . . . 1 fr.
    Chaque scène ou type se vend séparément.

Librairie Internationale, 15, Boulevard Montmartre, à Paris.

BIBLIOTHÈQUE DE LA CRITIQUE MODERNE

Format in-18, à 3 fr. 50 c. le volume

Assollant (A.). — Vérité! Vérité! 1 vol.
— Pensées et Réflexions de Cadet Borniche. 1 vol.
— Un Quaker à Paris. 1 vol.
Castagnary. — Les Libres Propos. 1 vol.
Dollfus (Ch.). — Études sur l'Allemagne. De l'Esprit français et de l'Esprit allemand. 1 vol.
Sauvestre (Ch.). — Mes lundis. 1 vol.
Ulbach (L.). — Écrivains et Hommes de lettres. 1 vol.
— Causeries du Dimanche. 1 vol.

THÉATRE

Chateaubriand. — Moïse. 1 vol. in-18............ 50 c.
Fourdrain aîné. — L'Homme aux yeux de bœuf; drame, 1 vol. in-18.................................. 1 fr.
— Le Médecin; drame. 1 vol. in-18.............. 1 fr.
Guillaume (J.). — Struensée. Drame en 6 actes et en vers. 1 vol. in-18.
                                                                  1 25
Joly (V.). — Jacques d'Arteveld. Drame, précédé de chroniques intéressantes sur l'histoire des Flandres au XIVᵉ siècle. 1 vol. in-18.
                                                                  50 c.
Labarre (L.). — Montigny à la cour d'Espagne. Drame en 5 actes, 1 vol. in-18................................. 2 fr.
Mary (Adolphe). — Amour et Devoir. Pensées dramatiques. 1 beau vol. in-8.................................... 4 fr.
Potvin (Ch.). — Jacques d'Arteveld. Drame historique en 3 actes et en vers. 1 vol. in-18............................. 2 fr.
Racine. — Théâtre. 2 vol. in-32. Édition diamant, orné de 13 vignettes
                                                                  6 fr.
Sand (George). — Théâtre complet. 3 vol. in-18........ 9 fr
Serret (E.). — Drames et Comédies. 1 vol. in-18....... 3 fr.
Staël (Mᵐᵉ de). Essais dramatiques. 1 vol. in-8....... 2 fr.
Thierry de Faletans (X.). — Théâtre de société. Cinq pièces diverses. 1 beau vol. gr. in-8........................... 4 fr.
Wacken (Ed.). — Le Siège de Calais, tragédie lyrique en 3 actes. 1 vol. in-18.................................... 1 fr.

Librairie Internationale, 15, Boulevard Montmartre, à Paris.

BIBLIOTHÈQUE INTERNATIONALE

Collection grand in-18 jésus à 3 francs le volume

Alarcon. — Le Finale de Norma. 1 vol.
Albrespy. — Influences de la liberté et des idées religieuses et morales sur les beaux-arts. . . . 1 vol.
Alby. — L'Olympe à Paris, ou les Dieux en habit noir. . . . . 1 vol.
Alton-Shée (d'). — Mémoires du vicomte d'Aulnis. . . . . 1 vol.
Auerbach. — Au Village et à la Cour. . . . . 2 vol.
Barbara. — Mademoiselle de Sainte-Luce. . . . . 1 vol.
— Un Cas de conscience. Anne-Marie. . . . . 1 vol.
Berthet. — La Peine de Mort, ou la Route du Mal. . . . . 1 vol.
— Le Bon Vieux Temps. . . . . 1 vol.
Blum. — Entre Bicêtre et Charenton. . . . . 1 vol.
Bonnamy. — La Raison du spiritisme. . . . . 1 vol.
Bonnemère. — Le Roman de l'Avenir. . . . . 1 vol.
— Louis Hubert. . . . . 1 vol.
Bourguignon. — Masintour. . . . 1 vol.
Breteh. — Gabrielle. — Les Pervenches. . . . . 1 vol.
Breuil. — On meurt parfois d'amour. . . . . 1 vol.
Cadol. — Contes gais. — Les Belles Imbéciles. . . . . . 1 vol.
Caillet. — Michelle. . . . . . 1 vol.
Champfleury. — La Belle Paule. 1 vol.
Claude. — Le Roman de l'Amour. 1 vol.
Daniel. — Confidences d'une sage femme. . . . . 1 vol.
Daudet. — Les Douze Danseuses du Château de Lamôle. . . 1 vol.
— La succession Chavanet. . . 2 vol.
Dérisoud. — Les Petits Crimes. 1 vol.
Desbarolles. — Le Caractère allemand. . . . . 1 vol.
Deulin. — Contes d'un Buveur de bière. . . . . 1 vol.
Dollfus. — Mardoche. — La Revanche du Hasard. — La Villa. 1 vol.
Ducondut. — Juvenilia, Virilia, poésies. . . . . 1 vol.
Garcin. — Léonie, essai d'éducation par le roman. . . . . 1 vol.
Gastineau. — La Dévote. . . . 1 vol.
Gilles. — La Nouvelle Jeanne. . 1 vol.
Goncourt. (E. et J.) — Manette Salomon. . . . . 2 vol.
— Charles Demailly. . . . . . 1 vol.
Gonzalès. — La Fiancée de la Mer. . . . . 1 vol.
Gouraud. — Les Destinées. . . 1 vol.
Grandet. — Yolande. . . . . . 1 vol.
Halt. — Madame Frainex. . . . 1 vol.
Hix. — Qu'en pensez-vous ?. . . 1 vol.
Houssaye. — Le Roman de la Duchesse. . . . . 1 vol.
Jacob de la Cottière. — Le Chemin de la Lune, s'il vous plaît ?. . . . . 1 vol.

Joliet. — L'Envers d'une campagne. Italie, 1859. . . . 1 vol.
Jonchère. — Clovis Bourbon. . 1 vol.
Kock (H. de). — Beau Filou. .
Lami. — L'Enfer, la Divine Comédie, traduction en vers français. . . . . 1 vol.
Lan. — Les Chemins de fer français devant les forces naturelles. . . . . 1 vol.
Lasalle. — Dictionnaire de la Musique appliquée à l'amour. 1 vol.
Leclercq. — Les Petits-Fils de Don Quichotte. . . . . . . 1 vol.
Le Faure. — Le Socialisme pendant la Révolution française. 1 v.
Mallefille. — Confession du Gauche. Le Mars. . . 1 vol.
Marancour. — Les Français à Rome. . . . . 1 vol.
Montagne. — Château d'Arlequin. . . . . 1 vol.
Pessard. — Yo, ou les Principes de 89. . . . . 1 vol.
Pétrarque. — Rimes, traduites en vers, par J. Poulenc. . 4 vol.
Ponson du Terrail. — La Bohémienne du grand monde. . 1 vol.
— Le Drame de Planche-Mibray. 1 vol.
— L'Héritage de Corinne. — La Mule de Satin. . . . . . . vol.
— Le Page Fleur-de-Mai. . . . 1 vol.
— Diane de Lancy. . . . . . . 1 vol.
Proth. — Au pays de l'Astrée. 1 vol.
Rabou. — L'Allée des Veuves. 1 vol.
Rambaud. — Voyages de Martin à la recherche de la vie. . 1 vol.
Richard. — Un Péché de vieillesse. . . . . 1 vol.
— La Galère conjugale. . . . . 1 vol.
St Lanne. — L'amour artificiel. 1 vol.
Sand (M.). — Le Coq aux Cheveux d'Or. . . . . 1 vol.
Saunière. — Le Roi Misère. . . 1 vol.
Scholl. — Nouveaux Mystères de Paris. . . . . 3 vol.
Sémenow. — Les Mauvais Maris. 1 vol.
— Une Femme du monde. . . 1 vol.
Serret. — Les Heures perdues. Poésies. . . . . 1 vol.
Talbot. — L'Europe aux Européens. . . . . 1 vol.
Ulbach. — La Chauve-Souris. 1 vol.
— Les Parents coupables. Mémoires d'un Lycéen. . . . 1 vol.
— Le Jardin du Chanoine. . . 1 vol.
— Le Parrain de Cendrillon. . 1 vol.
— Le Roman de la Bourgeoisie. La Cocarde blanche. . . . . . 1 vol.
— Monsieur et madame Fernel. 1 vol.
Vars. — Mémoires d'une Institutrice. . . . . 1 vol.
Zola. — La Confession de Claude. 1 vol.
— Thérèse Raquin. . . . . . . 1 vol.

Paris. — Imprimerie L. Poupart-Davyl, rue du Bac, 30

www.ingramcontent.com/pod-product-compliance
Lightning Source LLC
Chambersburg PA
CBHW060400170426
43199CB00013B/1948